KB065080

해행일기

통신사 사행록 번역총서 15

해행일기

저자 미상
김용진 역주

海行日記

보고사
BOGOSA

머리말

『해행일기(海行日記)』는 1763년, 제11차 계미(癸未) 통신사행에 수행했던 군관(軍官) 서유대(徐有大) 혹은 그의 후손이 가전(家傳)을 위해 정사(正使) 조엄(趙曮)이 지은 『해사일기(海槎日記)』를 초록(抄錄) 및 편찬한 것으로 판단되며, 그것을 서유대의 후손인 서상원(徐尙源)이 물려받아 소장해 오다가, 김영한이 『향토연구(鄉土研究)』14집(충남향토연구회, 1993)에 『해행일기』의 서지와 영인을 소개하였다.

『해행일기』는 현전하는 12종의 계미사행의 사행록 중 하나로, 중요한 의미를 지닌다. 비록 『해사일기』의 축약본이긴 하나, 사행 기록을 직접 작성하지 않은 사행 참여자 혹은 그 후손들이 사행의 중요성과 사행 기록의 가치에 대해 어떻게 인식하고 있었는지를 여실히 보여주는 소중한 문헌 자료이기에 번역 작업을 하게 되었다.

이 번역서가 출판되기까지 많은 분들의 도움을 받았다. 무엇보다 『해행일기』의 원본을 소개해 주신 허경진 교수님과 해제를 작성하는 데 큰 도움을 주신 구지현 교수님께 감사를 드린다. 본 번역본의 해제 부분은 구지현 교수님의 박사 졸업논문인 『계미 통신사(1763) 사행문학 연구(癸未(1763) 通信使 使行文學 研究)』를 참조하였음을 밝힌다. 『해행일기』의 원문 입력과 번역 작업 중에 많은 도움을 주신 장진엽 선생님께도 감사를 드린다. 뿐만 아니라 출판 과정에서 교열을 해 주신 허경진 교수님께 다시 한번 감사를 드린다.

차례

일러두기

1. 본 번역서는 계미사행(癸未使行)에 참여했던 서유대(徐有大)의 후손인 서상원(徐尙源)의 문중 소장본 『해행일기(海行日記)』의 현대어 번역이다.

2. 번역문, 원문, 영인본 순서로 수록하였다.

3. 가능하면 일본의 인명이나 지명을 일본어 발음으로 표기하였고, 〔 〕안에 원문을 입력하였다.

4. 각주는 인명이나 지명 등 고유명사 위주로 달았으며, "조선시대 대일외교 용어사전"(한국학중앙연구원)을 인용하여 설명하였다.

5. 원문을 입력하면서 독자들이 참고하기 편하도록 인명이나 지명 등의 고유 명사는 밑줄을 그어 표시하였다.

해제

1. 기본서지

『해행일기(海行日記)』는 필사본으로, 조엄(趙曮)이 지은『해사일기(海槎日記)』(5권 5책)의 5분의 1분량인 1책 60장(118면)이다.『해행일기』는 현재 제11차 계미 통신사행에 수행했던 군관 서유대(徐有大)의 후손인 서상원(徐尙源)의 문중에서 소장하고 있다.

2. 저자

『해행일기』에는 저자의 이름이 밝혀져 있지 않다. 다만『해행일기』가 날짜별로『해사일기』의 중요한 사건만을 발췌해 놓은 형태를 띠고 있다는 점,『해행일기』의 저자가 정사인 조엄의 개인적 감상과 평가, 사적인 행위의 기록을 대부분 삭제하여 사행의 기본 뼈대만을 남겨놓았다는 점을 살펴볼 때,『해행일기』의 저자가 자신만의 어떤 특수한 의도를 갖고『해사일기』를 초록(抄錄)했음이 틀림없다.

그렇다면『해사일기』의 초록자이자,『해행일기』의 편집자를 서유대나 그의 후손으로 꼽는 이유는 무엇일까? 그것은『해행일기』의 마지막 날인 7월 8일의 기록에서 단서를 찾아볼 수 있는데, 조엄의 기록이 서울로 돌아와 친척들과 재회하고 복명(復命)한 일과 더불어 사행이 마무리되어 느끼는 마지막 감회가 실려 있는 반면,『해행일기』는「연화(筵話)」속의 일부 내용을 발췌하여 기록하고 있다는 점이다. 영조와 사신들과의 대화가 길게 인용되어 있지만 결국 작가가 기록하고 싶었던 내용은 마지막에 나오는 "상께서 이르시기를, '치목이 부러졌을 때에 유달원과 서유대 가운데 누가 먼저 공을 세웠느냐?' 하시니, 대답하기를, '서유대는 망치를 잡고 치목을 쳐 내렸으며, 유달원은 칼을 뽑아 군인들을 독려하였습니다.' 하였다. 상께서 이르시기를, '유달원은 호령만 한 것뿐이니, 서유대가 가장 공이 많겠다.' 하시고, 서유대를 방어사(防禦使)로 삼는 전교(傳敎)를 쓰게 명하였다."라는 부분이다. 다른 기록에 있는 서유대의 일을 채록하여 원래 정사의 기록에 대치시킴으로써 서유대 중심의 사행록으로 변형시키고 있다. 이러한 점에서『해행일기』는 서유대 혹은 그의 후손이 가전(家傳)을 위해 사행의 경험을 적절히 편집하였음을 짐작해 볼 수 있다.

서유대의 본관은 달성(達城), 자는 자겸(子謙)으로, 아버지는 일수(逸修)이다. 1757년 문음(門蔭)으로 선전관이 되었고, 2년 뒤에 사복시내승(司僕寺內乘)으로 무과에 급제하였다. 1763년 훈련원정으로 통신사를 호종하여 일본에 다녀왔으며, 귀국한 뒤에 방어사·겸사복장(兼司僕將)을 거쳐 1768년 충청수사에 임명되었다. 총융사 4번, 어영대장 7번, 훈련대장 3번, 금위대장 7번을 맡으면서 정조 때의 군권을 장악한 핵심 인물이었다. 한성판윤을 거쳐 1802년에 훈련대장으로 죽었다. 체격이 크고 성품이 너그러워 군졸의 원성을 산 바가 없으므로, 당시 사람들이 그를 복장(福將)이라 불렀다. 시호는 무익(武翼)이다.

3. 내용과 구성

『해행일기』는 정사 조엄이 1763년(영조 39), 조선통신사 일행이 도쿠가와 이에하루[德川家治, 1737~1786]의 습직(襲職)을 축하하기 위해 일

본을 방문하였을 때의 사건들을 일기 형식으로 기록한 『해사일기』를
함께 사행에 수행했던 군관 서유대, 혹은 그의 후손이 초록한 것으로
판단된다.

　『해행일기』는 1763년 8월부터 이듬해 7월까지 1년여의 기록으로, 사
행록의 대표 형식인 일기와 사행명단·서계식(書契式)·별폭(別幅)·일공
(日供)에 대해 수록한 범례로 구성되어 있는데, 『해사일기』의 내용을
날짜별로 축약해 놓았으며, 개인적 감상 등은 제외하고 사행 정보 위주
로 정리하였다. 축약 양상을 보면, 서유대 중심의 서술적 특징이 발견되
므로, 서유대나 그의 후손이 가전(家傳)을 위해 편찬한 것으로 보인다.

　『해행일기』에서는 사행 수로에서 겪은 고난들을 일일이 기록하고 있
는데, 11월 13일의 기록에 의하면 이키노시마[壹岐島]에 이르렀을 때,
치목(鴟木)이 부러져 물이 배에 스며들어 위급한 상황에 처했음을 알
수 있다. 이때 서유대(徐有大)와 유달원(柳達源)이 앞장서서 위기를 모
면하였는데, 특히 서유대가 "떡메로 난간을 두들겨 부수고, 또 줄이 매
인 나무덩이를 두드리니, 기둥 같은 나무덩이가 손이 닿는 대로 부서졌
다."고 한다. 하여 "안전하게 되어 돛을 들어 전진"할 수 있었다고 하는
데, 귀국 후 복명(復命)을 위해 입시(入侍)하였을 때 국왕이 특별히 그
공을 물어, "서유대를 방어사(防禦使)로 삼는 전교(傳敎)를 쓰게 명하였
다."고 한다. 이러한 사실로부터 서유대가 『해행일기』를 초록(抄錄)한
계기를 미루어 볼 수 있으며, 또한 후손들이 그 업적을 기리기 위해
편찬 및 가전(家傳)했을 거라는 사실을 가히 짐작할 수 있다.

　일기에서 또한 주목할 점은, 일본에서 돌아오는 길에 수행원 최천종
(崔天宗)이 쓰시마 사람인 스즈키 덴조[鈴木傳藏]에게 피살된 사건을 상
세하게 서술하고 있다는 점이다. 이때 조엄은 한 달 동안 오사카에 머무

르면서 옥사(獄事)가 이루어져 처형하는 것을 지켜보고서야 귀국의 길에 나섰으며, 피살자의 장례 절차도 모두 기록하고 있다.

4. 가치

『해행일기』는 현전하는 12종의 계미사행의 사행록 중 하나로, 『해사일기』의 축약본이긴 하나, 당시 사행에 참여했지만, 개별적인 사행록을 작성하지 않은 인물의 기록에 관한 태도를 보여준다는 점에 있어 중요한 의미를 지닌다. 또한 당시 사람들이 문장에 대한 어떠한 공유의식을 가지고 있었는지를 보여주는 자료이기도 하다.

해행일기
海行日記

(영조) 39년 계미(1763)

정사(正使)	부제학(副提學)	조 엄(趙 曮)[1]
명무군관	전영장(名武軍官前營將)	김상옥(金相玉)
		유달원(柳達源)
	훈련정(訓鍊正)	서유대(徐有大)
	전부사(前府使)	이해문(李海文)
자제군관	전현감(子弟軍官前縣監)	이 매(李 梅)
	통덕랑(通德郎)	조 돈(趙 暾)
장사군관	전만호(壯士軍官前萬戶)	조 신(曹 信)
제술관(製述官)	전현감(前縣監)	남 옥(南 玉)
서기(書記)	전찰방(前察訪)	성대중(成大中)

---

1 조엄(1719~1777): 본관은 풍양(豊壤), 자는 명서(明瑞), 호는 영호(永湖), 시호는 문익 (文翼)으로, 이조판서 상경(商絅)의 아들이다. 1738년 생원시에 합격하고, 음보(蔭補)로 내시교관(內侍敎官)·세자익위사시직(世子翊衛司侍直)을 지낸 뒤 1752년 문과에 을과로 급제하여 다음 해 정언(正言)이 되었다. 1757년 교리(校理)·동래부사(東萊府使)를 거쳐 충청도 암행어사로 나갔다. 이어 대사헌·부제학·예조참의를 지내고, 1763년 통신사로 일본에 갔을 때 고구마 종자를 가지고 와서 동래와 제주도에 재배하게 하여 최초로 고구마 재배를 실현하였다. 이어 이조판서·제학 등을 거쳐 평안도관찰사 때 무고를 받아 파직되 고, 뒤에 혐의가 풀려 재차 대사간·이조판서를 지냈다. 저서에『해사일기(海槎日記)』,『해 행총재(海行摠載)』등이 있다.

역관(譯官)		최학령(崔鶴齡)
		최홍경(崔弘景)
		현계근(玄啓根)
		이명화(李命和)
사자관(寫字官)		홍성원(洪聖源)
화사(畵師)		김유성(金有聲)
부사(副使)	보덕(輔德)	이인배(李仁培)
명무군관	전부사(名武軍官前府使)	민혜수(閔惠洙)
		유진항(柳鎭恒)
	도총도사(都摠都事)	조학신(曹學臣)
	무겸(武兼)	양 용(梁 墉)
자제군관	통덕랑(子弟軍官通德郞)	이덕리(李德履)
	전찰방(前察訪)	권 기(權 琦)
장사군관	내금우(壯士軍官內禁衛)	임춘흥(林春興)
서기(書記)	전봉사(前奉事)	원중거(元重擧)
역관(譯官)		이명윤(李命尹)
		최봉령(崔鳳齡)
		최수인(崔壽仁)
		이언진(李彦瑱)
사자관(寫字官)		이언우(李彦佑)
종사관(從事官)	수찬(修撰)	김상익(金相翊)
군관(軍官)	도총도사(都摠都事)	임 흘(任 屹)
	전선전관(前宣傳官)	오재희(吳載熙)
자제군관	통덕랑(子弟軍官通德郞)	이징보(李徵輔)
서기(書記)	진사(進士)	김인겸(金仁謙)

역관(譯官)		현태익(玄泰翼)
		현태심(玄泰心)
		유도홍(劉道弘)
		오대령(吳大齡)
양의(良醫)		이좌국(李佐國)
		남두민(南斗旻)
		성 호(成 灝)

별파진(別破陣)	2인
마상재(馬上才)	2인
전악(典樂)	2인
이마(理馬)	1인
기선장(騎船將)	3인
복선장(卜船將)	3인
도훈도(都訓導)	3인
반인(伴人)	3인
향서기(鄕書記)	2인
예단직(禮單直)	1인
반전직(盤纏直)	3인
청직(廳直)	3인
통인(通引)	16인
소통사(小通事)	10인
사노자(使奴子)	6명
급창(及唱)	6명
도척(刀尺)	6명
방자(房子)	3명
각원노자(各員奴子)	46명
악공(樂工)	18명

취수(吹手)	18명
나장(羅將)	18명
기수(旗手)	8명
포수(砲手)	6명
사공(沙工)	24명
격군(格軍)	228명
일행 합계	477명[2]

해행일기(海行日記)

계미년(1763) 8월

초3일 정해

개었다. 발행하여 전생서(典牲暑)[3]에서 쉬고, 양재역(良才驛)에서 잤다.
이날은 20리를 갔다.

초4일

개었다. 낮에 판교(板橋)에서 쉬고, 용인(龍仁)에서 잤다.
이날은 60리를 갔다.

2　신분에 따라 이름을 쓰거나, 인(人), 명(名)으로 숫자만 밝혀, 전체 인원의 숫자 단위를
통일할 수가 없으므로 477(四百七十七)이라고 숫자만 썼다.
3　전생서(典牲暑): 제향에 쓰는 양이나 돼지 등의 사육하는 일을 맡은 관아. 조선 초기에
설치되어, 1894년 갑오개혁에 폐지되었다.

초5일

바람이 불었다. 낮에 양지(陽智)에서 쉬고, 죽산(竹山)에서 잤다.
이날은 100리를 갔다.

초6일

개었다. 낮에 무극(無極)에서 쉬고, 숭선(崇善)에서 잤다.
이날은 60리를 갔다.

초7일

비가 왔다. 충주(忠州)에서 잤다. 이날은 ○○리[4]를 갔다. 제술관 남
옥(南玉)[5], 서기 성대중(成大中)[6], 김인겸(金仁謙)[7], 원중거(元重擧)[8]가 시

---

4 리(里)라는 글자 앞에 두어 자 빈칸이 있다.

5 남옥(1722~1770): 본관은 의령(宜寧), 자는 시온(時韞), 호는 추월(秋月)이다. 1753년
계유정시문과(癸酉庭試文科)에 병과 4등으로 합격하였다. 1763년 일본을 방문하였을 때,
제술관으로서 사행에 참여하였다. 1764년 귀국 후 일본에서의 견문을 기록한 사행록『일
관기(日觀記)』와 수많은 일본문사들에게 화답한 시를 모은 『일관창수(日觀唱酬)』 및 사행
중 사행원들과 수창한 시들을 정리하여 엮은 『일관시초(日觀詩草)』 등 방대한 저술을 남
겼다. 저서로 위에 열거한 책 외에도 『할반록(割胖錄)』이 있다.

6 성대중(1732~1812): 본관은 창녕(昌寧), 자는 사집(士執), 호는 청성(靑城)·순재(醇齋)
·동호(東湖)이다. 찰방(察訪) 성효기(成孝基)의 아들로, 김준(金焌)의 문인이다. 1753년
사마시에 합격하고, 1756년 정시문과에 병과로 급제하였다. 1764년 서장관(書狀官)으로
통신사 조엄을 따라 일본에 다녀왔으며, 이후 흥해군수(興海郡守) 등을 지냈다. 정조의
총애를 받았으며, 규장각 검서관(檢書官)으로서 이덕무(李德懋)·박제가(朴齊家)·유득공
(柳得恭) 등과 교유하였다. 1792년 문체반정(文體反正) 때에는 노론계 북학자들 중에서
거의 유일하게 정조의 칭찬을 받고, 북청부사(北靑府使)로 특채되었다. 저서로는 『청성집』
이 전한다.

7 김인겸(1707~1772): 본관은 안동(安東), 자는 사안(士安), 호는 퇴석(退石), 상헌(尙憲)
의 현손으로, 아버지는 통덕랑(通德郞) 창복(昌復)이다. 14세 때에 아버지를 사별하고,
가난에 시달려 학문에 전념하지 못하다가 47세 때인 1753년에야 사마시에 합격하여 진사
가 되었다. 57세 때인 1763년에 통신사행(通信使行)의 종사관인 김상익(金相翊)의 서기로

를 읊었다.

초8일

큰 비가 왔다. 안보역(安保驛)에서 잤다. 이날은 ○○리를 갔다.

초9일

비가 왔다. 조령(鳥嶺) 길로 가서, 문경(聞慶)에서 잤다.
이날은 40리를 갔다.

초10일

개었다. 술탄(戌灘)[9]에 이르러 물살이 급하기에, 일행 가운데 반은 건
너가고, 더러는 신원점(新院店)으로 되돌아갔다. 먼저 건넌 이들은 유
곡(幽谷)에서 잤다.
이날은 40리를 갔다.

뽑혀 일본에 다녀왔으며, 1764년 일본에 다녀온 기행 사실을 가사형식으로 「일동장유가
(日東壯遊歌)」를 지었다. 그 뒤 지평현감(砥平縣監) 등의 벼슬을 지냈다. 저술로는 역시
일본기행을 한문으로 지은 『동사록(東槎錄)』이 있다.

8　원중거(1719~1790): 본관은 원주(原州), 자는 자재(子才), 호는 현천(玄川)·물천(勿天)
·손암(遜菴)이다. 1705년 사마시(司馬試)에 급제하였고, 장흥고(長興庫) 봉사(奉使)를 맡
았다. 1763년 일본을 방문하였을 때, 성대중(成大中)·김인겸(金仁謙)과 함께 서기(書記)
로 발탁되어 사행에 참여하였다. 사행하는 동안 일본문사들과 교유하는 한편 그들과 시문
을 주고받고 필담을 나누었다. 사행의 경험을 바탕으로 일기(日記) 형식의 사행록인 『승사
록(乘槎錄)』과 일본 문화 전반에 대해 상세히 기술한 『화국지(和國志)』를 저술하였다.
1771년에 송라찰방(松羅察訪)을, 1776년에는 장원서(掌苑署) 주부(主簿)를 지냈고, 뒤에
목천현감(木川縣監)을 지냈다. 1789년 이덕무(李德懋)·박제가(朴齊家) 등과 함께 『해동읍
지(海東邑誌)』 편찬에 참여하였다.

9　술탄(戌灘)은 고유명사일 수도 있지만, '개여울'을 음차했을 수도 있다.

11일

개었다. 낮에 용궁(龍宮)에서 쉬고, 예천(醴泉)에서 잤다.
이날은 80리를 갔다.

12일

개었다. 낮에 풍산(豊山)에서 쉬고, 안동(安東)에서 잤다.
이날은 60리를 갔다.

13일

개었다. 안동에서 머물렀다. 예단(禮單)[10] 가운데 흑마포(黑麻布)가
젖거나 습한 것을 내다 말렸다.

14일

개었다. 낮에 일직(一直)에서 쉬고, 의성(義城)에서 잤다.
이날은 70리를 갔다.

---

10 예단(禮單): 예물 목록인데, 공예단과 사예단으로 나뉜다. 조선의 통신사나 문위행(問
慰行)이 일본에 갈 때 막부장군(幕府將軍)이나 쓰시마[對馬] 도주(島主)에게 지급한 공예
단(公禮單) 이외에 막부 장군이나 쓰시마도주를 비롯하여 막부 또는 쓰시마 측의 고위
관료나 측근에게 사적으로 전달하는 예물 목록이 사예단이다. 통신사행의 경우 삼사신(三
使臣)이 지참한 사예단은 쓰시마 측에는 쓰시마도주를 비롯하여 반쇼인[萬松院] 이테이안
[以酊庵], 세이잔지[西山寺], 봉행(奉行), 호행정관(護行正官), 부관(副官), 재판(裁判) 3인
등에게 지급되었고, 막부 측에는 관백(關白)과 구 관백, 약군(若君), 집정(執政) 5인 등을
비롯하여 막부 측의 고위 관료나 측근에게 전달되었다. 이에 대한 답례로 막부 측과 사행
이 지나는 각처에서 삼사신에게 답례로 예물을 지급했는데, 이를 사회예단(私回禮單)이라
고 한다. 삼사가 받은 사회예단은 사행 후 사행에 참여한 수행원들에게 분배되었다.

15일

개었다. 새벽에 망궐례(望闕禮)[11]를 행하였다. 낮에 의흥(義興)에서
쉬고, 신녕(新寧)에서 잤다.

이날은 90리를 갔다.

16일

개었다. 영천(永川)에서 잤다.

이날은 40리를 갔다.

관찰사 김상철(金相喆)이 전례에 따라 조양각(朝陽閣) 위에서 전별연
(餞別宴)[12]을 베풀었는데, 상사(上使)가 비록 상중(喪中)이었지만 가지
않을 수 없었는데, 풍악을 울리고 상(床)을 받을 때에는 방안으로 피해
들어갔다.

---

11 망궐례(望闕禮): 외지에 가 있는 관리가 명절이나 임금 또는 왕비의 생일에 전패(殿牌)
에 절하던 의식이다.

12 전별연(餞別宴): 임금이 내리는 잔치를 사연(賜宴)이라고 하는데, 주된 사연으로 영천
연(永川宴)과 부산연(釜山宴)을 들 수 있다. 영천연은 삼사(三使)가 영천에 도착하면 본도
백(本道伯)인 경상감사가 와 조양각(朝陽閣)에서 베풀어 주는 전별연을 말하며, 부산연은
삼사가 본진(本鎭)인 부산진에 도착하면 좌수사(左水使)가 기물 등을 갖추어 잔치를 주관
하되 하인배도 다 참예하는 전별연을 말한다. 『증정교린지(增正交隣志)』「피지연향(彼地
宴享)」을 보면, 사연의는 관백의 거소(居所)에서 열리고, 꽃 모양의 상과 반찬거리는 다른
연회에 비해 훌륭하며, 고관이 잔을 권해 삼작(三酌)하고, 나오는 밥을 먹고 난 후에 마친
다고 했다. 본래 신켄시키[進見式, 국서전명의식]와 같은 날에 행해졌지만, 1711년도의
접대 개혁 후에는 다른 날을 정해 치러지기도 하였다. 1763년 통신사 일행이 도쿠가와
이에하루[德川家治]의 습직을 축하하기 위해 일본을 방문하였을 때, 그 이듬 해 2월 27일
에도성에서 신켄시키와 시엔[賜宴, 사연]이 행해졌다. 1811년 2월 12일 정사 김이교(金履
喬)·부사 이면구(李勉求) 등 두 사신이 도쿠가와 이에나리[德川家齊]의 습직을 축하하기
위해 쓰시마에 건너가기 위해 영천에 이르렀을 때, 본도의 감사(監司) 김회연(金會淵)이
조양각에서 사연을 행하였다.

17일

낮에 모량(毛良)에서 쉬고, 경주(慶州)에서 잤다.

이날은 90리를 갔다.

18일

개었다. 낮에 구어(仇於)에서 쉬고, 울산(蔚山)에서 잤다.

이날은 90리를 갔다.

동래(東萊) 포교와 아전 십여 명이 뵈러 왔다.

19일

개었다. 용당창(龍堂倉)에서 잤다.

이날은 60리를 갔다.

동래 포교와 아전 수십 명이 뵈러 왔다.[13]

20일

개었다. 동래에 이르러, 십휴정(十休亭)에서 쉬었다. 오리정(五里程)[14]에 이르자 부사 정만순(鄭晩淳)이 의장(儀仗)을 갖추고 국서(國書)를 길가에서 맞이하였으며, 이어 앞에서 인도하여 가는데, 바다를 건널 군물(軍物) 및 나졸과 전배(前排)를 갖추어 늘어 세웠다. 세 사신은 관복을 갖추고 원역(員役)[15]들은 각기 그 정복을 입고 반차(班次)를 정돈하여

---

13 조엄이 1757년에 동래부사로 부임하여 이듬해까지 다스렸으므로, 포교와 아전들이 문안드리러 나온 것이다.

14 오리정(五里程)은 고유명사가 아니라, '5리쯤 되는 곳'을 가리킨다.

15 원역(員役): 정사·부사·종사관을 제외한 상상관(上上官)·상판사(上判事)·제술관(製述官)·서기(書記) 이하 나머지 사행원 일체를 가리키는 말. 사행원역(使行員役)이라고도

천천히 가서 남문에 들어섰다. 국서를 객사(客舍)에 모시고, 친히 부사
의 연명례(延命禮)를 받았다.

21일

개었다. 동래에 머물렀는데, 예전에 다스리던 곳이라 무사들을 모아
활쏘기를 시험하여 상을 주고, 음식을 장만하고 풍악을 베풀었다.

22일

개었다. 부산으로 향하여 5리쯤 가니, 첨사(僉使)[16]와 가까운 고을의
여러 수령[17], 여러 변장(邊將)[18]들이 국서를 지영(祗迎)하였다. 객사에 도
착하여 연명례(延命禮)를 행하고 조금 쉬었다.

세 사신이 같이 선소(船所)로 가서 각기 탈 배에 올라가 살펴보니,

한다. 원래는 벼슬아치 밑에서 일을 하는 구실아치를 뜻한다. 남용익의 『부상록』 등 사행
록과 『상한훈지』 등 필담창화집에는 원역명수(員役名數)를 밝혀두었고, 조엄의 『해사일
기』에는 원역을 효유한 글[曉諭員役文]과 금(禁)·약조(約條) 등이 수록되어 있다. 통신사
행 때 사행로에 있는 각 지방관들이 삼사신(三使臣)은 물론 원역에게도 말과 수종하는
사람을 조달해서 보내주었다. 1636년 12월 28일 사신 일행이 에도 관소에 머물고 있을
때, 집정(執政)들이 서계를 받들고 와 대청에서 일행의 대소 원역들을 불러 관백의 말로
위로하고 관백이 보내는 은자의 수량을 판상(板床)에 붙여서 표시하였다. 1764년 통신사
행 때 조엄은 일본 각처에서 사예단으로 받은 색초(色綃) 등을 일일이 원역에게 분급해
주었다.

16 이날 조엄을 마중나온 첨사들은 부산첨사 이응혁(李應爀), 다대첨사 전명좌(全命佐),
적량첨사 이운홍(李運弘), 서생첨사 김창일(金昌鎰)이다.

17 이날 조엄을 마중나온 수령들은 창원부사 전광훈(田光勳), 김해부사 심의희(沈義希),
하동부사 김재(金梓), 칠원현감 전광국(田光國), 의령현감 서명서(徐命瑞)이다.

18 이날 조엄을 마중나온 변장들은 좌수영우후(左水營虞候) 황만(黃曼), 개운만호(開雲萬
戶) 황명담(黃命聃), 포이만호(包伊萬戶) 구선형(具善亨), 두모만호(豆毛萬戶) 박태웅(朴泰
雄), 서평만호(西平萬戶) 박계백(朴桂柏), 율포권관(栗浦權管) 우숙주(禹淑疇), 남촌별장
(南村別將) 신식(申植)이다.

전선(戰船)에 비교하면 조금 컸다. 상장(上裝)의 길이가 19발 반이고, 위 허리[上腰]의 너비가 6발 2자이며, 위에 청방(廳房) 14칸을 설치하였다. 방의 위에 또 타루(柁樓)가 있는데, 붉게 단청을 하였으며, 누 위에 군막을 설치하고, 군막 위에 포장을 쳤다. 의자를 놓고 앉아 넓은 바다를 내려다 보았다. 횃불을 들고 객사로 돌아왔다.

23일

개었다. 부산에 머물렀다. 왜인들이 (통신사 행차 때에) 수역(首譯)을 일컬어 '상상관(上上官)'[19]이라 하고, 군관(軍官)[20]을 일컬어 '상관(上官)'이라 한다. 쓰시마 태수의 서계(書契)[21]에 반드시 '동래(東萊)·부산

---

19 상상관(上上官): 통신사에 대한 일본 측 등급 중의 하나. 통신사행에서 수역(首譯)을 가리키는 일본 측 등급명이다. 일본에서는 통신사의 등급을 삼사(三使)·상상관(上上官)·상관(上官)·차관(次官)·중관(中官)·하관(下官) 등으로 구분했다. 상상관에 속한 것은 정3품의 수역인 당상왜학역관(堂上倭學譯官) 3명이다. 처음에는 교회(敎誨, 사역원 소속의 부경(赴京) 수행역관)로 2명을 보냈는데 1682년(숙종 8년)에 일본 측이 한 명을 더 보내달라고 요청하여 이에 관례가 되었다. 통신사행에 파견되었던 당상역관으로 1624년 사행 시 박대근(朴大根), 이언서(李彦瑞), 1681년 사행시 김지남(金指南), 박재흥(朴再興), 1763년 사행시 최학령, 이명윤, 현태익, 1811년 사행시 최석(崔昔), 현의순(玄義洵) 등을 들수 있다.

20 군관: 삼사의 호위 역할을 담당하는 무관인데, 일본에서 통신사절단을 구분하는 등급 가운데 상관(上官)에 속한다. 통신사행 때 대체로 정사와 부사가 각각 5명, 종사관이 2명, 총 12명을 대동한다. 그 중에 6냥의 화살을 잘 쏘는 사람과 평궁을 잘 쏘는 사람 각 1명은 병조(兵曹)에서 시험을 보아 임명하여 보냈다. 군관은 구성원의 성격과 임무에 따라 자제군관(子弟軍官)·마상재군관(馬上才軍官)·장사군관(壯士軍官)·명무군관(名武軍官)·선래군관(先來軍官) 등으로 구분되며, 하급병사인 시령이 있다. 사행에 차출된 군관들은 모두 이름난 무인들로 조정에서는 일본에 각별히 우대해 줄 것을 요청하기도 하였다.

21 서계(書契): 조선과 쓰시마가 주고받은 공식 외교문서. 서계는 조선 후기 쓰시마와의 통교·무역에 관한 모든 교섭을 수행할 때 기본이 되었던 조선 정부의 공식 외교문서이며, 조선 정부의 최종안에 관한 확인은 물론 양국 간의 정치·외교·경제·사회·문화에 관한 교류를 아는 데 기본이 되는 사료이다. 쓰시마도주나 막부 관리에게 보내는 서계도 대개 국서의 양식과 같았는데, 그 길이는 2척 4촌, 너비는 5촌 5푼이고, 매첩 4행씩이었다.

(釜山) 양(兩) 영공(令公) 합하(閤下)'라고 하며, '부영대장(釜營大將)'이라고도 칭한다.

9월

초1일

일식(日食)하고 개었다. 부산에 머물렀다. 새벽에 망궐례를 행하였다. 이어 국서를 사대(查對)[22]하였는데, 예조의 서계 속에 관백(關白)[23]의 이름자가 있어 기휘(忌諱)에 저촉되고, 말을 만드는 사이에도 절후(節候)가 틀리는 것이 있으므로 즉시 지워버리고 사유를 갖추어 장문(狀聞)

대상 인원은 처음에는 집정(執政, 老中) 4인, 봉행(奉行) 6인에게만 보냈는데, 1719년에 다시 바뀌어 집정과 근시·서경윤 각각 1인에게만 서계를 보냈다. 격식은 국서와 거의 같고 상대의 직위에 따라 보냈다. 집정에게는 예조참판, 쓰시마도주에게는 예조참의, 반쇼인[萬松院]·이테이안[以町庵]·호행장로(護行長老)에게는 예조좌랑의 이름으로 작성하였다. 서계와 함께 항상 상대의 직위에 따른 선물목록[別幅]이 첨부되었으며, 일본 측에 대한 회답국서(回答國書)와 회답서계(回答書契)의 양식도 정해져 있었다.

22 사대(查對): 문서를 보내기 전에, 틀림이 있나 없나 조사하여 대조하는 일이다.

23 관백(關白): 천황(天皇)을 대신하여 정치를 행하는 직책으로, 율령에 본래 규정된 관(官)은 아니며 영외관(令外官)이다. 관백은 표면상으로는 천황을 대행하여 정무를 수행했으나 종종 정권의 실세로 행동했다. 후지와라 씨[藤原氏] 가문 출신이 아닌 관백은 도요토미 히데요시[豊臣秀吉]와 그의 양자 히데쓰구[秀次]뿐이다. 히데요시는 1590년 일본을 재통일하여 자기 지배하에 둘 수 있는 군사적 독재자였지만 쇼군[將軍]이라는 칭호를 사용하지 못했다. 미나모토 씨[源氏] 가문의 후손들만이 장군이 될 수 있었기 때문이었다. 대신 그는 후지와라 씨 가문의 후손이라 선언하고 관백을 자처했다. 이 직책은 도쿠가와 이에야스[德川家康] 말기까지 계속되었으나, 히데요시 이후에는 실권이 없어졌다. 조선에서는 도요토미 히데요시가 관백에 오르고 난 이후 관백을 일본의 최고 통치자라는 의미로 사용했다. 이와 같은 현상은 조선 후기에도 이어져 에도시대의 실질적인 통치자였던 막부(幕府)의 정이 대장군(征夷大將軍)을 '일본 국왕' 또는 '관백'이라고 부르는 것이 일반적이었다. 관백은 교린 외교체제(交隣外交體制)에서 조선 국왕의 상대역이 되었다.

하였다.

초3일

해운대에 가서 구경하고 돌아왔다. 일행은 (통신사의) 원역부터 격졸에 이르기까지 거의 500명 되었으며, 그밖에 별파진(別破陣)[24], 마상재(馬上才)[25], 전악(典樂)[26], 이마(理馬)[27] 등의 각색 원역이 46명이었다.

초6일

해신제(海神祭)[28] 습의(習儀, 의식을 익히는 것) 때문에 세 사신이 여러

---

24 별파진(別破陣): 조선 후기 무관 잡직(武官雜職)으로 편성된 특수 병종이다. 본래는 별파군진(別破軍陣)이었으나, 보통 별파군(別破軍) 또는 별파진이라고 한다. 화포(火砲)를 주로 다루고 화기장방(火器藏放)과 화약고(火藥庫)의 입직을 담당했다. 일본에 통신사를 파견할 때, 군관을 겸한 2명의 별파진이 파견되었다. 예(例)에 따라 군관이 겸직하였으므로 별파진 겸 군관(別破陣兼軍官)이라고도 하였다.

25 마상재: 마상재(馬上才)에 참여한 군관이다. 통신사행 때 사행단을 호위하면서 마상재 공연이 있을 때는 직접 달리는 말 위에서 여러 가지 기예를 부리는 등 공연에 참여하여 무예를 과시하기도 하였다.

26 전악(典樂): 사절단의 행렬·의식·연회의 음악을 담당한 관원으로, 장악원(掌樂院) 소속이다. 정사와 부사 및 종사관에 각각 배속되는 경우도 있고, 정사와 부사 혹은 정사와 종사관에만 배속되는 경우도 있어, 사행 때마다 그 수가 일정하지 않으나 대체로 2~3명 정도 수행하였다.

27 이마(理馬): 말을 다루거나 돌보는 하급관리이다. 품계는 6품이 1명, 8품이 2명, 9품이 1명이며, 모두 체아직(遞兒職)으로 사복시(司僕寺)에 소속되어 있다.

28 해신제(海神祭): 배를 띄우기 전이나 날씨가 좋지 않을 때 항해의 안녕을 기원하기 위해 해신(海神)에게 지내는 제사. 바람이 순조롭게 불기를 빈다는 의미에서 기풍제(祈風祭)라고도 한다. 통신사 일행이 부산 영가대(永嘉臺)에서 일본으로 출항하기 직전에 길일(吉日)을 택하여 해신제를 지냈으며, 대개 『국조오례의(國朝五禮儀)』의 해독제(海瀆祭)에 준하여 거행하였다. 영가대의 높은 곳에 제단을 마련하여 희생과 폐백(幣帛)을 차려 놓고, 집사(執事) 주도로 진행하였다. 신유한(申維翰)의 『해유록(海游錄)』에 의하면, "축시초(丑時初, 오전 1시 반부터 2시 반까지)에 집례(執禮)가 찬알(贊謁)·노창(爐唱)과 함께 들어가 네 번 절을 하면, 알자가 초헌관을 인도하여 들어가 진설(陳設)을 살펴보고 대축(大祝)이

집사(執事)들과 더불어 같이 영가대(永嘉臺)[29]에 가서 의식을 연습하고, 이어 각기 재계(齋戒)하였다.

초8일

자시(子時)에 세 사신 및 여러 집사들이 영가대에 같이 모여 해신제를 지냈으니, 전례를 따른 것이다. 3층의 단(壇)을 영가대 앞에 쌓고 신위(神位)를 제일 위층에 모셨으며, 위패는 '대해신위(大海神位)'라 썼다. 제물을 진설하고 가운데 층에는 향로를 놓았으며, 아래층에서는 헌관(獻官)과 집사가 일을 맡아하였다. 3단의 아래에는 제관(祭官) 이하 집사들의 내반(內班)의 자리를 만들고, 주위에는 포장을 둘러쳐 바다신이 출입할 문을 만들었으며, 문 밖에는 또 외반(外班)의 자리를 만들었다. 홀기(笏記)[30]는 〈해독(海瀆)에게 제사 지내는 의식[祭海瀆儀]〉[31]에

위판(位版)을 받들어 탁자 위에 갖다 놓는다. 서판관(書版官)이 조심스럽게 붓을 잡아 대해신위(大海神位)라 쓰고 초헌관을 인도하여 살펴본 뒤 대축이 위판을 신좌(神座)에 봉안하고, 헌관은 다시 문밖으로 나온다. 집사와 알자의 예가 끝나면, 전폐례(奠幣禮)를 행하고, 향(香)을 올리며, 대축(大祝)이 종헌관의 왼편에서 축문을 읽는다. 초헌관이 내려오면 아헌(亞獻)과 종헌(終獻)을 한 뒤 음복례(飲福禮)를 행하고 대축이 서쪽 계단을 올라가 철상(撤床)한다. 헌관이 망예위(望瘞位)에 나아가면, 대축은 축문과 폐백을 받들고 재랑은 양(羊)·돝·기장밥·피밥 등을 받들어, 배를 타고 바다를 두어 리(里) 남짓 나가 물에 띄운다. 돌아와 여러 집사들과 함께 네 번 절을 하고 파한다."라고 하였다. 통신사는 영가대에서 해신제를 지낸 뒤, 그날 국서를 받들고 쓰시마 선단의 선도 하에 기선(騎船) 3척과 복선(卜船) 3척에 나누어 타고 부산항을 출발하였다.

29 1614년에 당시 경상도관찰사 권반(權盼)이 부산진성 서문 밖의 호안이 얕고 좁아 새로 선착장을 만들고자 하여, 이때 바다에서 퍼 올린 흙이 쌓여 작은 언덕이 생겼고 이곳에 나무를 심고 정자를 만들었다. 이 정자가 바로 영가대이다. 1624년 일본 사절의 접대를 위해 조정에서 선위사로 파견된 이민구(李敏求)가 성밖에 축조된 대를 보고 감탄하여 이를 쌓은 권반의 관향인 안동(安東)을 따라 '영가대'라 호칭한 데서 그 이름이 유래한다.

30 홀기(笏記): 제사의 진행 순서를 읽으면서 제사를 진행하는 글이다.

31 『국조오례의(國朝五禮儀)』에 실려 있는 글인데, 『국조오례의』는 모든 대사(大祀)·중사(中祀)·소사(小祀) 등의 제사에 관한 길례(吉禮), 본국 및 이웃 나라의 국상(國喪)·국장

다가 약간 더하거나 줄여서 썼다.

초10일

전별연(餞別宴)을 차려 주었다. 사신과 수사(水使)는 주객(主客)의 자리에 갈라 앉고, 나머지 사람들은 모두 차례대로 좌정하여 9잔 7미(九盞七味, 성대한 잔치)의 예를 행하였다. 다들 머리에 채화(彩花) 한 가지씩을 꽂아, 임금이 주는 것을 영화롭게 여겼다.

공적인 연회가 끝난 뒤에 수사가 사연(私宴)을 이어서 베풀어, 풍악을 연주하였다.

11일

세 사신이 객사에서 잔치를 베풀었다. 사공과 격군들은 같은 뜰에서 먹일 수 없기에, 친근한 비장(裨將)을 시켜 각기 그 배 위로 가지고 가서 주게 하고, 또 삼현(三絃)을 주어 즐기게 하였다.

13일

오늘은 우리 성상께서 탄생하신 날이라, 새벽에 망궐례를 행하였다. 식사한 뒤에 국서를 모시고 위의를 갖추고 일행이 동시에 배를 탔으니 배에 오르라고 한 날이기 때문이다. (모든 절차를 한결같이 바다를 건너는 예와 같이 하여) 닻을 올리고 배를 띄워 바다 어귀 10여 리까지 나왔다가 바람이 순조롭지 않으므로 도로 정박하여 육지에 내렸다.

에 관한 흉례(凶禮), 출정(出征) 및 반사(班師)에 관한 군례(軍禮), 국빈(國賓)의 영접에 관한 빈례(賓禮), 책봉(冊封)·국혼(國婚)·사연(賜宴)·노부(鹵簿) 등에 관한 가례(嘉禮)를 기록한 책이다.

여섯 척의 배[32] 모양이 같아 구별하기 어려우므로, 등촉(燈燭)의 수 및 초롱의 빛깔과 쏘는 포(砲) 및 쏘는 화전(火箭) 숫자의 많고 적음을 가지고 기선(騎船)과 복선(卜船)을 분별하려고 새로 조목을 정했다.

(20일)

일행의 공사(公私) 복물(卜物)을 종사관이 친히 검사하여 봉인해서 배에 실었는데, 만약 짐을 끌러야 할 일이 있으면, 반드시 여쭌 다음에 하도록 단속하였다.[33]

(21일)

이번 행차에 지공(支供)할 가가(假家)를 마련하고 가마·솥·그릇 등을 갖추는 하루의 세(貰)가 백여 금(金)이 넘게 들었다. 일이 너무 지나치기에, 동래부사에게 공문을 보내 3분의 2로 줄이게 하였다.[34]

(22일)

사행을 호위할 대차왜(大差倭)[35], 재판왜(裁判倭), 도선주왜(都船主倭)

---

32 여섯 척의 배: 제1, 2, 3선은 정사와 부사, 종사관 일행이 각각 나누어 탄 기선(騎船)을 가리킨다. 정사·부사·종사관의 3사단(使團)으로 구성된 통신사 일행은 3선단(船團)으로 편성하였다. 제1선단에는 국서를 받드는 정사를 비롯하여 그 수행원인 군관·상통사·제술관에서부터 격군까지 타고, 제2선단에는 정사를 받드는 부사를 비롯하여 수행원이, 제3선단에는 종사관을 비롯한 그 수행원이 탔다. 각 기선에는 복선 1척씩이 부속되었는데 복선에는 사행에 필요한 짐들을 나누어 실었으며, 당상역관이 각각 2인씩 타고, 일행의 원역이 나누어 승선하였다. 일반적으로 기선과 복선은 수군통제사영과 경상좌수사영에서 제작하였다. 제4, 5, 6선은 각 기선(騎船)에 딸린 복선(卜船)을 가리킨다. 복선에는 주로 짐을 실었다.

33 날짜가 적혀 있지 않지만, 9월 20일 기록이다.

34 날짜가 적혀 있지 않지만, 9월 21일 기록이다.

이하가 10여 척의 배를 가지고 사행을 호위하기 위하여 두모포(豆毛浦) 앞바다에 와서 정박하였다고 한다.[36]

(23일)

대차왜(大差倭)가 문안하는 단자(單子)를 올렸는데, '영빙사(迎聘使)'라고 썼기 때문에 사행(使行) 앞에 '사(使)'자를 쓰는 것은 부당하다는 뜻으로 사리를 들어 책망하여 깨우쳤더니, 오늘은 단자를 고쳐서 쓰되 '영빙정관(迎聘正官)'이라고 썼다. 오화당 갈분(五花糖葛粉) 1근씩과 강고어(羌古魚) 10개를 가져 왔는데, 세 사신에게 단자는 각각이었으니

35 차왜(差倭)는 쓰시마에서 조선에 임시로 파견한 외교사절로, 에도막부 쇼군의 명을 받아서, 또는 쓰시마도주의 필요에 따라 조선과의 특별한 외교 임무 수행을 위하여 파견한 사신이다. 팔송사(八送使)가 교역을 위한 정기적인 무역사절이라면 차왜는 외교적인 현안 문제가 있을 때마다 임시로 파견하는 외교사절이다. 차왜라는 용어가 처음 보이는 것은『선조실록』1595년 6월 기유조이며, 외교사절로 처음 사용된 것은 1608년에 도래한 겐포[玄昉] 일행 중 '도주차왜(島主差倭) 다치바나노 도모마사(橘智正, 이데 야로쿠자에몬[井出彌六左衛門]]'의 용례가 처음이다. 일본 측 사료에서는 불시에 보낸 사절이라는 의미에서 '불시지사(不時之使)'로 표기하였다. 차왜의 역할이 정착되고 응접 기준이 정례화된 것은 1680년 이후부터이다. 차왜는 그 사명에 따라 대차왜(大差倭), 소차왜(小差倭), 기타 차왜로 구분할 수 있으며, 차왜 중에 특히 조선 정부로부터 외교 사행으로 인정받은 차왜를 별차왜(別差倭)라고 한다. 대차왜는 막부나 통신사에 관한 사항을 취급했으며, 소차왜는 쓰시마도주나 기타 외교업무에 관한 사항을 취급하였다. 그리고 특별한 외교 사항에 관한 기타 명목의 차왜가 파견되었다. 차왜의 파견 목적은 쇼군가[將軍家]나 쓰시마도주의 경조사(慶弔事), 승습(承襲)·퇴휴(退休)를 알리는 차왜, 쓰시마도주의 환도(還島)를 알리는 차왜 등 모두 27종이나 되었으며, 파견 목적과 지참하는 서계(書契)에 따라 편성 체제와 접대 규정이 달랐다. 차왜는 각종 연향 접대, 식량과 일용 잡물의 지급, 회사 및 개시 무역에의 참가 등을 통해 막대한 경제적 이득을 보장받았다. 따라서 쓰시마에서는 가능한 한 많은 차왜를 조선에 파견하여 조선으로부터 외교 사행으로 인정받으려고 노력하였다. 조선으로부터 외교 사행으로 접대받기에 가장 좋은 명분이 쇼군이나 쓰시마도주의 경조사(慶弔事)였고, 통신사행이나 문위행(問慰行)에 관련된 사항들이었다. 따라서 쓰시마도주는 이 기회를 이용하여 가능한 한 많은 왕래를 통해 무역량을 증가시켰다.
36 날짜가 적혀 있지 않지만, 9월 22일 기록이다.

전례이다. 받아서 비장청(裨將廳)에 나누어 주었다.[37]

(24일)

대차왜와 재판왜, 도선주왜에게 각각 닭 2마리와 호두·생밤 각 5되, 장지(壯紙) 1속(束)씩을 보내주며, 역관을 시켜 문안하게 하였다.[38]

26일

초경(初更, 오후 6시 전후) 무렵에 왜인이 말하기를,

"밤중에 좋은 바람을 만나게 될 것이니, 행장을 꾸려 나가 달 뜨기를 기다렸다가 닻을 올립시다."

하였으나, 우리나라 사공들은 '불가하다'고 하므로, 십분 신중하여야겠다는 뜻에서 허락하지 않았다. 과연 밤중부터 약간 동북풍이 불다가 밝을 무렵에 이르러서는 도리어 서남풍이 불었다.

앞서 매[鷹]와 말[馬]을 싣고 먼저 떠난 왜인의 배가 바다 가운데서 맴돌다가 저녁에 절영도(絶影島)로 되돌아왔다고 하니, 왜사공의 말 또한 전적으로 믿어서는 안 될 일이다.

27일

대차왜 등에게 각각 약과(藥果) 열 덩이, 닭 두 마리, 대구(大口) 두 마리씩을 보내주며 문안하게 하였다.

왜사공이 또, '오늘 좋은 바람이 있을 것'이라 하여 우리에게 배 타기를 재촉하였으나, 우리나라 사공들이 크게 '불가하다' 하였는데, 밝은

---

37 날짜가 적혀 있지 않지만, 9월 23일 기록이다.
38 날짜가 적혀 있지 않지만, 9월 24일 기록이다.

무렵부터 과연 서남풍이 불었다. 새벽에 왜인이 띄워 보낸 매와 말을 실은 배가 기장(機張) 지경에 표류하니, 왜사공들도 재차 잘못 점친 것을 자못 부끄러워하는 기색이 있었다 한다.

10월

(초1일)

쓰시마는 부산의 정남쪽에서 약간 동남쪽 지점에 위치하고 있으므로 북풍을 만나면 곧장 갈 수 있는데, 전후 통신사의 행차가 반드시 동북풍을 받아 건넌 것은, 비스듬히 부는 순풍이 안온하기가 곧장 가는 순풍보다 나은 까닭이다.[39]

초2일

대차왜 등에게 다시 닭 두 마리, 생어(生魚) 두 마리, 대구어 두 마리씩을 각각 보냈다.

초5일

동풍이 불기에 행장을 꾸려 놓고 기다렸다.

초6일

동북풍이 종일 불었다. 자시(子時)에 배에 올라, 닭이 처음 울자 거정포(擧碇砲)를 쏘아 여섯 척[40] 배가 일제히 출발하였다.

---

39 날짜가 적혀 있지 않지만, 10월 1일 기록이다.

사행을 호위하는 왜선(倭船)이 앞서기도 하고 뒤서기도 하며, 잠깐 사이에 이미 큰 바다로 나가더니, 동틀 때에는 어느새 1백여 리를 지나왔다.

배가 흔들려서 판옥(板屋)은 찢어지는 듯 삐걱거리는 소리를 내고, 인상(印床)과 향동(香童)이 때로 넘어지기도 하며, 요강과 침 뱉는 그릇이 서로 나뒹굴며 부딪치기도 하였다. 다른 배들을 바라다보니, 높이 올라가는 것은 9만 리 하늘로 올라가는 듯하고, 낮게 내려가는 것은 천 길 구덩이로 떨어지는 듯하였으니, 배안 사람들이 몹시 걱정하였다.

뱃멀미를 가볍게 하는 자리에 들어붙어 어지러워 일어나 앉지 못했으며, 심한 자는 속이 메스꺼워 토하며 인사불성이었다. 종일 아무렇지 않은 사람은 나와 수역관[41] (최학령), 비장 이매(李梅), 의원[42] 이민수(李民秀)와 도훈도·격군 등 대여섯 명뿐이었다. 청지기·노자(奴子)·통인(通引)·급창(及唱) 등도 한결같이 모두 쓰러져 누워 있었다.

2백 리 가량 가서 치목(鴟木)에 붙은 분판(分板)이 바닷물 속으로 떨

---

40 여섯 척: 정사, 부사, 종사관에게 각각 기선(騎船)과 복선(卜船)이 한 척씩 있어, 모두 여섯 척이다.

41 수역관은 조선시대 사역원에 소속되어 통역의 임무를 담당한 역관(譯官)의 우두머리이다. 정3품으로 수역(首譯)·수역당상(首譯堂上)·당상역관(堂上譯官)·당상왜학역관(堂上倭學譯官)이라고도 한다. 당상역관이 되기 위해서는 사역원에 소속된 역관인 교회(敎誨)를 반드시 거쳐야만 하였다. 당상역관은 삼사신과 일본 고관과의 통역을 맡고, 사신의 임무 수행에 필요한 제반 잡사(雜事)를 총괄하며, 교역이나 의전 등에 있어서 사전 실무 교섭을 하고, 일본 사정에 어두운 사신들에 대해 자문을 하며, 일본 국왕 이하 각처에 보내는 예물을 마련하고, 사적으로 종사관이 사행을 단속하고 비위를 검속하는 일을 보좌하는 일을 한다.

42 의원이 조선후기 통신사행에 의원이 포함된 것은 1607년 회답겸쇄환사 때부터이다. 이때 전의감(典醫監)과 혜민서(惠民署)에서 각각 1명을 차출하여 총 2명을 파견하였다. 통신사행 수행 의원 규정에는 2명으로 되어 있으나, 일본 측에서 의술이 뛰어난 의원을 선발해 달라거나 그 수를 늘려 달라고 요청하기도 하였다. 1682년 사행 때부터는 양의(良醫)가 증원되면서 3명으로 늘어났다.

어져버렸다. 우리나라 사공이 고쳐 꽂으려 하자 일본 사공이 매우 어렵게 여기므로, 곧 노목(櫓木)을 치목의 원기둥 좌우에 대어 묶어 겨우 지탱하였다. 오후에 간신히 물마루를 지났다.

신시(申時) 말에 사스우라[佐須浦] 어귀에 당도하자 왜의 작은 배 30척이 좌우에서 끌어당겨, 초경 말에 선소(船所)에 정박하니, 다섯 척 배가 먼저 와서 정박해 있었다. 부기선(副騎船)이 물마루에 못 미쳐서 치목이 다시 부러져 거의 위태할 뻔했다고 한다.

포구에 들어가자, 영접봉행(迎接奉行) 다이라노 유키토시[平如敏][43]가 배 위에서 두 번 읍하는 예를 행하므로, 한 번 옷소매를 들어 답례하였다. 선소(船所)에 정박하자 호행(護行)·봉행(奉行) 등이 육지에 내리기를 청하므로, 수역관을 보내 관소(館所)를 살펴본 다음에 국서를 받들고 관소로 들어갔다.

관의 제도가 (우리나라와 아주 달라) 굽이굽이 돌았는데, 각 방마다 작은 종이 쪽지에다가 원역들의 호칭을 써서 걸었으며, 아예 온돌이 없었다. 군막을 청(廳) 위에 설치하고 그대로 거처하였다.

이른바 숙공(熟供)[44]이라는 것은 10여 그릇이 넘으나, 모두 먹을 만하지 못하였다. 일행 중 뱃멀미 앓던 여러 사람들이 비로소 억지로 일어날 수 있어, 더러는 숙소로 가고 더러는 배 위에서 잤다.

이날은 4백 80리를 갔다.

---

43 다이라노 유키토시[平如敏]: 다다 켄모쓰[多田監物]이다.

44 숙공(熟供)은 통신사를 접대하는 왜인들이 음식을 장만하여 식사를 제공하는 것임에 반하여, 건공(乾供)은 왜인들로부터 건량(乾糧)을 받아 통신사행 측에서 음식을 만드는 것을 말한다. 바쁠 때에는 숙공이 편하였지만, 일본 음식이 입에 맞지 않아 건공이 편할 때도 있었다.

초7일

무사히 사스우라에 도착한 연유를 장계로 만들어 보냈는데, 치목이 (당초 정미하게 만들지 않아) 부러지고 상하게 되었으니 주관한 통제사 (統制使)와 감조 차사원(監造差使員)을 조정에서 논죄하라는 뜻을 장계 속에 거론하였다. 겸하여 집에 보내는 편지도 부쳤는데, 차왜(差倭)에 게 내어주며 비선(飛船)⁴⁵을 부산에 정해 보내도록 하였다.

통신사 행차가 바다를 건너게 되면 저쪽 사람들이 예에 따라 5일간 의 공급품과 일용품을 바치는데, 세 사신 외에 수역을 '상상관(上上官)' 이라 하고, 군관 이하의 원역들을 '상관(上官)'이라 하며, 별파진(別破 陣) 이하 격졸(格卒)들은 '차관(次官)'·'중관(中官)'·'하관(下官)'이라고 하였다. 그 지공하는 바 또한 등분이 있어, 모두 전례에 의해 하게 되어 있다.

그런데 그 바치는 바 또한 원래 정수대로 하지 아니하여, 더러는 대 신 바치기를 청하기도 하고 더러는 추후에 바치기를 청하기도 하여, 교묘한 속임수가 갖가지로 나오니, 그런 정상이 매우 밉살스럽다. 그 러나 그 미수(未收)의 추후 납부를 허락한 일이 있었다.

호행정관(護行正官)·재판(裁判)·도선주(都船主) 등이 모두 예에 의하 여 뵙기를 청하였다. 저들은 모두 몸을 굽히고 두 번 읍하여 예를 하였 는데, 봉행에게는 서서 한 번 손을 들어 답하고, 재판 이하에게는 앉아 서 한 번 손을 들어 답하였다.

태수가 삼중 찬합(杉重饌盒)과 술병을 보내 왔는데, 술은 금령(禁令)⁴⁶

---

45 에도[江戶]시대의 소형 쾌속선으로, 화물과 사람을 수송하거나 긴급한 용무에 연락선 으로 이용되었다.

46 1763, 4년 계미사행 때 조선 사신들로 하여금 술을 마시지 못하도록 명했는데, 주금(酒 禁), 금주령(禁酒令) 혹은 주금령(酒禁令)이라고도 하였다. 금주령은 조선시대 큰 가뭄이

때문에 물리치고 받지 않았다. 일공(日供)⁴⁷으로 바치는 술도 일체 모두 받지 않았다.

바다를 건넌 뒤부터는 지나가게 되는 연로의 각 고을 태수가 으레 삼중(杉重)과 과병(果餠)을 수시로 보내온다고 하는데, 삼중이란, 삼나

들거나 흉작이나 기근이 있을 경우 국가에서 술 마시는 것을 금하는 법령을 내렸다. 이 기간 동안은 근신 절제함으로써 하늘의 노여움을 풀고 굶주린 백성들을 위로하며 식량과 비용을 절약할 목적으로 행하여졌다. 일본은 조선이 어느 기간 동안 주금령인지 관심이 많았는데, 그것은 조선으로부터 쌀 수입과 직결되기 때문이다. 정사 서기 성대중(成大中)이 일본 문사 덴 가쓰야마[田勝山]와 나눈 필담을 보면 조선의 금주령이 매우 엄하여 연례(宴禮)에서조차 술을 사용할 수 없도록 하였다. 조엄의『해사일기(海槎日記)』갑신년 2월 17일 기록에 "저번 쓰시마에 있을 때 이미 술을 사절한다는 글을 냈는데, 다시 무슨 사신의 글을 기다리는가? 우리나라의 주금(酒禁)은 지극히 엄하므로 조선의 신하로서 오직 감히 입에 대지 못할 뿐만 아니라, 또한 감히 술잔을 들지도 못한다. 이는 의리에 관계된 것이니, 관백이 만약 술을 권하더라도 결코 받지 않겠다."라고 하였다.

47 쌀과 부식 및 기타 잡물 등을 날마다 제공하는 것. 통신사행 때 쓰시마에서는 수량을 합해 5일마다 지공(支供)하였고, 다른 고을에서는 수량을 나누어 날마다 지공하였다. 전자를 오일공(五日供) 혹은 오일하정(五日下程)이라고 하고, 후자를 일공(日供)이라고 한다. 쓰시마에서뿐만 아니라 에도에서처럼 오래 머무는 곳에서는 오일공을 지공하기도 했다. 쓰시마의 경우, 일공의 쌀과 술은 부중(府中)에서 나오고, 다른 것은 다 민가에서 거두었다. 세견제일선(歲遣第一船)의 경우, 요미(料米)와 병미(兵米) 58섬 14말, 콩 14섬 11말, 쌀 115섬 14말 3되 7홉 5리 상당의 일공주찬(日供酒饌)이 지급되었다. 『증정교린지』'신행각년례(信行各年例)'에 의하면, 통신사 일행이 지나가는 바다나 육지 곳곳에서 5일 동안 먹을 양식과 반찬[五日糧饌] 및 일공(日供)을 한결같이 정해진 수효에 의해서 대접해야 하며 그 중에 혹 떨어진 물건이 있을 경우 반드시 그 물건으로 채울 수 없으면 그 지방 토산물 중에서 비슷하고 좋은 물건이 있을 때에는 그 물건으로 대신 바치도록 한다고 하였다. 1748년 통신사행 때 중관(中官)과 하관(下官)들에게 일공으로 날마다 산 닭을 지공하였는데, 그 수가 적지 않아 배 위에서 닭들이 끊임없이 울어대므로 그것을 들으면 바다를 가는 느낌이 아니라 문득 육지의 촌가에 함께 있는 듯하여 마음의 위안이 되기도 하였고, 같은 해 5월 7일에는 일공 가운데 매수계(梅首鷄)라는 물총새가 있었는데, 산 것을 새장 안에 담아와 물속에 놓아준 적도 있다. 1764년 3월 10일 에도에서 돌아갈 행장을 꾸릴 때, 일공 가운데 남은 쌀 4표(俵)는 전어관(傳語官)에게, 4표는 금도(禁徒)에게, 5표는 교군(轎軍)에게 주고, 삼방에서 쓰고 남은 백미 71표·간장 97수두(手斗)·감장(甘醬) 5백 71수두·식초 1백 53수두·소금 4백 4수두·탄(炭) 3백 10표·땔나무[柴] 1천 6백 50단(丹) 등은 모두 규례에 따라 두 관반사(館伴使)에게 보냈다.

무로 만든 3층 찬합에다가 새 과일과 떡·음식을 담은 것을 말한다. 호행차왜와 봉행차왜(奉行差倭) 등도 또한 과일과 음식을 바치는 자가 있는데, 그 성명을 기록하여 남기고, 수역에게 답하게 하였다.

(초8일)

치목이 떨어지며 부러질 때에 애쓴 왜사공이나 우리나라 사공들에게 각기 쌀·베·음식으로 경중에 따라 상을 주었다. 부산에서 보낸 비선(飛船)이 역풍으로 출발하지 못했다.[48]

11일

사스우라에서 배를 띄워, 오우라[大浦]에 이르렀다.
이날은 20리를 가서, 배 위에서 잤다.

15일

오우라에 머물렀다. (세 사신이 각각) 판옥(板屋) 위에 자리를 마련하고 망궐례를 행하였다.

19일

오우라에서 (떠나) 니시도마리우라[西泊浦][49]에 닿아 묵었다.
이날은 60리를 갔다.
도요자키[豊崎] 지경은 바위 모서리가 솟구쳐 마치 성곽 같았다. (바

---

48 이 부분은 10월 초7일의 기록으로 되어 있으나, 초8일 기록이다.
49 니시도마리우라[西泊浦]: 현재의 쓰시마시[對馬市] 가미쓰시마마치니시도마리[上對馬町西泊]에 속하는 포구이다. 가미쓰시마[上對馬] 동북 해안에 위치해 있다. 1617년 2차와 1624년 3차 통신사행을 제외한 사행 때마다 조선 사신이 이곳에서 묵었다.

닷속의 바위 줄기가) 혹은 드러나기도 하고 혹은 안 보이게 깔려 있기도 하여, 파도가 솟구쳐 부딪치면 살아 남는 자가 하나도 없다.

지난 계미년(1703)에 역관 한천석(韓天錫) 일행이 여기서 빠져 죽었으므로,[50] 어떨 때에는 니시도마리우라를 거치지 않고 가기도 한다.

20일

배 위에 머물렀다. 이달 초4일과 초7일에 보내온 본가(本家) 편지를 부산진에서 비선(飛船) 편에 부쳐주어, 비로소 오늘에야 보게 되어, 집안과 나라가 평안하다는 소식을 들었다.

26일

니시도마리우라에서 진시(辰時)에 배를 띄워, 긴우라[琴浦][51]에 닿았다.

이날은 60리를 갔다.

이날 밤에 이달 12일에 띄운 본가의 편지를 받아보았다.

27일

긴우라에서 묘시(卯時)에 배를 띄워, 미시에 쓰시마에 닿았다.

이날은 1백 60리를 갔다.

---

50 1703년 2월에 위문행역관사(慰問行譯官使) 선박이 쓰시마에서 암초에 좌초되어 침몰되는 사건이 일어났다. 정사 한천석과 부사 박세양(朴世亮) 등 113명 전원이 사망하였으며, 와니우라에 이들을 제사하는 신당이 있었다. 지금은 그들의 넋을 기리는 조선역관순난지비(朝鮮譯官殉難之碑)가 와니우라 한국전망대에 세워져 있다.

51 긴우라[琴浦]: 현재의 쓰시마시 가미쓰시마마치킨[上對馬町琴]에 속하는 포구이다. 가미쓰시마 동쪽 해안에 위치해 있다.

재판왜가 탄 배가 곧장 후추[府中]⁵²로 향하므로 뒤따라갔다. 10리를
채 못 가서 쓰시마의 봉행(奉行) 다이라노 유키토시[平如敏]·재판 다치
바나노 유키시게[橘如林]와 도주(島主)⁵³의 사자가 배 위에서 예를 행하
였다.

(포구에 들어가자마자) 이테이안[以酊菴]의 장로승(長老僧)⁵⁴이 채선
(彩船)을 타고 와 맞이하였다. 배가 서로 가까워지자 도주가 배 위에
서서 두 번 읍하는 예를 행하기에, 상사도 두 번 읍하여 답하고, 장로승
에게도 역시 그렇게 하였다. 도주와 장로승이 부선(副船)·삼선(三船)에
도 그처럼 하였다.

(도주가 봉행을 시켜) 세 사신이 육지에 내리기를 청하므로, 위의를
갖춘 다음 국서를 받들고 세이잔지[西山寺]⁵⁵로 들어갔다. 도주가 봉행

---

52 후추[府中]: 옛날에는 쓰시마국[對馬國]의 부(府)가 위치한 포구로, 15세기 후반 쓰시
마도주 소 사다쿠니[宗貞國]가 쓰시마도주의 본거지를 사가[佐賀]에서 이즈하라로 옮겨
쓰시마의 중심이 되었다. 이즈하라항[嚴原港]은 에도시대 쇄국령이 내려졌던 쇄국 시대에
도 나가사키와 함께 대외무역항으로서의 기능을 한 곳이다. 12차례 통신사행 때마다 조선
사신이 이곳에 묵으면서 도주초연(島主招宴)을 베풀거나 망궐례를 지냈다.
53 도주 소 요시나가[宗義暢]는 무진년(1748) 통신사 때의 태수(太守) 소 요시유키[宗義
如]의 아들로서, 나이가 23세인데, 사람됨이 퍽 순량(順良)하여 비록 오랑캐 나라 한 섬의
추장이지만 다른 오랑캐보다는 조금 다르다고 할 만하였다. -조엄『해사일기』같은 날
기록
54 장로승의 이름은 료호[龍芳], 호는 게이간[桂巖]인데, 용모가 제법 깨끗하며 나이는
지금 43세라 한다. 듣건대, 관백의 명령으로 이테이안에 와서 지키고 있어 마치 당(唐)나
라 번진(藩鎮)의 감군(監軍)과 같으므로, 비록 태수라 하더라도 퍽 어렵게 여겨 매우 존경
하여 접대하는데, 반차(班次)는 태수의 아래에 앉는다고 한다. -조엄『해사일기』같은
날 기록
55 세이잔지[西山寺]: 현재 나가사키현[長崎縣] 쓰시마시 이즈하라마치고쿠부[嚴原町國
分]에 위치한 임제종(臨濟宗) 사원인데, 슈쿠보쓰시마세이잔지[宿坊對馬西山寺]이다. 857
년에 도분지[島分寺, 國分寺[고쿠분지]의 별명]가 불에 탄 이듬해, 고다케[國府嶽] 기슭에
다이니치도[大日堂]를 세워 다이니치지[大日寺]라고 칭하였는데, 이것이 이 절의 기원이
다. 1512년 소 사다쿠니[宗貞國] 부인의 보다이지[菩提寺]가 되어 그 법호(法號)를 따서

을 보내 또 숙공(熟供)을 들이는데, (왜의) 소동(小童)들로 하여금 올리
게 하였다. 음식의 가짓수가 20그릇 가까이 되었으나, 별로 먹을 만한
것이 없었다.

섬의 인가는 거의 만여 호 가까운데, 남쪽으로 이키노시마[壹岐島]를
마주하였다.

28일

(6척의 배가) 무사히 쓰시마에 건너왔다는 뜻으로 장계를 지어, 비선
(飛船) 편에 부쳤다.

쓰시마는 지방이 동서 300리, 남북 80리이다.

11월

초1일

세이잔지에 머물렀다.

선장(船將)의 관(棺)[56]과 병이 중한 격군(格軍)[57]을 내보내겠다는 뜻으

세이잔지라고 바꾸었다. 1732년 히요시[日吉]에 있었던 이테이안이 소실되어 세이잔지로
이전해왔기 때문에, 세이잔지는 나카무라[中村]의 즈이센인[瑞泉院]으로 옮겼는데, 1867
년에 이테이안이 폐사(廢寺)되어 다시 옛터로 돌아왔다. 본당에 겐소[玄蘇]·겐포[玄方]의
조상(彫像)이 있으며, 이테이안의 유품이 전승되고 있다. 에도시대에는 조선과의 외교를
담당했던 외교승이 기거했던 곳이며, 1643년·1711년·1719년·1748년·1763년 통신사행
때에 사신 일행이 묵었던 곳이다. 현재는 유스호스텔 쓰시마세이잔지라는 숙박시설로 바
뀌어 있다. 『계미동사일기(癸未東槎日記)』 '10월 24일(갑신)'조에 "사신이 저녁밥을 먹은
뒤에 물가로 나와 사처를 정하고 바람을 기다렸다. 상사는 세이잔지에, 부사는 게이운지
[慶雲寺]에, 종사는 젠노지[善應寺]에 머물렀다."라고 하였다.
56 부사의 복선장(卜船將) 유원(俞源)이 오우라[大浦]에 있을 때 선장(船粧)에서 떨어져

로 장계를 써서, 비선(飛船)편에 내보냈다.

이테이안 중[58]이 3층 찬합(饌盒)을 바쳤는데, 단자(單子)의 연월 아래

매우 중한 내상(內傷)을 입어 약물로 치료했는데, 결국 10월 30일에 세상을 떠났다. 유원은 부산의 장교인데, 8월에 차역(差役)되어 데리고 왔었다. 세 방(房)에서 각기 돈을 내어 염습(殮襲)하고, 조엄이 이번 길에 뜻밖의 쓰임을 위하여 준비해 왔던 무명 저고리와 바지 및 솜을 부조하였다. 조엄이 동래부사로 있을 때에 장교(將校)였던 변탁(卞琢)을 격군으로 데려왔기에, 부사에게 그를 복선장으로 추천하였다.

57 격군(格軍): 사공의 일을 돕는 수부(水夫) 혹은 노를 젓는 사람이다. 수부(水夫)·선부(船夫)·선격(船格)·선격군(船格軍)·결꾼·뱃사공이라고도 하였고, 바다를 건너기 때문에 도해격군(渡海格軍)이라고도 하였다. 일본에서 통신사절단을 구분하는 등급 가운데 하관(下官)에 속한다. 통신사행 때에는 격군 270여 명을 보내는데, 삼사신(三使臣)의 배에 각각 60명, 복선(卜船) 3척에 각각 30명이다. 제일선·제이선·제삼선의 기선(騎船)과 복선(卜船)에 격군이 배치되었는데, 이를 총칭하여 삼선격군(三船格軍)이라고 하였다. 그러나 실제 통신사행 때마다 각 배에 배치하는 인원수는 약간의 차이가 있다. 1655년 통신사행 때 정사가 탄 제일선에는 96명, 부사가 탄 제이선에는 95명, 종사관이 탄 제삼선에는 84명의 격군이 탔다. 1636년 9월 30일에 삼사신이 도쿠가와 막부의 태평을 축하하기 위하여 일본에 건너가기 전 부산에서 격군에게 고시하기를, 노(櫓)마다 통장(統將) 1인을 정하고 좌우편에 각각 영장(領將) 1인을 정하되 선장이 주관하며, 격군에게 죄가 있으면 통장을 다스린다고 하였다.

58 이테이안윤번제[以酊菴輪番制]에 관여했던 승려인데, 이테이안윤번승[以酊菴輪番僧]이라고 한다. 통신사행 때에는 호행장로 2인 가운데 한 사람으로, 사행록에 따라 이테이안장로[以酊菴長老]·이테이안가반장로[以酊菴加番長老]·이테이안장로승[以酊菴長老僧]·이테이안승[以酊菴僧]·이정승(以酊僧)·정암승(酊菴僧)이라고도 기록하였다. 이테이안을 건립한 게이테쓰 겐소[景轍玄蘇]의 대조선 외교업무를 이어받은 기하쿠 겐포[規伯玄方]가 1635년 국서개작사건(國書改作事件, 柳川一件)으로 유배된 뒤, 대조선외교의 실무자 자격을 잃은 쓰시마번은 겐포를 대신할 한문에 능통한 인재를 얻을 수 없어서 에도막부에 원조를 요청했다. 이에 막부는 같은 해 도후쿠지[東福寺]의 교쿠호 고린[玉峰光璘]을 이테이안에 파견하였다. 이후 막부는 교토 고잔[京都五山]의 선승 중에서도 특히 고잔석학[五山碩學]으로 불린 사람들을 조센슈분쇼쿠[朝鮮修文職]로 임명하여 이테이안에 1년(후에 2년) 교체의 윤번제로 파견하여 외교문서 작성이나 조선통신사절의 응접, 무역의 감시, 『본방조선왕복서(本邦朝鮮往復書)』와 같은 쌍방의 왕복 서신 정리 등을 담당하게 하였다. 조선에서는 통신사행 때, 이테이안윤번승에게 전례에 따라 서계와 별폭을 갖추어 보냈다. 특히 삼사신은 또 다른 호행장로인 가반장로[加番長老]와 함께 이테이안윤번승에게 사예단(私禮單)으로 인삼 1근, 백저포 3필, 벼루[硯] 1면, 색종이 2권, 황모필 20자루, 참먹 10개, 부채 10자루, 유둔(油芚) 1부, 청심원 5환, 석린(石鱗) 1근 등을 각각 내려주었

에 별호(別號)만 썼기 때문에 (무진년의 전례에 의하여) 물리치고 받지
않았더니, 단자를 고쳐 이름을 쓰고 계암도서(桂嚴圖書)를 찍어서 바쳤
으므로 받았다.

도주(島主)가 겨울철에 진짜 꽃을 보내왔다.

초2일

차왜(差倭) 등이 뵈러 와서 예를 행하기에, 답으로 읍례하고, 삼다(蔘
茶)와 연상(宴床)으로 대접하였다. (술 대신 차로) 9작 7미(九酌七味, 성
대한 잔치)의 예를 행하였다.

왜인이 영장(營將) 김상옥(金相玉)의 신수가 장대함을 보고 '김장군
(金將軍)'이라 하였으며, 강령현감(康翎縣監) 이해문(李海文)을 보고는
'장비(張飛)'라고 하였다.[59]

도주가 마상재(馬上才)를 보여주기를 청하니, 양식을 싸 가지고 와
기다리면서 구경하려는 자들이 길에 가득 찼다. 이는 전례이다.

왜인 가운데 (통신사 역원의) 시와 글씨를 청하는 자들을 모두 '사행
(使行)이 끝나지 않았다'고 물리치면서, 돌아올 때에 해주겠다고 허락
하였다.

다. 쓰시마에서 교토로 돌아간 후에는 원래의 사찰 주지에 다시 임명되었고, 교토 고잔의
필두(筆頭)인 난젠지[南禪寺]의 명예직 주지 임명장인 좌공문(坐公文)을 받았다. 1867년
1월 마지막 이테이안윤번승 교칸 모리토시[玉澗守俊]가 도후쿠지로 귀환한 뒤, 메이지[明
治] 원년인 1868년에 이테이안은 폐사(廢寺)되었다.

59 왜인들이 통신사 군관들을 장군이라 부르자, 조엄이 나그넷길의 심심풀이 삼아 일행
중의 비장·원역·반인(伴人)·장교 등에게 별명을 지어주어 '후촉장사록(後蜀壯士錄)'을
만들었다. 장비(張飛)가 촉한(蜀漢)의 장군이었으므로, 이들의 별명을 모아 '후촉장사록'
이라고 한 것이다.

초8일

탕과 떡, 반찬을 베풀어 일행을 먹였으나, 복선장(卜船將)의 관(棺)을 미처 내어보내지 못하였다 하여 풍악을 잡히지 않았다.

초9일

(도주 및 각처에 전례에 따라) 사예단(私禮單)을 보냈다. 도주에게 인삼 반 근(斤)을 보내자, (도주가) 마른 물건으로 예단을 보내왔는데 소주(燒酒) 두 병이 있기에, 약과(藥果) 60입(立)을 대신 보냈다.

11일

도주가 사스우라[佐須浦]에서 물리친 단자를 고쳐 쓰고, 도미[鯛漁]와 절인 전복[鹽鰒] 등을 대신 보내왔으므로 받아두었다.

12일

도주가 사람을 보내어 말하기를, "내일은 순풍이 불어 배가 갈 수 있습니다." 하므로, (세 사신이) 3경쯤에 모두 배를 탔다.

13일

진시(辰時)에 쓰시마를 떠나, 미시에 이키노시마[壹岐島]에 닿았다. 두 나라 사공이 '얻기 어려운 순풍'이라 하고, 도주도 또한 배를 띄울 것을 청하였다. 도주가 앞에서 인도하고, (호행) 다이라노 유키토시[平如敏]·(재판) 다이라노 유키스케[平如任][60]·다치바나노 유키시게[橘如林]가 각기 이기선(二騎船)과 삼기선을 인도하였다. 바다 어귀를 떠나

---

60 다이라노 유키스케[平如任]: 히라타 쇼자에몬[平田所左衛門]이다.

자마자 바람이 차츰 세어져, 배가 번개처럼 빨리 갔다. 오시 말에 이미 400여 리를 지나왔다.

잠시 뒤에 통인이 황급히 와서 아뢰기를,

"치목(鴟木)이 부러졌습니다."

하기에, 일어나서 보니, 뱃머리가 이미 가로 놓였다. 왼편으로 기우뚱 오른편으로 기우뚱, 앞이 낮았다가 뒤가 높았다 하고, 흰 물결이 용솟음 쳐서 산더미처럼 몰려오며, 물이 뱃바닥으로 새어 들어 작은 배를 띄울 만하고, 물살이 사람들의 옷을 다 적셨다. 일이 아주 위급한 지경에 이르렀으니, 부기선(副騎船)이 20보 사이를 두고 지나가면서도 바람이 날쌔고 물결이 거슬리어 배를 돌려 구해줄 수 없었다. 그래서 포를 쏘고 기를 흔들었으나 각 배들이 구해줄 길이 없었다. 상사가 이르기를,

"이 국서는 우리 임금의 성휘(姓諱)가 쓰인 문자이니, 비록 죽을지라도 내 배에서 떠나게 할 수 없다."

하고, 국서를 꺼내어 속옷 안에 짊어지고 붉은 띠로 매고 나서 천명(天命)을 기다렸다. 대구(大邱) 통인(通引)이 아뢰기를,

"원컨대, 사또의 적삼을 물에 던져서 액이 물러나기를 비소서."

하니, 상사가 허락하지 않았다. 곁에서 모시던 자들도 모두 웃었다.[61]

배 안의 사람들이 많이 뱃멀미로 쓰러져 깨지 못하고, 거의 넋을 다 잃었다. (상사가) 신칙하여 돛을 늦추게 하였으나, (혹 너무 늦추면 도리어 바람이 없어 엎어질까 염려하여) 반쯤 돛을 내리도록 하였다.

그때 중화(군수) 서유대(徐有大)와 (상주) 영장(營將) 유달원(柳達源)

---

61 곁에서 모시던 자들이 모두 울자, 조엄이 웃으면서 "울지 말거라. 운다고 살아날 수 있겠는가?"라고 말한 것인데, 한두 글자가 빠져서 '곁에서 모시던 자'들이 웃은 것으로 되었다.

은 변고를 듣고 뱃멀미를 참고 뛰어나와 여기저기 분주히 뛰면서 조금
도 틀리지 않게 응접하였다. 치목이 타루(柁樓)의 난간 안에 있어 격군
들이 힘껏 당겼으나 꺼내지 못하였다. 서비장(徐裨將)이 보고 깨닫고는
먼저 떡메로 난간을 두들겨 부수고, 또 줄이 매인 나무덩이를 두드리
니, 기둥 같은 나무덩이가 손이 닿는 대로 부서졌다. 이에 서(徐)·유
(柳) 두 비장이 소리를 질러 치목을 당기면서 칼을 뽑아 들고 모든 군졸
들을 신칙하니, 각기 죽을힘을 다하여 배 밖으로 치목을 당겨 내렸다.
그러자 치목의 원 기둥이 홀연히 저절로 일어서 치목 구멍에 바로 꿰어
져 드디어 안전하게 되어 돛을 들어 전진하였으니, 그 사이가 2식(食)
경이나 되었다. 그 위급하고 긴박할 때에 (서·유) 두 비장의 임기응변
에 힘입어 치목을 고쳐 꽂게 되었으니, 이는 꾀를 잘 쓴 것이다.

　햇빛이 갑자기 새어나오다가 무지개가 홀연히 일어나서 배의 앞뒤
를 두르니, 부사 기선의 사람이 말하기를,

　"채색 무지개 두 줄기가 배의 머리와 꼬리를 꿰었습니다."
하였다. 이는 위험했던 순간이 이상한 일이라는 뜻이다.

　다른 (배의) 사람들은 우리 뱃바닥이 거의 다 드러나서 돛대가 바닷
물 속으로 들어간 것 같은 모습을 바라보며 깜짝 놀라 두려워하지 않는
사람이 없었다. 어떤 이는 차마 보지 못하였으며, 어떤 이는 눈물을 흘
리며 가슴을 쳤다. 선소(船所)에 도착하자 모두 와서 위문하고 치하하
였다. 부사 이하가 서로 보며, 다시 살아난 사람이라도 되는 것처럼 손
을 잡았다.

　일복선(一卜船)도 돛을 펼치는 댓가지가 부러져서 또한 죽을 고비를
만났다가 곧 안전하여졌다. (지난번 쓰시마에 있을 적에 지은) 〈후촉장
사록(後蜀壯士錄)〉에 서유대는 조자룡(趙子龍)의 칭호를 얻었으니, 이
는 담용(膽勇)이 있었기 때문인데 오늘 변에 당하여 (담용이 과연 맞아

들었으므로 장난삼아) 그 이름을 서유담(徐有膽)이라고 고쳤다. (치목
이 부러졌을 때에 공을 세운) 선장과 도사공 및 같이 탔던 왜인들에게
상을 주었다.

쓰시마도주가 사람을 보내어 위문히였다.

이키노시마[壹岐島] 태수가 봉행 미나모토노 마사노부[源雅信]를 보
내어 지공(支供)하였다.

이날은 480리를 갔다.

14일

날이 저문 뒤에는 사나운 바람이 크게 일어나, 각 배가 저희들끼리
서로 부딪쳐 혹 매어 놓은 새끼가 끊어져 떴다 잠겼다 하면서 둥둥 떠
내려 갔다. 그래서 수역(首譯) 및 비장을 시켜 저들에게 가서 신칙하여
힘을 합쳐 구하도록 하였더니, 봉행과 재판 무리들 또한 신을 벗고 바
삐 나와서 감독하여 겨우 닻줄을 매었다.

이키노시마의 일공조(日供條)에는 착오된 것이 있었다. 사신의 일공
을 죽 기록한 것이 50종에 가까운데, 이키노시마 사람이 바친 기해년
(1719)과 무진년(1748) 사행 때의 일공과 역관들이 바친 문서의 수표(手
標)에 쓰인 것은 다만 40종이었다.

일행 중의 여러 사람이 흔히 일공이 좋지 않음을 큰일로 여겨서 일공
관(日供官)에게 허물을 돌리고, 격졸들도 또 더러 일공 역관(日供譯官)
을 의심하기도 하므로, 상사가 듣고 말하였다.

"지공은 다른 나라에 있는 손님을 대접하는 예인데, 혹 준비하지 않
았거나 빠뜨린 것이 있다면 실로 주인의 수치이지만, 어찌 반드시 음식
의 일을 가지고 시끄럽게 다투어 따지겠는가?"

"우리 사행이 어찌 음식을 위해 왔겠는가? 오직 예의와 체례(體例)에

있을 뿐이다." (이 때문에) 혹 추납(追納)하는 것도 허락하고 혹은 그 대봉(代捧)하는 것도 허락하였다.

히슈[肥州]의 왜의(倭醫)가 (우리나라의) 양의(良醫)와 필담(筆談)할 즈음에, '일본 사람이 귀국을 접대하는 데 있어 정성스럽게 하지 않은 것이 아니지만, 이는 오로지 쓰시마의 사람에게 말미암았으니, 어찌하 겠는가?' 하므로, 우리나라 양의가 이르기를,

"만일 그와 같음을 안다면 어째서 변통하지 않느냐?"

고 하였더니, 왜의가 '어찌할 수 없다.'고 써서 보였다고 한다. 쓰시마 사람의 그릇된 버릇을 더욱 증험할 수 있다.

15일

새벽에 망궐례를 행하는데 사관의 뜰이 너무 좁아서 세 수역(首譯)과 제술관(製述官)만 들어와 참석하였다. 히슈 태수가 삼중(杉重)[62]을 보내 왔는데, 다시마·오징어·말린 도미 등이었다.

---

62 삼나무로 얇게 판을 떠서 만든 찬합. 찬합은 층층이 포갤 수 있는 서너 개의 그릇을 한 벌로 만든, 음식을 담는 그릇이다. 삼중합(三重盒)이라고도 하였다. 보통 3층짜리를 한 조로 삼아서 맨 위에는 떡 따위를 담고, 가운데 함에는 과일과 나물을, 맨 아래층에는 어육 등을 담은 후 녹색 명주끈으로 띠를 둘렀다. 녹색의 끈으로 띠를 두르는 것을 예(禮) 로 여겼다. 회중(檜重)은 조금 작은 삼중인데, 검은 칠을 하였고 흰 쌀밥과 생선, 채소를 담았다. 백절(白折)은 조그맣고 하얀 나무상자이고, 화절(花折)은 백절에다 채색 그림을 그린 것이다. 삼중 가운데 큰 것은 가운데 오층의 시렁을 만들어 놓은 것으로, '주(櫥)'라 고 불렀다. 1682년 통신사행 때 쓰시마도주와 파견승 란시쓰 겐신[蘭室玄森], 당시 이테이 안윤번승이었던 다이쿄 겐레이[太虛顯靈]가 사행단을 맞이해 문안하고 삼중을 공궤(供饋) 로써 바치며 대접하였다. 삼중은 사행단을 접대한 음식으로 자주 등장하는데, 1711년, 1719년, 1748년, 1763년, 1811년 통신사행 때까지 주로 쓰시마에서 쇼군 및 도주의 중요 접대 물품이었다.

16일

기선장(騎船將)과 복선장(卜船將)으로 하여금 각기 선신소(船神所)에서 보사제(報謝祭)를 지내게 하였다. 제문은 제술관 남옥과 서기 성대중이 지었다.

17일

쓰시마도주가 삼현(三絃)을 보여주기를 청하므로 무진년(1748)의 예에 의하여 허락하였다. 이마(理馬)의 배가 앞길로 먼저 떠났다.

18일

오늘은 동짓날이다. 팥죽과 어탕(魚湯)을 준비해, 아래로 격졸에게까지 나눠 주었다. 도주와 차왜에게도 보냈더니, 출참 봉행(出站奉行)이 마른 과일과 떡·나물을 바쳤다. 저들이 바다에서 고래잡이 놀이를 공연하였다.

19일

우리나라 양의(良醫, 이좌국)이 와서 말하였다.

"히라도[平戶] 왜의(倭醫)가 와서 백석(白石) 한 조각을 주는데, 돌도 아니고 흙도 아닌 것이 무게는 가볍고 안에는 잎사귀 무늬가 있습니다. 이는 틀림없이 보물인데, 무엇인지 알 수 있겠습니까?"

(내가) 답하였다.

"개벽(開闢) 이전의 물건이니, 그대는 괴이한 물건을 보배로 삼지마는 나는 탐욕하지 않는 것을 보배로 삼으니, 그대의 보배를 돌려주고 나의 보배를 지키리라."

21일

이키노시마에 머물렀다. 이곳은 닭이 너무 일찍 울어, 3경도 되기 전에 울었다. 종사관이, "땅이 도도에 가까우니 닭이 일찍 울고.[地近桃都鷄早唱]"라는 시를 짓고 원(중거) 서기에게 대구(對句)를 청하니, (원 서기가) "하늘이 동래(東萊)에서 머니 기러기 더디 오네.[天長萊海雁遲來]"라고 대구를 지었다.

(22일)

이키노시마는 포구 어민이 100여 호(戶)에 너비가 수십 리, 길이가 80리이다. 일공이 쓰시마에 비해 속이는 습관을 볼 수 없다.[63]

23일

수역(首譯)이 와서 말하였다.

"지쿠젠주[筑前州][64] 태수가 비선(飛船)으로 쓰시마 태수에게 전언(傳言)하여 이르기를, '이 달 15일에 지쿠젠주 바닷가에 부러진 치목 두 토막이 떠내려 왔는데, 일본 물건이 아니므로, (통신사의 행차에 변고가 있는가 염려되어) 도형(圖形)을 보내어 소식을 탐지한다.'고 하였습니다."

그 도형을 보니, 과연 일기선(一騎船)의 부러진 치목이었다. 치목의 하단이 부러져 떨어진 뒤로 상단은 한참 뒤에 바다에 던졌는데, 망망한 대해에서 (복강의) 한곳에 같이 떠내려온 것 또한 이상한 일이다.

63　21일 기록에 붙어 있지만, 이 부분은 11월 22일 기록이다.

64　지쿠젠주[筑前州]: 일본의 지쿠젠노쿠니[筑前國]를 가리킨다. 현재 후쿠오카 현의 북서부를 차지하고 있던, 율령제 하의 옛 지명. 에도시대 세키가하라 전투 이후 구로다 나가마사[黑田長政]가 받아서 관할하였다.

히슈 태수가 관복(串鰒) 1궤를 보내왔다.

(24일)

사행을 떠나온 뒤로부터 먹은 탕제(湯劑)가 1백 첩에 가까운데 보중익기탕(補中益氣湯)이 반이나 차지하고, 중완(中脘)의 뜸질 또한 백 장이 넘는다. 사신의 병에 효험이 있다고 할 수 있다.[65]

25일

쓰시마 태수가 소면(素麪) 한 상을 바쳤다. (쓰시마 태수가 물건을 보내올 적에는 단자를 바치는데,) 단자의 겉봉투에 '봉정 정사대인 각하(奉呈正使大人閣下)'라 쓰고, 안에는 물건 숫자를 쓰며, 하단의 연월 아래에 '쓰시마 태수 다이라노 요시나가[對馬州太守平義暢][66]'이라고 쓰고, 그의 도서(圖書)[67]를 이름 위에 찍었다.

---

65 23일 기록에 붙어 있지만, 이 부분은 11월 24일 기록이다.

66 다이라노 요시나가[平義暢]: 소 요시나가[宗義暢]이다.

67 조선 정부가 일본 통교자를 통제하기 위하여 쓰시마도주 등에게 통교 증명으로 발급해 준 구리 도장. 조선에서는 관인(官印)을 인장(印章), 사인(私印)을 도서(圖書)라고 하여 서로 구분했으며, 도서는 인면(印面)에 사용자의 실명(實名)이나 성명(姓名)을 새겨 넣은 구리로 만든 도장이다. 도서를 발급받은 일본인은 수도서인(受圖書人)이라 불렸다. 발급 이유는 통교권자가 아닌 사람이 통교권자를 사칭하면서 통교하는 것을 방지하려는 것이었다. 즉 조선 통교권자의 특권을 보호받을 목적으로 일본이 조선 정부에 청원하여 발급하게 되었다. 도장을 도서라고 부른 유래는, 도서(圖書, 책)에 도장을 찍어서 소유자를 표시하던 관습에서 비롯된 것이라고 한다. 조선에서는 무절제한 왜인의 출입을 제한하기 위하여 도서가 찍힌 서계(書契)를 가져오는 수도서인이나 수도서선(受圖書船)에 한하여 각 포소(浦所)에서 통상을 허락했다. 도서를 만들면 이를 찍어 각 포소의 독(櫝, 나무로 짠 궤짝)에 넣어 보관해 두고, 도서를 받은 왜인이 오면 그것을 꺼내 확인하도록 했는데, 절대로 대출·차용을 허용하지 않았다. 도서는 쓰시마도주가 물품 지급을 요청할 때, 사청(私請)인 경우는 소[宗]라는 성명 위에 찍고, 사청이 아닌 경우는 직함 위에 찍도록 되어 있었다. 가장 중요한 경우 세 번 찍은 삼착도서(三着圖書)부터 이착도서(二着圖書)·일착

(29일)

도주(島主)가 승기악(勝妓樂)을 바쳤으니, 이른바 '승기악'이란 일명 삼자(杉煮)라고도 하는데 생선과 나물을 뒤섞어서 끓인 탕이다.[68]

12월

초1일

지대(支待) 중에 이미 동이 나서 대신 바칠 것은 제감(除減)하게 하였더니, 히슈 사람이 이렇게 말하였다.

"일찍이 신묘년(1711) 사행 때에는 지공하는 사람이 도피한 것 때문에 사죄(死罪)를 받기에 이르렀고, 무진년(1748) 사행 때에는 지공을 제감한 것 때문에 또한 중죄를 입었으니, 사행께서 걱정해 주시는 마음은 지극히 감사합니다만, 명령대로 받들기 어렵습니다. 그리고 일본이 피폐하기는 하나 무릇 지공하는 물품은 없는 물건이 없는데, 어찌 빠뜨리겠습니까?"

초3일

이키노시마에서 사시(巳時)에 배를 띄워, 3경에 아이노시마[藍島][69]에

도서(一着圖書)의 순으로 용건의 중요도에 따라 날인 횟수가 달랐으며, 찍힌 수에 따라 지급하는 양곡의 수량도 달랐다. 도서의 사용범위는 점차 확대되어 거추급(巨酋級) 왜사(倭使)나 규슈[九州] 지방의 왜인에게까지 쓰시마도주의 저도서를 받아오도록 함에 따라 쓰시마도주의 권한도 그만큼 확대되었다. 쓰시마도주가 죽으면 그 아들에게 계승을 허락했는데, 왜인의 출입을 제한하자 왜인들은 빈번히 위조·변조하는 폐단이 나타났다.

68　25일 기록에 붙어 있지만, 이 부분은 11월 29일 기록이다.

69　아이노시마[藍島]: 현재의 후쿠오카현[福岡縣] 가스야군[糟屋郡]에 속해 있다. 통신사

이르렀다. 부산에서 사스우라[佐須浦]까지 4백 80리, 쓰시마에서 이키노시마까지 4백 80리, 이키노시마에서 아이노시마까지 3백 50리가 되니, 이것이 이른바 3대해(大海)다. 아이노시마의 거리가 조금 가깝다고는 하나, 어지러운 돌이 바닷속에 많이 엎드려 있으니, 건너기가 어려운 것이 두 바닷길보다 갑절이나 더하다.

삼기선(三騎船)의 치목에 붙은 분판(分板) 세 개가 물속에 떨어져, 남은 원기둥으로 근근이 지탱하며 건너왔다.

선창과 불과 4~5보 떨어졌는데, 이미 배를 매고 다리를 설치하였으리라 여겼더니, 눈을 돌리는 사이에 바람이 거슬러 불어 배가 5리나 바깥으로 물러났다. 부기선(副騎船)도 잘못 바닷가에 걸려 앞은 높고 뒤는 낮게 가로 붙어 움직이지 않았다. 물이 치목 구멍으로 들어와서 배 아래쪽이 잠겨들므로, 부사가 작은 배를 타고 언덕에 내렸다. 아래쪽의 잡물은 거의 다 젖었고, 예단과 봉물이 젖기도 하고 잃어버리기도 하였다.

왜인의 예선(曳船)이 하나도 와서 구원하지 않았으니, 아이노시마의 인심이 몹시 악하다고 할 만하다. 쓰시마의 봉행과 재판(裁判)이 함께 와서 사죄하였다.

(초4일)

부기선에 실은 예단 가운데 생저포(生苧布)·흑마포(黑麻布)가 많이 젖어 빨아서 볕에 바랬더니, 선물로 줄 만하게 되었다. (나머지는) 잃기도 하고 버리기도 하여 남은 것을 주워 모았더니, (용도에) 부족했다. 그래서 상방(上房)의 남은 것으로 바꾸어 작정해 보내어 겨우 모양을

행 때 기항지 가운데 하나이다. 지쿠젠주[筑前州]에 속하였다.

이룰 수 있었다. 부사 이하 10여 명은 상방(上房)으로부터 조석을 나누어 먹었다.

부기선은 부서진 물건이 되어, 무진년(1748)의 왜선(倭船)을 차용한 전례에 의하여 지쿠슈[筑州]의 큰 배 1척을 빌어내게 하여 복물(卜物)을 옮겨 실었다. 부기선이 이미 다쳐서 왜선을 차용하기에 이르렀으니, 사세가 장차 전해서 들리게 되었으므로 아울러 이키노시마의 일까지 들어서 장계를 만들었다. 배를 만드는 것은 (500명 사행의 인명이 달린 것인데) 애초에 자그마한 틈이 많았으니, 너무나 소홀했다.

치목은 배에서 가장 긴요한 물건인데, 흔히 횡절(橫截)의 재목으로 구차스럽게 숫자만 채워 바다를 건넌 뒤 치목이 세 번 부러지고, 분판(分板)이 두 번 떨어졌으므로 감조 차사원(監造差使員)을 논죄하라는 뜻으로 저번의 장문(狀聞)에서 이미 거론하였었다. (배를 만들 때) 내외의 감색 선장(監色船將)·도이장(都耳匠)·좌우변장(左右邊將)과 치목을 작벌할 때의 감색(監色)까지도 아울러 동래부에 잡아 가두어서 우리 사행이 돌아갈 때를 기다리게 하라는 뜻으로 경삼감사와 통제사에게 관문(關文)을 보냈다.

각 배의 치목을 옛날에는 6부(部)로 정하였고, 무진년(1748) 사행 때에는 줄여서 4부로, 그 뒤에 감하여 2부로 하였다. (이번 우리 사행이 떠날 때에) 다시 1부를 더하고, 3부를 복정(卜定)하였다. 치목 1부의 무게가 2천 근이다.

지쿠슈 예선 차지(曳船次知)와 미나모토노 나오히로[源直寬][70]가 황공하여 대죄(待罪)하였는데, 수역을 시켜 엄중히 꾸짖고 용서하지 않았다.[71]

---

[70] 예선 차지의 이름은 미야모토 다이토[宮本帶刀]이고, 미나모토노 나오히로는 지쿠슈[筑州] 봉행(奉行)이다.

(초5일)

지난해에 정관 다이라노 노부카즈[平誠一]⁷²가, '히슈 사람이 사행의 배를 잘못 들이받은 것을 가지고 그때 출참 봉행을 위협하여 뇌물을 만금(萬金)이나 받았는데, 처음에는 그의 자결을 허락해 주었으나, 받은 뇌물을 나누어 주지 않고 그가 혼자 먹어 매우 근거가 없는 일이었다. 이 때문에 이미 봉행에서 개차(改差)되었다.'고 말하였다.

왜인의 법은 죽을죄를 범한 자라도 자결하면 오히려 그 직을 (자손에게) 세습할 수 있거니와, 형을 받으면 그 자손까지 영영 폐기되므로 자결도 뇌물을 바쳐서 한다. 사행이 올 때에 빙자하고 공갈하여 뇌물을 구하는 왜인이 있을 것이나, 참으로 금지하기 어려우니, 더욱 통탄스럽다.

예선(曳船)을 잘못 등대한 일 때문에 도부[東武]⁷³에 보고하여, 죄를 논한다고 한다.⁷⁴

초7일

쓰시마 태수가 보러 왔다. (쓰시마 태수가 올 때에) 이테이안 중이 따라오는 것은 준례다.

삼중 및 일공(日供) 바치는 것을 허락해 주었다.

(밤에) 다승(茶僧)이 끓인 차를 한 잔을 마시고, 부채 한 자루를 주었다. 본방의 다승이 몹시 아쉬워하기에, 역시 부채 한 자루를 주었다.⁷⁵

---

71 초3일 기록에 붙어 있지만, 이 부분은 12월 초4일 기록이다.
72 다이라노 노부카즈[平誠一]: 스기무라 주[杉村仲]이다.
73 도부[東武]: 에도[江戶]를 말한다.
74 초3일 기록에 붙어 있지만, 이 부분은 12월 초5일 기록이다.
75 조엄이 뒷간에 다녀오기를 기다렸다가 차를 끓여 바친 중은 부사방의 다승(茶僧)이고,

초8일

삼방(三房)이 (힘을 합쳐) 놀란 일을 진정시키는 압경연(壓驚宴)을 베풀고, 떡과 탕을 격졸에게까지 내렸다.

지쿠젠노카미[筑前守]가 삼중 어찬(杉重魚饌) 네 궤를 보내왔으므로, 호행 정관 등에게 나누어 주었다.

초9일

부사의 배를 개조하는 일로 여러 차례 의논이 오갔는데, 저들은 온갖 핑계를 대며 개조하려 하지 않았다. 교활한 왜국의 정상을 비록 갑자기 변화시키기는 어려우나, 이 또한 모두가 수역 등이 말을 잘 하여 깨우쳐 타이르지 못한 소치이므로 아울러 잡아들여 엄히 꾸짖었다.

(초10일)

아이노시마[藍島]의 관소(館所)는 거의 천 칸이나 되니, 장엄하고도 화려하다고 말할 만하다.

재판(裁判) 다이라노 유키스케[平如任]가 감자(柑子) 한 자루를 바쳤다.[76]

13일

지쿠젠노카미가 도미와 소면(素麪)을 보내왔으므로 일행에게 나누어 주었다. 약과 등 대여섯 가지를 (마도 태수·봉행·재판 등에게) 먹이며

나중에 만난 본다승(本茶僧)은 상사방의 다승인데, 촛불을 가지러 간 사이에 부사방의 다승에게 기회를 빼앗긴 것이다.

76 초9일 기록에 붙어 있지만, 이 부분은 12월 10일 기록이다.

위로하였다.

15일

'부산에서 치목 3부를 왜선 편에 실이 보내왔다.'고 한다. 쓰시마에서 어제 아침에 떠나보냈지만, 공사(公私)의 서봉(書封)은 이미 비선(飛仙) 편에 이미 부쳤다고 한다. 아마 아카마가세키[赤間關]⁷⁷에 바로 이르렀을 것이다.

상사가 (이번 걸음에 다케야마[竹山]에 이르러) 〈사군곡(思君曲)〉을 지었는데, 그 아래 구가 이러하다.

아마도 신하가 임을 생각하는 밤에,　　　　　　知應臣子思君夜
임 역시 신하 생각에 근심 풀지 못하시리라.　　君亦思臣未解憂

사행이 쓰시마로부터 이후 연로의 역참(驛站)에서 이불과 요를 주었는데, 비단이나 명주 혹은 무명으로 하여 모양은 매우 해괴하였으나, 상·차관(上次官)에게까지 주기도 하고 중·하관에게까지 주기도 하였다. 그러나 관백이 준 것 이외에 연로 역참에서 베풀어 준 것은 떠날 적에 다 돌려준다. 격졸들이 영영 주는 물건인 줄 알고는 '그대로 가지겠다'고 한 목소리로 떠들기에, 잡아들여 곤장을 쳐서 징계하고 거듭 타일렀다.

이번에 내보낸 격군 5명의 양료(糧料)는 줄여야 할 듯한데 역관들이,

---

77 아카마가세키[赤間關]: 현재 야마구치현[山口縣] 시모노세키시[下關市]이다. 아카마가세키[赤馬關, 또는 세키바칸] 혹은 약칭으로 바칸[馬關]이라고도 일컬었다. 12차 통신사행을 제외한 나머지 사행 때마다 조선사신이 주로 이곳 아미다지[阿彌陀寺]에서 묵었다.

"(격군의 원래의 수가 본디 부족한데, 이제 만약 줄인다면) 교활한 저들이 (다음 행차에는) 이것을 가지고 준례로 삼아 (격군 5명이 영영 줄이게 될 것이니), 줄일 수 없습니다."

하였다. 왜인과 같은 배에 타고 가는 자들에게 급료를 줄 것인지 결정하지 못하였다.

(16일)

역관(譯官) 현계근(玄啓根)으로 하여금 왜어(倭語) 교재에 잘못되어 이해할 수 없는 부분을 교정하게[78] 하였다.[79]

19일

송씨(宋氏) 성을 가진 격군이 물을 긷기 위해 우물 있는 집에 들어가고, 또 일공(日供)의 고지기[庫直]도 폐단을 일으킨 단서가 있다 하므로, 엄중히 곤장을 쳐서 금지시켰다.

종사관과 함께 관우(館宇)의 각 방을 구경하였는데, (방과 벽이 겹치고 겹쳐져 문으로 나오는 길을 분변할 수 없음이 벌집 구멍과도 같으니, 교묘하고도 교묘하다.) 비장들이,

"사또께서 비장청(裨將廳)에 들어오시면 으레 옛날 풍습이 있습니다." 라고 하며 첩자지(帖子紙)를 바치기에, 10종을 주어 (한 번 배불리 먹는 밑천으로 삼게 하였다.) 부사와 종사관도 마찬가지로 주었다.

---

78 조엄이 현계근과 유도홍(劉道弘)에게 교정보고 수역에게 감수하게 한 교재가 바로 『왜어유해(倭語類解)』이다.

79 15일 기록에 붙어 있지만, 이 부분은 12월 16일 기록이다.

22일

도주가 반쯤 말린 대구 두 마리를 보내면서 말하였다.

"(부산의 왜관으로부터 들어온 것인데,) 조선에서 새로 난 것이므로 보냅니다."

26일

아이노시마에서 진시(辰時)에 배에 올라, 2경 초에 미나미도마리[南泊]에 이르렀다.

아카마가세키에 들어가려 했지만, 물살이 매우 세차고 어지러운 돌들이 바닷속에 많이 솟아 있어, 조수가 물러갈 때가 아니면 바로 닻을 수 없기 때문이다. 미나미도마리의 포구에 이르러, 중류에서 닻을 내리고 배 위에서 밤을 지냈다.

이날은 180리를 갔다.

27일

아카마가세키[80]에 이르렀다. 선창 포구에 들어오기 전 10여 리 지점에 고쿠라현[小倉縣][81]이 있었다. 바닷가에 성을 쌓았는데, 중간에 5층 누각이 있었다. 바닷속에 비석이 있는데, (임진년에 왜선이 여기를 지

---

80 아카마가세키[赤間關]: 땅은 나가토주[長門州]에 속하는데, 여기서부터 내해(內海)이니, 실로 해문(海門)의 관방(關防)이 되기 때문에 시모노세키[下關]이라고 일컬으며, 여기서 350리 떨어진 지점에 가미노세키[上關]이 있다고 한다. 모두 수로의 요충지다. -조엄 『해사일기』

81 고쿠라[小倉]: 현재 후쿠오카현의 동부에 있는 지명이다. 에도시대에는 세키가하라 전투의 공로로 호카와 다다오키[細川忠興]에게 주어져 본격적으로 축성이 시작되었고, 도시가 번성하였다. 호소카와 씨가 구마모토[熊本]으로 이봉된 후, 오가사와라 다다자네[小笠原忠眞]가 관할하기 시작하였다.

나다가) 파선되자 히데요시[秀吉][82]가 (그 사공을 죽이고) 석표(石標)를 세워 경계한 것이다.

언덕 위에 '백마총(白馬塚)'이 있다. 신라 장수가 왜(倭)를 치니, 왜인이 (화친하기를 청하여) 말을 잡아 맹세하고 (그 말을 거기에) 그대로 묻었다.

(관사는 아미다지[阿彌陀寺][83]의 곁에 새로 지었는데, 널찍하고 탁 트여 아이노시마보다 더욱 훌륭하였다.) 그 곁에 안토쿠천황사[安德天皇寺]가 있다.[84] 아카마가세키의 벼룻돌은 천하에 유명하다.

부산진(釜山鎭)의 서찰과 봉물이 과연 이곳에 와 있었는데, 부산진첨사(釜山鎭僉使)의 편지만 있을 뿐, 일행의 집안 편지는 모두 가로막아

---

82 도요토미 히데요시[豊臣秀吉, 1536~1598]: 16세기 오다 노부나가[織田信長]가 시작한 일본 통일의 대업을 완수했고, 해외 침략의 야심을 품고 조선을 침략하였다. 명나라로 가는 길을 내달라는 구실로 1592년 임진왜란을 일으켰으며, 1596년 재차 조선을 침략하여 정유재란을 일으켰으나 뜻을 이루지는 못하였다. 1598년 전쟁과 후계자 문제 등 혼란 속에서 병사할 때까지 최고위직인 다이코[太閤, 1585~1598]를 지냈다. 히데요시의 전국 통일 정책은 도쿠가와 이에야스[德川家康]에게 그대로 계승되어 도쿠가와 막부시대의 기초가 되었다.

83 아미다지[阿彌陀寺]: 야마구치현[山口縣] 시모노세키시[下關市] 아미다초[阿弥陀町]에 있었던 절로, 안토쿠천황[安德天皇]의 진혼(鎭魂)을 위해 1191년에 건립하였으나, 1875년에 절을 폐지하고 신사(神社)인 아카마구[赤間宮]로 변경했다. 1940년에 아카마진구[赤間神宮]로 개칭하였다. 12차례 통신사행 가운데 제12차를 제외한 나머지 사행 때마다 조선사신이 이곳에 묵었다.

84 옛날 안토쿠천황[安德天皇]이 나이 8세에 즉위하여 왜황(倭皇)이 되니, 그의 대신(大臣) 다이라노 기요모리[平淸盛]가 궁금(宮禁)을 어지럽혀, 대장 미나모토노 요리토모[源賴朝]가 군사를 일으켜 사이쿄[西京]를 함락시켰다. 기요모리가 안토쿠천황을 데리고 서쪽으로 달아나자 요리토모가 아카마가세키까지 뒤쫓아오니, 기요모리는 안토쿠천황을 업고 바다에 빠져 죽고, 안토쿠천황의 조모 시라카와황후[白河皇后] 및 궁녀 수십 명도 아울러 바다에 빠져 죽었다. 요리토모가 지황(地皇)을 다시 천황으로 세우고 스스로 관백이 되었다. 후인들이 절을 짓고 안토쿠천황의 소상(塑像)을 모셔 두고 제사 지냈다. ―조엄『해사일기』

들여보내지 않았다. 비국의 관문을 보니, (영의정 홍봉한이 통신사가 사스우라를 건널 때의 장계 올린 것을 가지고 연석에서) 회계(回啓)하기를 '통제사 이은춘(李殷春)은 나처(拿處)하고, 감조관(監造官)은 먼저 파직한 후에 잡아들이며, 치목(鴟木) 3부를 들여보내야 한다.'고 하였다.

나가토주[長門州][85] 태수가 회중 생률(檜重生栗)[86]을 보내왔는데, 밤의 크기가 어린 아이의 주먹만 하였다.

이날은 60리를 갔다.

(28일)

일행의 기색을 살펴보니, 다들 이곳에 머물면서 설날을 지나려 하였다. 관사가 넓은 데다가 지공이 풍족하기 때문이다.[87]

30일

(일행의 원역들에게) 세찬(歲饌)을 나누어 주고, 쓰시마 태수 이하 여러 사람들에게도 약과와 어물을 주었다. 쓰시마 태수는 홍어(洪魚)·경병(鏡餅)을, 이테이안 중은 감자·곤포(昆布)를, 나가토주 태수는 향이(香茸)·생밤을 바치고, 돼지 한 마리, 찹쌀과 팥을 바쳤으니, 모두 설날을 위한 별도의 문안이다. 나가토주의 출참 차인(出站次人) 등에게도 고기와 과일을 첩자(帖子)로 주었다.

치목을 싣고 온 왜인과 두 차례 관문(關文)을 가지고 온 왜인 및 이번에 봉물을 받아온 3명에게 각기 장지(壯紙) 1속(束), 부채 두 자루, 쌀

---

85 나가토주[長門州]: 현재 야마구치현 서쪽에 있던 율령제 하의 옛 지명이다. 에도시대 모리[毛利] 씨의 하기번[萩藩]과 2개의 지번(支藩)이 설치되어 있었다.

86 회나무로 만든 도시락에 넣어 보낸 생밤이다.

87 27일 기록에 붙어 있지만, 이 부분은 12월 28일 기록이다.

두 말, 대구 한 마리씩 주고, 부사의 방에서도 또한 그와 같이 하였으
니, 격려하여 권하는 도리가 되기 때문이다.

갑신년(1764) 1월

초1일

아카마가세키에 머물렀다. 망하례(望賀禮)[88]를 행하였다. 낮에는 탕
과 떡과 과일 등을 먹었는데, 격졸까지도 두루 미치게 하였다.

치목을 받았다는 뜻으로 비국(備局)에 보고하였다. 치목이 들어올 적
에 동래와 부산에서는 보고가 있었는데, 왜관(倭館)[89]의 소임을 맡은 훈
도(訓導)와 별차(別差)는 한 자의 수본(手本)도 없었으니 (일이 매우 해
괴하므로), 비국에 보고하는 장문 가운데 논죄하자는 뜻을 밝히고, 인
하여 집안에 보내는 편지를 썼다.

초2일

아카마가세키에서 떠나, 초경에 무로즈미[室隅][90]에 닿아 묵었다. 인

---

88 외방(外方)에 나가 있는 신하가 경사스런 날 대궐편을 바라보고 거행하는 예식(禮式)
이다.

89 왜관은 일본사절과 상인들이 조선에 와서 외교활동과 무역을 하던 객관(客館) 겸 상관
(商館)이다. 조선전기에는 제포(薺浦, 웅천), 부산포(釜山浦, 부산), 염포(鹽浦, 울산) 세
곳에 왜관이 있었으나, 임진왜란 이후 절영도임시왜관(絶影島臨時倭館)을 거쳐 1607년(선
조 40)에 두모포왜관(豆毛浦倭館)을 개관하였다. 두모포왜관은 부지가 좁고, 수심이 얕을
뿐만 아니라, 남풍을 직접 받아 대형 무역선과 각종 배들이 정박하기에 부적합하였고,
부산진성 등 조선의 군사시설과 가까워 국가기밀이 누출될 위험도 따랐다. 따라서 이관
(移館) 논의가 자주 대두되었고 마침내 1678년 초량왜관으로 이전하게 되었다.

90 무로즈미[室積]: 스오국[周防國]에 속하고, 현재의 야마구치현[山口縣] 히카리시[光

시(寅時)에 조수가 들어오는 틈을 타서 배를 띄웠는데, 왼쪽에는 얕은 여울과 가까웠으며, 오른쪽에는 숨은 바위가 많았다. 아카마가세키는 아주 험한 나루이다.

이날은 300리를 갔다.

초3일

진시에 배를 띄워, 오시에 가미노세키[上關][91]에 닿아 묵었다. 가미노세키는 이 나라 수로(水路)의 목구멍이 되는 곳이다. 만약 이 포구 속에 배를 간직하고 포구의 언덕 위에 군사를 매복한다면, 비록 만 척의 배가 온다 하여도 뚫고 나가지 못할 형세이니, 정말 하늘이 만든 관방(關防)이라고 하겠다.

이곳은 스오주[周防州][92] 소속이나, 나가토주의 속현(屬縣)인 탓으로 지공(支供)을 나가토주에서 맡아 접대한다. 나가토주 태수가 설떡 두 궤를 보내왔는데, 떡 하나의 크기가 쌀 서 말은 된다.

이날은 60리를 갔다.

市] 무로즈미무라[室積村]이다. 『증정교린지』와 사행록에는 실우(室隅)·실거(室居)·실거촌(室居村)·실적포(室積浦)라고도 하였고, 또 사행록에 국문으로 '무로약미', 국한문 혼용으로 '無老즈米'라고도 하였다.

91 가미노세키[上關]: 현재의 야마구치현 구마게군[熊毛郡] 가미노세키초[上關町]이다. 에도시대 스오주[周防州]에 속하였다. 세토나이카이[瀬戸内海]의 최서단(最西端)에 위치하여 가미노세키 해협을 사이에 두고 무로쓰코[室津港]와 마주보고 있다. 12차 통신사행을 제외한 나머지 사행 때마다 조선사신이 주로 이곳 다옥(茶屋)에 묵었다.

92 스오주[周防州]: 현 야마구치현 동쪽에 있던 옛 지명으로, 율령제 하의 산요도[山陽道]에 속해 있었다.

초4일

가미노세키에 머물렀다. 맞바람이 불어서 앞으로 나아갈 수가 없어 답답하였다.

지응(支應)하는 봉행(奉行)이 과자를 보내왔기에, 그 쟁반에다가 약과를 각각 담아 주었다.

초5일

진시(辰時)에 배를 띄워, 신시(申時) 말에 쓰와[津和]⁹³에 닿아 묵었다. (날 밝을 무렵에 도주가 가기를 청하므로 국서를 받들고 배에 올라 동쪽을 향하여 포구를 출발했다.) 포구를 나서는데 너비가 백 보를 넘지 않았으니, 참으로 요해처이다. 언덕 위에 보루를 설치하였는데, 이는 망을 보는 곳으로 우리나라의 봉수(烽燧)와 같은 곳이다.

쓰와에서 10여 리쯤 못 미치자 (바닷물이 빙빙 돌다가 동서로 나뉘어 흐르는데) 여울의 흐름이 몹시 급하였다. 조금 올라갔다가 조금 물러섰다가 왼쪽으로 향했다가 오른쪽으로 향했다 하는데, 노 젓는 군사를 재촉하여 안간힘을 써서 겨우 건넜다. 험한 여울이라 할 만하였다. (이런 줄 알았으면) 이 좁은 길을 버리고 오른쪽의 산 너머로 갔을 것이니, 그랬으면 길은 조금 멀다 하여도 이러한 위험은 면할 수 있었을 것이다.

짐 실은 배 한 척이 뒤떨어졌으므로, 험한 여울이 걱정되어 타루(柁樓)에 나가 기대서서 기다렸다. 초경 말이 되자 포구 밖에서 배가 들어와 다행스러웠다.

이날은 120리를 갔다.

---

93 쓰와[津和]: 현재의 에히메현[愛媛縣] 마쓰야마시[松山市] 쓰와지지마[津和地島]를 가리킨다.

초6일

진시(辰時)에 배를 띄워, 오후에 가로시마[加老島]⁹⁴에 닿아 묵었다. 맞바람이 차츰 거세지더니 파도가 몹시 일어나서 배가 흔들렸다. 여럿이 힘을 합쳐 노를 저어 겨우 가로시마에 닿았다.

이날은 30리를 갔다.

초7일

가로시마에 머물렀다. 바람이 어지럽고 비가 쏟아졌다. 여러 배들이 앞바다에 정박하였는데 파도에 몹시 흔들리므로, 차왜(差倭)에게 분부하여 힘을 합하여 안바다로 옮겨 정박하게 하였다.

(소철·철쭉 등의 화초가 있었는데,) 푸른 잎이 마르지 않았으며, 무는 푸르게, 파는 하얗게 바야흐로 자라고 있었다. 하늘이 사시(四時)를 고르게 분배한 것은 온 천하가 같은데, 일본만은 겨울철이 없다고 하겠다.

초8일

가로시마에 머물렀다. 도주가 사람을 보내어 가기를 청했으나, 풍세(風勢)가 거슬린데다가 파도마저 잔잔하지 않으므로 허락하지 않았는데, 잠시 뒤에 들으니 '도주가 북을 울리면서 포구를 출발했'고 한다. 몹시 괴이하게 생각되어 수역을 시켜 가서 묻게 했더니,

"전달하는 말을 잘못 듣고 그러했는데, 다시 정확한 말을 듣고서 이

---

94 가로시마[加老島]: 에도시대 아키국[安藝國]에 속한 섬인데, 현재의 히로시마현[廣島縣] 구레시[吳市] 구라하시지마[倉橋島]의 남부이다. 사행록에는 녹로도(鹿老島)·하루도(河漏渡)·가로우(加老牛)·가류도(可留島)·가로도(加老渡)라고도 하였다.

미 배를 돌렸습니다."

하는데, 그 뜻을 알 수가 없었다. '이 뒤에는 그렇게 하지 말라'는 뜻으
로 엄히 수역 등을 책해서, 도주에게 말을 전하게 하였다.

초9일

사시(巳時)에 떠나, 미시(未時)에 가마가리[蒲刈]에 정박했다. (이곳
은 아키주[安藝州]⁹⁵ 소속으로, 일명 가마가리[鎌刈]⁹⁶라고도 했다.)

도주가 말하기를,

"부기선(副騎船)이 손상된 문제를 에도에 전하여 보고하였더니 이제
야 겨우 회답이 왔으므로, 마땅히 내일에는 친히 전하여 올리겠습니다."
했다. 삼사가,

"내일은 배를 띄워야 하므로, 오늘 와서 전달하거나, 아니면 다른 참
소(站所)에 머물 때 와서 전달하시오."
라는 뜻으로 답해 보냈다.

그러자 도주가 다시 '목구멍이 매우 아파서 바람을 쏘이기가 어렵다'
면서, 그 핑계로 박하전(薄荷煎, 약명)을 요구해 왔다. 그래서 박하전
및 용뇌고(龍腦膏)·안신환(安神丸) 등 세 가지 약을 싸 보내고, 세 가지
약방문(藥方文)을 베껴서 함께 보냈다. 그리고 수역을 보내 문병을 하
였더니, 몹시 감사하다고 하였다.

이날은 50리를 갔다.

---

95 아키주[安藝州]: 현재의 히로시마현 서반부 지역에 있던 옛 지명으로, 율령제(律令制)
하에서는 산요도[山陽道]에 속하였다.

96 가마가리[鎌刈]: 현재의 히로시마현 구레시 시모가마가리초시모지마[下蒲刈町下島]
이다.

초10일

진시에 떠나, 신시에 다다노우미[忠海]에 닿아 묵었다. (도주가 가기를 청하여) 겨우 포구를 나가자마자 맞바람이 차츰 불어왔다. 노를 저어 앞으로 80여 리를 나갔다. 선창의 물이 얕아서 중류에 닻을 내렸지만, 밤사이의 풍세를 알 수 없어 세이넨지[誓念寺][97]로 내려가 유숙하였다. 절은 그리 큰 편은 아니었으나 꽤 정결하였다. 절의 중들에게 약과와 부채를 주었다.

이날은 1백 리를 갔다.

11일

진시에 떠나, 저물녘에 도모노우라[鞱浦][98]에 닿아 묵었다. 저들은 우리나라 사람의 필적만 얻으면 해서(楷書)이건 초서(草書)이건 우열을 막론하고 모두가 기뻐서 날뛰었다. 그리하여 글씨를 구하는 자가 연속 끊어지지 않았으니 (사자관[99]뿐만 아니라,) 조금만 글씨 쓸 줄 아는 이는 그 간절한 요청에 견디기가 어려웠다. 글씨 쓰는 자가 미처 써줄 겨를이 없었다. 그리하여 중간에서 소개하는 쓰시마의 통사(通事)들이 뇌물까지 받는다고 하니, 그들의 뜻을 참으로 이해하기가 어렵다. 어떤 사람은 말하기를,

---

97 세이넨지[誓念寺]: 히로시마현 다케하라시[竹原市] 다다노우미나카마치[忠海中町]에 위치한 정토종(淨土宗) 사원이다.

98 도모노우라[鞱浦, 鞆の浦]: 현재의 히로시마현 후쿠야마시[福山市] 도모초[鞆町]이다. 빈고주[備後州]에 속하며, 통신사의 기항지 가운데 하나이다.

99 사자관: 조선시대 승문원과 규장각에 소속된 관원. 외교문서·어첩(御牒)·어제(御製)·의궤(儀軌) 등의 문서를 정사(正寫)하는 일을 담당하였다. 1590년 왜인들과 창수(唱酬)할 경우 서법(書法)이 서툴게 보여서는 안 될 것이라는 선조의 전교(傳敎)에 의하여 사자관 이해룡(李海龍)을 통신사행에 파견한 것이 전례가 되어, 통신사 원역에 포함되었다.

"조선 사람의 필적을 얻어서 간직해 두면 많은 복리(福利)가 있다."고 하였다.

(관소 10여 리 못 미쳐서, 카이초잔[海潮山]에 반다이지[盤臺寺]가 있는데, 절이 바위 꼭대기에 있어, 높고 정결한 것이 기교를 다하였다. 이곳을 지날 때에 그 절의 중이 와서) '무신 신행시 첩자기(戊辰信行時帖字記)'를 올렸는데, 예전부터 이곳을 지날 때는 절의 중이 으레 축원사(祝願辭)를 올리면 모두들 음식과 물품을 주었으므로 이번 역시 무진년(1748)의 예에 의하여 쌀 한 포와 약과와 종이 묶음 등을 주었다.

예전에 들으니, 반다이지의 중들이 오가는 행인들에게 양식을 구걸하는데, 오는 나그네를 위해서는 서풍을 빌고 가는 나그네를 위해서는 동풍을 빈다고 하였으니, 하루 동안에 순풍과 역풍을 같이 빌면 하늘이 어떻게 그 소원을 따르겠는가?

포구를 간신히 나서니 어지러운 돌과 숨은 암초가 많으므로, 그것을 멀리 피하여 지나갔다.

(초경에 도모노우라에 도착하여 국서를 받들고 관소로 내려가니, 관소는 곧 가이간잔[海岸山]의 후쿠젠지[福禪寺][100]였다.) 전후의 사신들이

---

100 후쿠젠지[福禪寺]: 현재 히로시마현 후쿠야마시 도모초[鞆町]에 있는 사원이다. 진언종(眞言宗) 다이카쿠지파[大覺寺派]이며, 산호(山號)는 가이간잔[海岸山], 원호(院號)는 센주인[千手院]이다. 헤이안[平安]시대인 950년경 구야[空也]에 의해 창건되었다고 전해진다. 현재의 본당과 인접한 객전(客殿), 다이초로[對潮樓]은 에도시대 겐로쿠[元祿] 연간(1690년경)에 건립되어 조선통신사를 위한 영빈관으로 사용되었다. 1643년, 1655년, 1682년, 1763년 통신사행 때에 사신 일행이 이곳에 묵었다. 1711년에 종사관 이방언(李邦彦)이 다이초로에서 본 조망을 '일동제일형승(日東第一形勝)'이라고 상찬하였고, 1748년에 정사(正使) 홍계희(洪啓禧)의 아들 교리 홍경해(洪景海)가 객전에 '대조루(對潮樓)'라고 현판에 써서 걸었다. 후쿠젠지는 1994년 10월 11일에 조선통신사유적(朝鮮通信使遺跡)이라 하여 오카야마현[岡山縣] 세토우치시[瀨戶內市] 우시마도초[牛窓町]의 혼렌지[本蓮寺], 시즈오카시[靜岡市] 시미즈구[淸水區] 오키쓰[興津]의 세이켄지[淸見寺]와 함께 국가 사적으로 지정되었다. 후쿠젠지 경내(境內)는 조선통신사유적병복선사경내(朝鮮通信使遺跡鞆

모두 도모노우라를 일본 연로(沿路)의 제일 명승지라고 하였다.

이날은 100리를 갔다.

12일

사시에 떠나, 신시 말에 히비[日比]에 닿아 묵었다. (늦게야 도주가 가기를 청하기에 국서를 받들고 배에 올랐다.) 겨우 포구를 나오자 눈도 오고 비도 내렸다. 그러나 바람이 순하기에 돛을 올리고 앞으로 나갔다.

글씨를 써 달라고 오던 작은 왜선 한 척이 우리 배에 가까이 오다가 갑자기 (달려가는) 기선(騎船) 난간 밑으로 들어갔다. 그런데 바람이 순하고 배가 빨라서 빠져나오지 못하고, 거의 뒤집히게 되었다. 격군들을 시켜서 노 젓는 구멍으로 버티어서 빼내게 하였으나, 서로 걸리어 나오지 못했다. 우리 배의 돛을 급히 내린 다음에야 간신히 빠져나와 몹시 다행스러웠다.

그 배가 위급한 때에 한 왜인이 노 젓는 구멍을 붙잡고 우리 배에 올라왔다. 격군들이 꺼리는 일이라고 하며 '도로 내려가라'고 하는데도 그는 떨리는 기운이 진정되지 않아 돌아가려고 하지 않았다. 격군들이 강제로 보내려 하자, 아우 철(㬚)이 격군들을 꾸짖어 우선 머물러 있게 하였다.

내가 그것을 보고 아우 철에게 말하였다.

"우리나라 사람이나 저 나라 사람이 나를 막론하고 급할 적에 서로 구원하는 것이 사리에 당연하다. 저 사람이 겨우 위태한 고비를 넘겼으니, 그 배로 돌아가지 않으려는 것은 인정상 당연하다. 격군들이 구박

福禪寺境內)로서 국가의 사적으로 지정되어 있다.

해서 도로 보내려고 한 것은 인정머리가 없는 짓이라고 하겠다. 이제 네가 간곡하게 사람의 심정을 이해하여 우선 머물러 있게 해서 위급한 사람을 안정되게 하였으니, 이는 어진 마음이 발현한 것이다."

(날이 저물어 히비에 도착했다. 이곳은 비젠주[備前州] 소속이었다.) 달빛을 타고 뭍에 내려 여염집에 들어가 잤다. 약과와 부채를 주인에게 주었다.

이날은 140리를 갔다.

13일

진시(辰時)에 떠나, 오후에 우시마도[牛窓][101]에 닿아 묵었다. 바람이 순해서 배가 빨랐다. 수십 리를 가서 시마지마[嶼島] 앞바다에 이르니, 암초가 많았다. 포구 관소에 도착하였다. 이곳은 비젠주[備前州] 소속인데, 태수가 조치어(糟漬魚) 한 상자와 여러 가지 떡 5층을 보내왔다. 떡은 받고 물고기는 조치어라고 물리치니, 단자(單子)를 고쳐 써서 드리므로 받았다. 그 단자에 이렇게 쓰여 있었다.

"일본 비젠국주[備前國主] 종4위(從四位) 미나모토노 무네마사[源宗政]는 조선국 정사 통정대부 조공(朝鮮國正使通政大夫趙公)의 금범하(錦帆下)에 공경히 바칩니다."

또 그 아래에 물목(物目)을 썼는데, 단자의 규격도 좀 다를 뿐만 아니라, 태수가 자칭 국주(國主)라고 한 것은 괴이하고도 놀라웠다.

---

101 우시마도[牛窓]: 현재 오카야마현[岡山縣] 세토우치시[瀨戶內市] 우시마도초우시마도[牛窓町牛窓]이다. 비젠주에 속하고, 우저(牛渚)·우주(牛洲)·우전(牛轉)이라고도 한다. 에도시대에는 오카야마번의 중요한 항구로서 평가되어 선창이나 오챠야[御茶屋] 등의 시설이 정비되었다. 제1차와 제2차 통신사행 때는 식료나 물의 보급을 위한 기항이었고, 제3차 1624년부터 통신사의 기항지로 지정되었다.

예전에 들으니, 일본은 66주(州)가 다 '나라[國]'라고 일컫는다고 한
다. 그리하여 쓰시마 사람들도 그 섬을 '우리나라[吾國]'라고 부르고,
에도를 '내국(內國)'이라고 한다. 생각건대, 그들은 세습하기 때문에,
그 주(州)를 자기 나라로 만들어 다만 조공만 에도에 바치고, 생살(生
殺)과 칭호는 그들의 뜻대로 하기 때문인 것이리라.

이날은 60리를 갔다.

14일

진시에 떠나, 오시에 무로쓰[室津]¹⁰²에 닿아 묵었다. 배를 타고 동쪽
을 향해 갔는데, 바람이 순하고 파도가 고요하기에 돛을 비껴 달고 배
를 빨리 몰았다. 이곳은 하리마주[播摩州]¹⁰³ 소속으로 태수는 미나모토
노 다다토모[源忠知]¹⁰⁴인데, 무진년(1748)에 수집정(首執政)을 지낸 자
였다. 그가 삼중(杉重)을 일행에게 보내고, 소동(小童)까지도 찬과(饌果)
를 대접하였다.

이날은 100리를 갔다.

15일

무로쓰에 머물렀다. 밤에 (꿈을 꾸었는데) 궁궐에 나가 보았다. (꿈
을 깬 뒤에) 망하례(望賀禮)를 행하였다.

---

102 무로쓰[室津]: 현재의 효고현[兵庫縣] 다쓰노시[たつの市] 미쓰초무로쓰[御津町室津]
이다. 하리마주[播磨州]에 속한다. 마지막 통신사행을 제외하고 나머지 사행 때마다 조선
사신이 이곳에 묵었다.
103 하리마주[播磨州]는 하리마노쿠니[播磨國]로, 현재의 효고현 서남부 지역에 있던 율
령제 하의 옛 지명이다. 산요도[山陽道]에 속한다.
104 미나모토노 다다토모[源忠知]: 사카이 다다토모[酒井忠知]이다.

16일

무로쓰에 머물렀다. 바람이 순하고 날씨가 화창하여 배를 띄울 만하
였는데, 저들이 '아카시[明石]는 바닷길이 아주 험하다'고 핑계하면서
출발하지 않았다.

17일

진시에 떠났다가, 도로 무로쓰로 돌아와 묵었다. 포구를 나서자마자
맞바람이 차츰 거세게 불어, 앞으로 나갈 수 없었다. 그리하여 '배를
돌리자는 뜻'을 쓰시마 태수에게 전했다. 포를 쏘고 기를 흔들어서 무
로쓰로 되돌아갔다.

(배 위에 머물러 있으려고 했지만,) 여러 사람의 의논이 모두 뭍에
내리려 하고, 또 날씨도 어떨지 몰라서 다시 관소에 들었다.

18일

무로쓰에 머물렀다. 바람이 자고 날이 따뜻하여 노 저어 배를 띄울
만하였는데, 쓰시마 호행(護行)이 말하였다.

"여기에서 아카시까지 백여 리 사이는 수로가 몹시 험하고, 바닷가
가 진흙땅으로 되어 있어 배가 들어붙기 쉬우므로, 원래 선창이 없어
정박할 수 없기 때문에 반드시 오래 부는 순풍을 얻어 똑바로 효고[兵
庫][105]에 닿아야 됩니다."

그 말이 과연 옳은지 알 수 없지만, 수로가 험난한지 평이한지 알지

---

105 효고[兵庫]: 현재의 효고현[兵庫縣] 고베시[神戸市] 효고구[兵庫區] 효고정[兵庫町]에
있던 항구도시이다. 셋쓰주[攝津州]에 속한다. 마지막 통신사행을 제외하고 나머지 사행
때마다 조선사신이 이곳에 묵었다.

못하여 그의 지도를 따라야만 하였다.

옆에 지대(支待)하는 금병풍[金屛] 하나가 있으므로 조생(趙生)을 시켜서 글씨를 쓰게 하고 역관에 분부하여 그들에게 잘 되었는가를 묻게 했다. 그러자 출참 봉행이 크게 기꺼하며 희귀한 보배라고 칭찬하는데, 쓰시마 사람들은 자기들이 소개한 것이 아니라 하여 멋쩍은 뜻이 없지 않았다고 하니, 그들의 정태가 교묘하였다.

19일

해돋이에 떠나, (밤) 2경에 효고에 닿아 묵었다. (도주가 가기를 청하므로) 노 젓기를 재촉해 갔다. 오후에 갑자기 서풍이 불어 배가 몹시 빨리 갔다. 아카시의 험한 나루를 순식간에 지나가니, 사람들은 모두 신의 도움이라고 말하였다.

이곳은 기나이[畿內] 셋쓰주[攝津州]¹⁰⁶에 속했다. 관백의 장입지(藏入地)여서, 관백이 대관(代官)을 보내서 별도로 지공(支供)을 한다고 한다. 배에 머물렀다가 때를 기다려서 출발하려 했는데 도주가 말하기를,

"이미 관백의 지공이 마련되었으니, 마땅히 뭍에 내려 잠시 구경해야 된다."

하기에, 삼사(三使)가 같이 관소에 들러 잠시 이야기를 나누다가 곧 선방(船房)으로 돌아왔다. 도주가 말을 전하였다.

"가와구치[河口]가 물이 얕아서 조수가 들어와야 배를 띄울 수 있으므로, 배의 장비 가운데, 예비물은 이곳에 그대로 두고, 노자와 짐은 딴 배에 옮겨 실어야겠습니다."

---

106 셋쓰주[攝津州]: 셋쓰노쿠니[攝津國]이다. 현재의 오사카후[大阪府] 북중부(北中部) 및 효고현 고베시 스마구[須磨區] 이동(以東) 지역에 있는 율령제 하의 지명이다.

모두 허락하였다. 남겨 둘 물건은 저들에게 주었다가 돌아올 적에 찾게 했으며, 노자 등 먼저 운반할 것은 장무관(掌務官)으로 하여금 왜선에 옮겨 싣고 가서 오사카성[大坂城]에서 기다리게 하였다.

이날은 180리를 갔다.

20일

축시(丑時)에 (효고를) 떠나 해시(亥時)에 오사카성에 닿아 묵었다. 바람과 조수가 모두 순하여 배가 화살처럼 빨랐다. 진시 초에 배가 이미 백 리 가까이 갔는데, 물이 얕고 모래가 쌓여 배 가기가 어려웠다. 그러므로 저들이 조금 깊은 곳에 표목(標木)을 좌우로 세웠는데, 그 모습이 문설주와 같았다. 그 사이사이에 대를 꽂아서 가는 길을 표시했는데, 겨우 배 한 척이 지나갈 뿐, 나란히 갈 수는 없었다.

그리하여 그대로 배를 모는데 삿대를 버티어 수심을 재가면서 갔다. 10여 리를 지나서 비로소 가와구치에 닿았다. 삼기선(三騎船)을 돌아보니 모래 진흙 속에 들러붙었는데, 얼마 뒤에 빠져나왔다. 사시(巳時)쯤에 여섯 척이 일제히 한곳에 정박했는데, 바다로 온 것이 삼천여 리였다.

처음 가와치[河內]에 들어오니 뭍에 올라가는 듯하여 못내 위안이 되었다. 먼저 백금(百金)을 체지(帖紙, 돈을 받는 표)에 써서 선장과 사공들에게 주고, 도로 건너온 뒤에 받아가도록 하였다.

강구(江口)에서 오사카성까지는 30리가 되는데, 강을 따라 돌을 쌓아서 긴 둑을 만들었다. 둑 위에는 인가가 서로 잇닿았으며, 층층 누각이 여기저기 솟아 있다. 강 언덕 좌우에 죽란(竹欄)을 설치하거나, 홍전(紅氈)을 펼쳤다. 구경하는 남녀가 꽉 차 있는데, 아주 조용해서 떠드는 소리가 없었다. 몇십만 명이나 되는지 알 수 없었다.

선창에 정박하여 위의를 베풀며 뭍에 내렸다. 삼사는 교자(轎子)를 타고, 상관 이하는 모두 말을 탔다. 혼간지[本願寺]에 들어가 쉬었다. 이 절의 건물은 무려 몇천 칸이나 되었으니, 지나오며 유숙하던 관소와는 비교가 되지 않았다. 이 지방은 기나이 셋쓰주에 소속한 곳인데, 관백의 장입지(藏入地)이다.

한 섬의 하(河)와 해(海)가 서로 접하고, 타국의 장삿배가 모두 정박하며, 또 에도를 왕래하는 요충지이다. 아카마가세키에서 오사카성까지는 1,360리이다. 배 가는 길이 비록 한쪽은 육지를 끼고 간다고 하지만, 산봉우리가 교착하였고 바다 물결이 서로 충돌한다. 그래서 시모노세키[下關]의 조수를 이용하여 출입하는 것이나, 가미노세키[上關]의 바닷속에 있는 암초나, 쓰와[津和]의 바닷물이 맴도는 것이나, 미하라[三原]의 앞바다와 우시마도[牛窓] 앞바다의 오키노시마[隱岐島]나, 아카시[明石] 앞바다의 진흙벌이며 물살이 급한 곳 등은 모두가 험한 여울이라고 하겠다. 만약 풍파가 일어나거나, 깊은 밤에 배가 닿게 되면 아주 위험하다. 그리하여 어떤 사람은 이렇게 말한다.

"내양(內洋)에 배를 띄우는 것이 큰 바다의 까마득한 데 띄우는 것보다는 낫다. 그것은 육지를 바라보고 가기 때문에 마음에 믿는 바가 있어서이다."

뱃길을 갈 때에는 이미 일엽편주에 목숨을 맡겼으니 모두가 위험한 곳이다. 만약 기계를 잘 정비하고 바람과 조수를 삼간다면 순조롭게 건널 수 있겠지만, 그렇지 못하다면 큰 바다나 내해(內海)는 말할 것도 없고 비록 못이나 시냇물일지라도 실패하는 경우가 있으니, 어찌 조금이라도 소홀히 할 수 있겠는가? '깊은 못에 임한 듯하고 얇은 얼음을 밟는 듯하다.[臨深履薄]'는 옛 교훈을 마음에 새겨 조심해야 한다.

이날은 130리를 갔다.

21일

오사카성에 머물렀다. 수역(首譯)이 와서 말하였다.

"관백의 숙공연(熟供宴)을 으레 어제 시행했어야 하는데, 밤이 깊었기 때문에 오늘로 늦춰 행하기로 했습니다. 관반(館伴)이 장차 올 것입니다."

세 사신이 홍단령(紅團領)[107]을 입고 군관(軍官)은 군복을 갖추고 잔치하는 대청에 모여 앉았다.

숙공연은 이미 관백이 하사한 것이라고 하니, 세 사신이 공복을 입고서 그 잔치를 받아야 하며 일행의 여러 원역(員役)들이 마땅히 모두 참석해야 하는데, 과반수가 핑계를 대고 나가지 않으려 하므로, 타일러서 다 나가도록 하였다.

22일

오사카성에 머물렀다. '무사히 바다를 건너고, 장차 육로로 향한다'는 뜻으로 계초(啓草)를 써서 집에 보내는 편지와 함께 부쳤다.

참관(站官)이 관백이 보내는 것이라 하면서 일행 상하 원역들에게 이불과 요를 주는데, 세 사신과 당역(堂譯)은 비단이고, 상차관(上次官)은 명주, 중하관(中下官)은 무명이었다. 이것은 으레 주는 것이라 하고, 또 전례를 상고해 보아도 모두 받았으므로, 일행에게 나누어 주었다.

상사의 방에 온 물건을 우리나라 사람에게 주게 되면 또한 밝지 못한 것이 된다.[108]

---

107 단령(團領)은 깃을 둥글게 만든 공복(公服)으로 색채에 따라서 홍단령·흑단령·백단령·자단령 등의 구별이 있다.

108 그래서 일기선(一騎船) 호행(護行) 정관(正官) 다이라노 유키토시[平如敏]에게 주었다.

23일

오사카성에 머물렀다. 기이주[紀伊州] 태수 미나모토노 무네노부[源宗將]가 소금에 절인 고래고기 30포(苞)와 소금에 절인 사슴고기 20포를 보내왔다. 1포는 10조(條)이고 1조는 한 근이 넘는 고기이다. 단자만을 올리고 또한 성명도 쓰지 않았으니 괴이하였지만, 들으니 전례가 있다 하므로 받았다.

수역의 말을 들으니, '쓰시마 사람들이 기이주의 소금에 절인 고래고기를 일미라 하여 먹고 싶다고 한다'기에 2포를 태수에게 보내 주고, 봉행·재판 등에게도 각각 1포를 보내 주고, 전어관(傳語官)·금도(禁徒) 등에게 몇 포씩 나누어 주었더니, 태수 이하 모두가 나라에서의 하사품이라 하면서 꽤 영광스럽게 여겼다고 한다.

기이주·오와리주[尾張州]·미토주[水戶州]의 세 태수를 3종실(宗室)이라 하는데, 관백이 만일 자제가 없으면 이 3종실 중에서 선택하여 관백을 삼으므로 여러 태수 가운데 가장 귀중하다. 지금 관백의 할아버지 요시무네[吉宗][109] 역시 기이주 태수로서 관백의 위를 계승하였다.

부산의 관보(官報)가 비선(飛船) 편에 왔다고 하기에 듣고서 매우 기뻐했는데, 봉함을 뜯고 보니 단지 공문뿐이고 집안 편지는 없었다. 부산진의 관보 가운데 이런 말이 있었다.

"비국(備局)의 관문에, '통신사가 바다를 건넌 뒤에는 사체(事體)가 긴중하므로 공문은 부치고 사사 편지의 왕복은 일체 엄금하라.' 하기에, 각처의 집안 편지는 들여보내지 않는다."

또 왼쪽에 각각 보내는 사롱(紗籠)·청장(淸醬) 등 물건을 기록했으

---

109 요시무네[吉宗]: 도쿠가와 요시무네[德川吉宗]를 말한다. 일본 에도막부의 제8대 장군으로 그의 장군습직을 축하하기 위해 1719년 6월에 조선통신사가 일본에 내빙하였다.

니, 그것은 사스우라[佐須浦]에 있을 적에 청구한 것이었다. 비국에서 내린 공문의 말뜻을 자세히 생각해 보니, '공문은 편을 내서 부치고, 그 이외는 편을 따로 내서 사사 편지를 부쳐서는 아니 된다.'고 한 것인데, 부산진에서 막고 보내지 않는 것은 반드시 비국의 공문 뜻을 상세히 알지 못하여 그렇게 한 듯싶었다.

첨장로(瞻長老)가 만두 한 궤짝을 바쳤다.

24일

오사카성에 머물렀다. 마련해 온 공사 예단에 쓰일 50여 척의 것을 혹 기다란 궤에 넣거나 혹은 초석(草席)으로 싸서, 저들에게 내주어 별도로 금도(禁徒)를 선정하여 먼저 에도로 보내니, 이는 전례가 그러하였다. 이 가운데 인삼과 비단 같은 물건은 값진 것이라 할 수 있지만, 전부터 저들은 조금도 허술히 하는 염려가 없었다. 선장 등이 와서 뵈었다. 남아있는 격군들을 검속(檢束)하라는 뜻으로 신칙(申飭)했다. 각각 환약(丸藥), 복약(服藥), 삼료(蔘料)를 지급하여 병을 고치게 했다. 또 뜻밖의 일이 생겼을 때 반전(盤纏)에서 꺼내쓰겠다는 뜻을 허락했다.

25일

오사카성에 머물렀다.

26일

오시에 떠나 밤새도록 배를 몰아, 이튿날 아침에 히라카타[平方]에 닿아 묵었다. 금루선(金鏤船)을 탔다.[110]

---

110 통신사가 바다를 건너오면서 타고 온 배를 오사카에 대어 놓고 일본의 금빛 누선(樓

지방관이 숙공(熟供)을 바치는데, 저녁밥 대신이었다. 이미 유숙할 참(站)도 없고 또 위태한 곳도 아니므로 노를 저어 앞으로 나갔다.

이날은 50리를 갔다.

27일

사시(巳時)에 배에 타서, 저녁에 요도우라[淀浦][111]에 닿아 묵었다. 요도우라를 바라보니, 숲이 울창하여 누대가 보일락말락 했다. 성 밖에 수차(水車) 두 대가 있어 모양이 물레와 같은데, 물결을 따라 저절로 돌면서 물을 떠서 통에 부어 성중으로 보낸다. 보기에 매우 기괴하므로 (별파진) 허규(許圭)·(도훈도) 변박(卞璞)을 시켜 자세히 그 제도와 모양을 보게 했다. 만일 그 제작 방법을 옮겨다가 우리나라에 사용한다면, 논에 물을 대기에 유리할 것이다.

날이 저물어 요도우라에 도착했다. 이제부터 비로소 육지로 가게 되는데, 육로로 가기 시작하면 중·하관(中下官)은 준례가 모두 숙공(熟供)

船)으로 갈아타고 강을 따라 떠나는데, 조엄은 『해사일기』에서 이날의 이별을 이렇게 기록했다.

"배에 머물고 있던 선장과 격군들이 뱃머리에 와서 인사를 하는데, 보내고 머무는 슬픈 심사가, 영가대(永嘉臺) 아래에서 배 띄울 적에 서로 이별하는 것이나 다름없었으니 인정이 어찌 그러하지 않으랴! 배에 머무는 장졸은 1백 6인이고, 원역 이하 에도에 따라가는 사람은 합쳐 3백 66인이었다. 강물이 매우 얕기 때문에 금루선 매 척마다 우리나라 사람을 태운 것이 14~15인에 불과하고, 나머지는 모두 작은 배에 나누어 탔다. 혹 앞서기도 하고 혹 뒤지기도 하며 가는데, 내 배에 같이 탄 자는 자제군관(子弟軍官)·장무관(掌務官)과 겸종(傔從) 하나, 통인(通引) 둘이었으며, 제술관 남옥, 성대중, 양의(良醫, 이좌국), 장사군관(壯士軍官)들이 해선(海船)에 같이 탈 수 없다 하여 이 배에 타기를 허락했다. 그들이 같은 배를 타고 싶어하는 뜻을 보였기 때문이다."

111 요도우라[淀浦]: 에도시대 야마시로국[山城國]에 속하는 포구로, 현재의 교토부[京都府] 교토시[京都市] 후시미구[伏見區] 요도혼마치[淀本町]이다. 정사행록에는 정포(淀浦)·요은도(要隱刀)라고 하였다.

으로 대접한다고 한다.

　이날은 40리를 갔다.

28일

　해돋이에 출발하여, 한낮에 사이쿄[西京]에 닿아 묵었다. 뭍에 내린 뒤부터는 으레 꼭 건량관(乾糧官) 및 일공군관(日供軍官)을 먼저 보내 공급물을 받아다가 밥을 지었는데, 도주가 앞에서 인도하므로 길에서 말썽이 나기 쉬운 까닭에 당부하여 보내곤 하였다.

　위의를 갖추고, 세 사신은 교자를 타고 갔다. (짐 싣는 말은 이끄는 마부만 있고 따로 따르는 왜인은 없었다.) 예전에 들으니, 말을 탄 사람이 거짓으로 말에서 떨어지는 시늉을 하면 따르는 왜인이 크게 두려워하며 애걸한다고 하는데, 지금은 비록 그러지는 않으나 부지런히 붙들어 보호해 준다고 한다.

　15리를 가서 지소지[實相寺]에 도착하였다. 잠시 들어가서 홍단령으로 갈아입고 원역은 관복, 군관은 융복(戎服)으로 갈아입었으니, 이는 장차 사이쿄로 들어가기 때문이었다.

　참관(站官)이 삼중(杉重) 한 궤를 올렸는데, 관백이 준 것이라 하였다.

　쓰시마 태수와 두 장로가 뵙기를 청하므로, 공복을 입고 대청에서 접견하였다. 이곳에 도착하면 준례가 그러하였다. (이요노카미 후지와라 마사스케[伊豫守藤源正右]가 사이쿄윤[西京尹]의 자격으로 역시 뵙기를 요구했는데 역시 준례였다.) 사행이 관복을 갖추고 처마 밖에 나아가 맞아들인 다음, 재읍례(再揖禮)를 행했다. (사이쿄윤은 일각건(一角巾)을 쓰고 긴 옷을 입었는데 위인이 준걸스럽고 행동이 점잖아서 재상다운 풍도가 있었다. 바다를 건너온 후로 저들 가운데에서는 처음 보는 인물이었다.)

밤에 들으니, 중관·하관의 숙공(熟供)이 서로 혼동되어, 중관의 숙공이 조금 가깝게 있던 까닭으로 하관배들이 마구 들어와 먼저 먹어서, 중관들이 먹지 못하는 지경에 이르렀다고 한다. 그들을 조사하여 다스렸다.

이날은 30리를 갔다.

29일

오쓰[大津]¹¹²에서 점심을 먹고, 모리야마[森山]¹¹³에서 잤다.

(점심을 먹은 뒤에 곧 출발하여 앞으로 갔다. 왼쪽에 비와코[琵琶湖]가 있는데 일명 오미노코[近江之湖]라고도 한다. 길이가 4백여 리이고 넓이가 그의 반인데 일본의 호수 중에서 가장 큰 것이었다. 호수를 끼고 가니, 혹 드러나고 혹 숨은 경치가 자못 볼 만한 것이 많아서, 동정호(洞庭湖)에 혹 비유하더라도 그 우열이 과연 어떠할지 알지를 못하겠다. 호수에서 며칠 거리 안에 있는 가까운 지역은 모두가 논에 물 대는 이익을 입는다고 한다. 나니와강[浪華江]의 상류가 곧 이 호수이므로) 만일 금루선(金鏤船)을 타고 이 호수를 거슬러 올라간다면 며칠 동안 육로로 가는 수고는 덜 수 있는데, 물이 얕아서 배를 띄우지 못한다고 한다.

일본의 1리가 우리나라의 10리라고는 하지만, 실상은 7~8리에 불과하였다. 10리 사이에 반드시 칙간을 길가에 지어 놓았으며, 한 참(站) 중간에 또 다옥(茶屋)¹¹⁴을 설치하였는데, 민가가 아니면 혹 길가에 새

---

112 오쓰[大津]: 오미주[近江州]에 속하고, 현재의 시가현[滋賀縣] 오쓰시[大津市]이다.
113 모리야마[森山]: 오미주에 속하고, 현재의 시가현 모리야마시[守山市]이다.
114 다옥(茶屋)은 번주(藩主)의 참근(參勤) 여행 및 국내 순행(巡行), 규슈[九州] 여러 다이묘[大名]의 참근 여행, 기타 막부 관리의 통행 시에 숙박을 제공했던 일종의 여관이다.

로 집을 지어 쉬는 곳을 만들어 차도 권하고 과일도 권하였다. 대령자들은 모두 쉬어가기를 청하지만, 만일 곳곳마다 교자에서 내리면 날짜가 부족하므로 참(站)이 먼 경우만 어쩌다 잠깐 쉬어 가곤 하였다.

잠깐 다옥에서 쉬고 곧 출발하여 앞으로 가서 초경에 모리야마에 도착했다. (도린지[東林寺]에 들어가서 유숙하는데,) 이시카와 도노모노카미[石川主殿頭] 미나모토노 후사요시[源總慶]가 고품(糕品) 한 상자를 보내왔다. 삼등마(三等馬)에게 분배한 후, '차례를 건너뛰어 달려온 자가 있다'고 하기에 조사해내서 곤장으로 다스렸다.

이날은 80리를 갔다.

30일

하치만야마[八幡山]에서 점심을 먹고, 히코네성[彦根城]에서 잤다.

이이 가몬노카미[井伊掃部頭][115] 후지노 나오사다[藤直定]가 삼중을 보내왔다.

이날은 100리를 갔다.

통신사행 때 삼사(三使) 이하, 상관(上官) 이상의 숙사로 사용되었다.

115 이이 가몬노카미[井伊掃部頭] 후지노 나오사다[藤直定]: 이이 나오사다[井伊直定, 1702~1760]로 에도시대 중기의 다이묘[大名]이다. 이이 가몬노카미 나오사다[井伊掃部頭直定]라고도 하고, 사행록에는 정이 소부두 등직정(井伊掃部頭藤直定)이라고 하였다. 아명은 마타고로[又五郞], 뒤에 나오사다[直定]로 개명. 관위는 이나바노카미[因幡守]·종4위상(從四位上)·가몬노카미[掃部頭]·도노모노카미[主殿頭]. 오미[近江] 히코네번[彦根藩] 제4대 번주인 이이 나오오키[井伊直興]의 14남이다.

2월

초1일

이마스[今次]에서 점심 먹고, 오가키[大垣][116]에서 잤다.

새벽에 망궐례(望闕禮)를 관소의 뜰에서 행했다. 비가 내리므로 머물려고 하였는데 도주가 이미 먼저 떠났으므로, 어쩔 수 없이 길을 떠나기는 했지만 저나 우리나 하속들이 민망스러웠다.

이마스[今次]에서 점심을 먹었는데 일명 이마스[今須][117]라고도 한다. 이이 가몬노카미가 삼중(杉重)을 올렸다.

불을 들고 오가키에 들어갔다. 센쇼지[專昌寺]에 관소를 정하니 또한 미노주의 소속이었으며, 도다 우네메노카미 우지히데[戶田采女正氏英][118]가 당고(糖糕) 한 상자를 바쳤다.

이날은 100리를 갔다.

초2일

오가키에 머물렀다.

어제 비에 젖어 사람들이 모두 피곤하고 나른하기에 머물러 쉬었으면 하는데, 도주가 말을 전하기를,

"어제 비로 물이 불어나서 앞길의 다리가 파손되어 지금 한참 보수하

---

116 오가키[大垣]: 미노주[美濃州]에 속하고, 현재의 기후현[岐阜縣] 오가키시[大垣市]이다.

117 이마스[今須]: 미노주에 속하는 도시로, 현재의 기후현 후와군[不破郡] 세키가하라초[關ケ原町] 이마스이다.

118 도다 우네메노카미 우지히데[戶田彩女正氏英]: 도다 우지히데[戶田氏英, 1730~1768]로, 에도시대 중기 다이묘[大名]이다. 어릴 적 이름은 도쿠지로[德次郎]. 관위는 종오위하(從五位下)·우네메노카미[采女正]. 미노[美濃, 현재의 기후현] 오가키번[大垣藩] 제5대 번주인 도다 우지나가[戶田氏長]의 차남이다.

고 있으니, 이곳에 머물면 좋겠습니다."

했으니, 이른바 '참으로 원하는 바[固所願]'[119]였다.

초3일

스노마타[洲股][120]에서 점심을 먹고, 나고야[鳴護屋][121]에서 잤다.

'국서의 앞에 말을 타고 범한 왜인이 있다'고 하므로, 일이 몹시 통탄스럽고도 해괴해서 수역을 엄하게 문책하고 차왜(差倭)를 꾸짖어, '그를 즉시 찾아 다스린 뒤에 결과를 보고받아야 전진하겠다.'고 하였다.

점심을 먹은 뒤에 출발하니, 여기서부터는 산수가 더욱 밝고 고왔다. 이곳은 오와리주[尾張州] 태수가 있는 읍(邑) 소재지이므로 성곽과 누대가 몹시 웅장하고 화려했다. '일본의 긴 창과 큰 칼이 대부분 이곳에서 나온다'고 한다.

이날은 110리를 갔다.

초4일

나루미[鳴海][122]에서 점심 먹고, 오카자키[岡崎][123]에서 잤다.

---

119 참으로 원하는 바[固所願]: "감히 청할 수는 없지만, 참으로 바라는 바입니다.[不敢請, 固所願]"의 준말이다.

120 스노마타[州股, 洲股]: 미노주[美濃州]에 속하는 지명으로, 현재의 기후현[岐阜縣] 오가키시[大垣市] 스노마타정[墨俣町]이다. 스노마타촌[州股村], 스노마타[墨股] 또는 스노마[墨俣]에서 사카이가와[境川] 본류(本流)가 나가라가와[長良川]에 합쳐지므로 스노마타[洲股] 또는 스노마타[洲俣]라고 하였다.

121 나고야[鳴護屋, 名古屋]: 오와리주[尾張州]에 속하고, 현재의 아이치현[愛知縣] 나고야시[名古屋市]이다.

122 나루미[鳴海]: 오와리주에 속하고, 현재의 아이치현 나고야시 미도리구[綠區] 나루미정[鳴海町]이다.

123 오카자키[岡崎]: 미카와주[三河州]에 속하고, 현재의 아이치현 오카자키시[岡崎市]

날 밝을 무렵에 출발하여 나루미에 도착하니, 참소(站所) 주인이 동매(冬梅)와 화죽(花竹)을 꽂은 작은 통과, 전번에 왔던 사행들이 지은 시축(詩軸)을 들이므로 돌아오는 길에 화답하기로 하였다.

점심을 먹고 곧 길을 떠나 2경에 관소에 이르니, 도주와 두 장로가 와서 뵙는데, '관백이 사신을 중로에 보내서 위문하는 것이 준례'라고 했다. 세 사신이 흑단령을 입고 처마 밖에 나가 맞아, 재읍례(再揖禮)를 행하였다.

이날은 90리를 갔다.

초5일

아카사카[赤坂]¹²⁴에서 점심을 먹고, 요시다[吉田]에서 잤다.

전에 배행한 나졸 가운데 혹 항오(行伍)를 맞추지 못한 자가 있으므로 조사해서 곤장으로 다스리고, 한결같이 도식(圖式)에 의하여 가도록 하였다.

이날은 70리를 갔다.

초6일

아라이[荒井]에서 점심을 먹고, 하마마쓰[濱松]¹²⁵에서 잤다.

이날은 90리를 갔다.

이다.

124 아카사카[赤坂]: 미카와주에 속하고, 현재의 아이치현 도요카와시[豊川市] 아카사카정[赤坂町]이다. 1868년에 미카와현[三河縣]의 현청(縣廳)이 설치되었다.

125 하마마쓰[濱松]: 도토미주[遠江州]에 속하고, 현재의 시즈오카현[靜岡縣] 하마마쓰시[濱松市]이다.

초7일

미쓰케[見付][126]에서 점심을 먹고, 가케가와[懸川][127]에서 잠을 잤다. (관소에 들어가니 참관(站官) 오타 빈고노카미[太田備後守] 미나모토노 스케요시[源資愛][128]가 삼중을 올렸다.

이날은 90리를 갔다.[129]

초8일

가케가와에 머물렀다.

도주가 사람을 보내 말하기를,

"앞길에 하천이 있는데 (후지산에서) 눈 녹은 물이 불어나 건너기가 어려우니, 내일을 기다려서 가야겠습니다."

하였다.

초9일

가나야[金谷][130]에서 점심을 먹고, 후지에다[藤枝][131]에서 잤다.

---

126 미쓰케[見付]: 도토미주에 속하고, 현재의 시즈오카현 이와타시[磐田市] 미쓰케[見付]로 이와타시[磐田市] 중심부에 있다.

127 가케가와[懸川, 掛川]는 도토미주에 속하고, 현재의 시즈오카현 가케가와시[掛川市] 이다.

128 미나모토노 스케요시[源資愛]: 오타 스케요시[太田資愛, 1739~1805]로, 에도시대 중-후기의 다이묘[大名]·다인(茶人)이다. 오타 빗추노카미 스케요시[太田備中守資愛]라고도 하고, 사행록에는 태전비후수 원자애(太田備後守源資愛)라고 하였다. 관위는 종사위하(從四位下)·셋쓰노카미[攝津守]·빗추노카미[備中守]이다. 도토미[遠江] 가케가와번[掛川藩] 번주인 오타 스케토시[太田資俊]의 차남이다.

129 이 두 구절의 순서가 바뀌었는데, 문맥에 따라 "이날은 90리를 갔다.[是日行九十里]"는 구절을 뒤로 돌렸다.

130 가나야[金谷]: 에도시대 때 도토미주에 속하고, 현재의 시즈오카현 시마다시[島田市] 가나야정[金谷町]이다. 사행록에 금곡령(金谷嶺)·금곡촌(金谷村)·가라야(可羅也)라고 하

수십 리를 가다가 석령(石嶺)을 오르는데, 고갯길이 꽤 높고 가팔랐다.
이날은 70리를 갔다.

초10일

스루가주[駿河州]에서 점심을 먹고, 에지리[江尻]¹³²에서 잤다.

10여 리를 가니 큰 고개 하나가 있는데, 이름은 마이사카[舞坂] 또는
우쓰[宇津]이라 하였다. 고갯길이 높고 가팔랐다.

관소에 이르렀는데 사승(寺僧)이 도주의 뜻을 받들어 찰떡을 작은 그
릇 하나에 담아서 길가에서 올렸다. 참관이 삼중을 바쳤다.

점심을 먹고 출발하여 해가 저물 적에 에지리에 도착했다. 스루가주
참관이 삼중을 올렸다.

이날은 80리를 갔다.

11일

요시와라[吉原]¹³³에서 잤다.

(유숙하게 된 요시와라 지방은 스루가주의 소속이다.) 일공(日供)은
비록 갑자기 변통하여 준비한다고는 하지만, 만약 전수를 제감하도록
허락하면 후일의 폐단에 관계될 뿐만 아니라, 또 사체(事體)에도 어떨
지 몰라서 바치게 하였다. 준례대로 준비되었으나 과연 두세 가지 갖추

였다.

131 후지에다[藤枝]: 스루가주[駿河州]에 속하고, 현재의 시즈오카현 후지에다시[藤枝市]
후지에다이다. 시즈오카현 중부에 있다.

132 에지리[江尻]: 스루가주에 속하고, 현재의 시즈오카현 시즈오카시[靜岡市] 시미즈구
[淸水區] 에지리정[江尻町]이다.

133 요시와라[吉原]: 스루가주에 속하고, 현재의 시즈오카현 후지시[富士市] 요시와라이다.

지 못한 잡종이 있다 하기에, 그것은 제감하게 하였다.

이날은 70리를 갔다.

12일

미시마[三島][134]에서 잤다.

참관이 삼중을 보냈다.

이날은 50리를 갔다.

13일

하코네미네[箱根嶺][135]에서 점심을 먹고, 오다와라[小田原][136]에서 잤다.

나무다리를 지나 고개를 향해 오르는데, 그리 험악하지는 않았으나 갈수록 더욱 높고 가팔라졌다. (들어가 쉬는 관소 앞에 호수가 닿아 자못 그윽한 풍치가 있었다.) 참관이 과일을 올렸다. 점심을 먹고 바로 출발하였다.

1마장[帳場]을 지나자 좌우로 관문을 설치하였다. 금도(禁徒)와 수직(守直)들이 말하였다.

"이곳은 관백의 별장이므로 일본 각 주의 태수들이 모두 말에서 내려 지나가고, 무진년(1748) 사행 때에는 사상(使相) 외에 상상관(上上官) 이하 모두가 교자와 말에서 내렸습니다."

---

134 미시마[三島]: 이두주[伊豆州]에 속하고, 현재의 시즈오카현 미시마시[三島市]이다.

135 하코네미네[箱根嶺]: 이두주에 속하고, 현재의 가나가와현[神奈川縣] 아시가라시모군[足柄下郡] 하코네정[箱根町]이다. 시즈오카현에 가까운 가나가와현 남서부의 모서리에 위치하며, 상근칼데라(Caldera) 부근의 일대를 가리킨다. 간레이[函嶺, 箱根山의 異稱]·하코네도게[箱根峠].

136 오다와라[小田原]: 사가미주[相模州]에 속하고, 현재의 가나가와현 오다와라시[小田原市]이다. 가나가와현의 남서단에 있다.

그러므로 처음에는 '관백의 궁전과 다르니 말에서 내릴 필요가 없다'
는 이유로 다투었으나 되지 않고, 또 이미 무진년의 사례가 있으므로
전례에 의해서 지났다. 이곳은 에도 제일의 관문이기 때문에 이를 지나
는 행인은 반드시 조사를 받는다고 하는데, 그들이 반드시 이를 빙자하
여 그렇게 한다면 이는 말에서 내려야 할 의의가 없는 것이다.

여기서부터는 고갯길이 더욱 험악하다. 돌을 깔아 미끄럼을 방지했
는데도 아주 험난해, 사람과 말이 조금만 발을 잘못 딛게 되면 엎어지
기 쉬웠다.

수역(首譯)의 말을 들으니, '먼저 보낸 매[鷹子]가 정월 초여드렛날
비로소 에도에 도착했으나 반 이상이 죽었다'고 한다. 그것을 저들이
이미 인수하였으니, 비록 예단의 숫자에는 부족하나 전부터 이런 것을
탈잡는 일은 없었다고 한다. 참관이 삼중을 보내왔다.

이날은 80리를 갔다.

14일

오이소[大磯]¹³⁷에서 점심을 먹고, 후지사와[藤澤]¹³⁸에서 잤다.

(낮에) 오이소의 관소에 닿았는데, 참관이 삼중을 바쳤다. 점심을 먹
고 곧 출발했는데, 날이 저물어서야 후지사와에 들어가니, 참관이 삼
중을 바쳤다.

이날은 80리를 갔다.

---

137 오이소[大磯]: 사가미주에 속하고, 현재의 가나가와현 나카군[中郡] 오이소정[大磯
町]이다. 가나가와현의 남부에 있다.

138 후지사와[藤澤]: 사가미주에 속하고, 현재의 가나가와현 후지사와시[藤澤市]이다. 가
나가와현 남부 중앙의 사가미만[相模灣]에 인접한 도시로 쇼난[湘南]이라고도 불린다.

15일

가나가와[神奈川]¹³⁹에서 점심을 먹고, 시나가와[品川]¹⁴⁰에서 잤다.

새벽에 망궐례를 행하고, 날 밝을 무렵에 떠났다. 가나가와에 이르니, 일명 가나야[金谷]이다. 낮에 관소에서 쉬는데, 참관이 삼중을 바쳤다. 저물어서야 시나가와에 닿았는데, 참관이 삼중을 바쳤다.

이날은 90리를 갔다.

16일

오후에 에도에 들어가, 지소지[實相寺]에 관소를 정하였다.

밥을 먹은 뒤에 세 사신은 홍단령을 입고, 원역은 시복(時服), 군관은 융복(戎服) 차림으로 비를 무릅쓰고 길을 떠났다. 쓰시마 통사(通詞)가 앞에서 길을 인도하며 갔다. 각 마을의 금도(禁徒)들이 철환장(鐵環杖)을 쥐고 일대에 벌여 서서 차례로 교체하였다.

오후에 관소에 닿았는데, 관소는 바로 지소지이니, 전후 통신사들이 머물던 곳이다. 교자에서 내려 대청에 오르니, 관반(館伴) 두 사람이 나와 맞이하였다. 재읍례(再揖禮)를 행하고 나서, 이내 각도(閣道)를 따라 예닐곱 차례나 돌고 백여 보를 굽이굽이 걸어서 비로소 처소에 들었다. 부사와 종사관이 차례로 들어와서 국서를 봉안하고, 일행이 모두 수륙원로(水陸遠路)에 무사히 도달하게 된 것을 서로 축하하니, 이는 모두 우리 왕령(王靈)이 미친 때문이다.

이날은 30리를 갔다.

---

139 가나가와[神奈川]: 현재의 가나가와현 요코하마시[橫濱市] 가나가와구[神奈川區]이다. 에도시대에는 무사시주[武藏州]에 속했다. 가노카와[鹿川]라고도 한다.

140 시나가와[品川]: 현재의 도쿄도[東京都] 시나가와구[品川區]이다. 에도시대에는 무사시주에 속했다.

17일

에도에 머물렀다.

수역이 와서 쓰시마 태수의 말을 전하였다.

"세 시신께서 이미 국금(國禁) 때문에 술을 사절하시어, 에도의 모든 곳 연향(宴享)하는 각 참(站)에 서계(書契)하여 술 접대를 일체 정지하였습니다. 관백의 연향 때 절차에 대해서는 접때 서계 회답 가운데 '에도에 들어온 뒤에 다시 의논하겠다.'는 내용이 있었는데 여기 온 뒤에 들으니, 여러 집정(執政)들의 의논이, '관백이 술을 주면 같이 술잔을 드는 것이 곧 연향의 예절이므로 폐지할 수 없다.'고 합니다. 그 말은 변통하기가 어려우므로, 다시 사신의 글을 얻어 집정들에게 전했으면 합니다."

내가 말하였다.

"저번 쓰시마에 있을 때 이미 술을 사절한다는 글을 냈는데, 다시 무슨 사신의 글을 기다리는가? 우리나라의 주금(酒禁)은 지극히 엄하므로 조선의 신하로서 오직 감히 입에 대지 못할 뿐만 아니라, 또한 감히 술잔을 들지도 못한다. 이는 의리에 관계된 것이니, 관백이 만약 술을 권하더라도 결코 받지 않겠다. 그렇게 되면 도주는 불화한 일을 면하기 어려울 것이니, 차라리 잘 주선하여 애당초 갈등이 없게 하는 것만 못하다. 나는 이미 정해진 계획이 있으니, 다시 글을 쓸 필요가 없다."

수역이 이런 사연을 써 보냈다. 쓰시마의 봉행들이 이 말을 듣고, 마땅히 힘을 다하여 주선하겠다고 하였다 한다.

수역이 와서 에도에서 거행할 일에 대한 날짜를 배정한 발기[件記]를 들이며 '이는 집정이 정한 것이다.' 하였다.

전명(傳命)하는 일은 27일에 있고, 마상재(馬上才)는 다음달 초하룻날에 있으며, 도주의 집에서 사연(私宴)을 베푸는 일은 초닷샛날에 있고, 활쏘는 기예를 시험하는 일은 초엿샛날에 있으며, 회답하는 서계는 초이렛날에 있고, 회정(回程)하는 일은 11일에 있다고 하였다. 그 사이 허다한 날들은 대부분 관백이 기휘(忌諱)하는 날이라고 하기 때문에 그를 핑계로 시일을 미룬 지 거의 한 달이나 되었으니, 이를 보매 매우 민망스럽고 답답하다.

날짜를 배정한 발기 가운데에, 21일부터 초엿샛날까지는 관백 모친의 기일(忌日)이어서 법사(法事)와 재계(齋戒)가 서로 겹치기 때문에 모든 공사를 일체 폐지한다고 하였다. 그러나 3년 복제(服制)는 행하지 않으면서 엿새 동안 기제(忌祭)에 치재(致齋)하는 일은 이미 경중(輕重)의 분수를 잃은 것이며, 또 모친의 기제를 지내면서 먼저 절에서 법사를 행하는 짓은 더욱 오랑캐의 풍속인 것이다.

전명하는 일이 지체됨이 참으로 매우 송구스럽고 민망하였지만, 형세로 보아 어쩔 수 없었다. 다만 전후 사신 중에 별다른 일이 없으면서 이처럼 오래 머문 이가 없었고, 또 왕명을 받들고 국경에 나온 지 이미 여덟 달이 가까워지니, 복명(復命)할 의리를 생각하매 하루가 시급하였다.

그러므로 '배정된 날짜를 반드시 고쳐서 속히 회정할 수 있게 하라'는 뜻을, 쓰시마 태수에게 통보하여 그로 하여금 집정에게 전달하도록 하였으나, 그가 잘 전달하여 다시 정할 수 있게 될지 여부는 알 수 없다.

관반(館伴) 두 사람이, 각기 삼중 한 궤씩을 세 사신에게 일제히 바쳤다.

.

18일

에도에 머물렀다.

집정 두 사람이 비로소 뵙기를 청하는데, 이는 관백이 위문하는 규례이다. 쓰시마 태수가 문밖에 나아가 맞아 앞에서 인도하며 오기에, 세 사신이 공복을 입고 기둥 밖에 나가서 맞이하였다. 대청에 올라와 재읍 례를 행하고 자리에 앉은 다음에 집정이 도주로 하여금

"세 사신은 먼 길을 오느라 얼마나 수고하셨소? 국왕은 기운이 안녕하오.……"

라는 관백의 말을 전하게 하여, 수역이 대신 전하였다. 세 사신이 자리에서 내려앉아 이 말을 듣고 일어섰다가 다시 앉았다. 인삼차를 권한 뒤에 집정이 도주를 시켜,

"회답을 듣기를 원합니다."

고 말을 전하기에, 세 사신이 자리에서 내려와서 말하였다. 처음에, 속히 회정(回程)해야겠다는 뜻으로 집정과 상대할 때에 말하려고 했더니, 쓰시마 태수 및 봉행들이 말하였다.

"처음 집정을 볼 때에는 예만을 행할 뿐이요, 반드시 떠나실 시기의 빠르고 늦음을 가지고 먼저 사사로이 말할 필요가 없으며, 저들이 마땅히 스스로 주선할 것입니다.……"

그러기에 쓰시마도주만을 상대할 때에 이런 사유를 언급하였더니, "아무쪼록 주선하겠습니다." 하였다. 도주가 여기에 와서는 상대할 때에 기뻐하는 뜻이 얼굴빛에 나타났다. 비록 다른 나라 사람이라 할지라도 수륙 5천 리에 이미 고생을 같이 했을뿐더러, 또한 우리가 그를 대하기를 과연 성신(誠信)으로 하였으니, 어찌 그러지 않겠는가?

19일

에도에 머물렀다.

오사카에 머문 중과 선장(船將) 등의 고목(告目)이 들어왔다. 삼방(三房) 수역(首譯)의 통인(通引) 김한중(金漢仲)이 본래 병이 있기 때문에

배에 남겨두고 왔었는데, 끝내 죽었다 하니, 몹시 참혹하고 가엾다. 배에 머무르는 인원이 백여 명이 넘었다. 그러므로 뜻밖에 무슨 변이 생길까 염려하여, 무명·의복·솜·종이를 마련해 두고 (염습할 때에 쓰라고) 앞서 이미 선장에게 약속해 놓았었다.

쓰시마도주가 삼중을 보냈다. 각처로 갈 공사(公私)의 예단을 수역 및 장무관을 시켜서 다시 등록(謄錄)을 상고하고 무진년(1748)에 가감하던 것을 참조하게 하였더니 서로 틀린 것이 없지 않았다. 그러므로 참작하여 그대로 두기도 하고 감하기도 하였다.

20일

에도에 머물렀다.

쓰시마도주가 색견(色絹) 5필(疋)과 곶감 한 상자를 세 사신에게 각각 올리기에, 곶감은 받고 색견은 명목이 없는 것이라 받을 의의가 없다고 하여, 서로 의논한 끝에 물리치기로 하였다. 그러나 저들의 버릇은 주는 것을 물리치면 도리어 노여움을 품게 되고, 또 역관의 말을 들으면, '도주가 우리의 성신(誠信)으로 대해 준 것에 감격하여 규례 이외의 신물(贐物)을 반드시 한 번 올려서 정회(情懷)를 펴고자 한 것'이라고 한다. 이제 만약 그가 보내온 사자 편에 되돌려 보낸다면 감정을 사기 쉬우므로 수역을 시켜 답례하는 심부름꾼을 보내어 가서 좋은 말로 이해시키고 그 색견을 돌려주게 하였더니, 도주가 어쩔 수 없이 받으면서 자못 겸연쩍어하더라고 하였다.

21일

에도에 머물렀다.

날이 밝을 무렵에 잠이 깨자마자 몸이 갑자기 솟구치고, 잠자리 요와

군막이 모두 일시에 흔들렸다. 이는 지진이라는 것을 알았기 때문에, 비록 마음이 놀라지는 않았지만 몹시 해괴하였다.

22일

에도에 머물렀다.

23일

에도에 머물렀다.

수역관이 전하였다.

"도주의 심부름꾼이 말하기를, '술잔을 드는 한 가지 일은 이제 과연 변통하여 술을 따르지 않고 빈 잔만 들게 하였다. 이 일은 관백 앞에서의 큰 예절이다.' 하면서, 몹시 애를 썼다고 공로를 자랑하는 기색이 없지 않았습니다."

24일

에도에 머물렀다.

수역관이 와서 말하였다.

"재작년(1762)[141] 신행절목(信行節目)을 강정(講定)할 때부터 (우리 조정에서) 집정(執政)·종실(宗室)에 대한 일을 가지고 서로 우기고 결정짓지 못하였습니다. 그래서 연석(筵席)에서 아뢰어 공예단(公禮單)을 갖추어 왔는데, 바다를 건넌 뒤부터는 줄곧 저들과 논쟁했으며, 이제는 전명(傳命)할 기일이 다가왔습니다. 무진년(1748)에는 이미 태대군(太大君)과 약군(若君)이 있었으니, 원래 정해진 집정 네 사람 이외에도

---

141 영조 38년인데, 이때에는 서명응이 상사로 차출되었다.

비록 두 사람을 더했었지만, 이번에는 이미 태대군이 없고 또 약군도
봉(封)하지 않았는데, 무슨 이유로 집정 두 인원을 더 정하겠습니까?
또 사리를 가지고 계속 다투었더니, 저들이 비로소 사리가 바르지 못함
을 스스로 알고는, '집정 한 사람은 죄로 인해 갈리고 다시 대신을 뽑지
않았으니 이는 마땅히 감해야 하지만, 다섯 집정은 현재 직임을 띠고
있으니, 빼놓을 수 없다.' 하기에, 수역이 또 허락하지 않았습니다. 그
러자 쓰시마 봉행들이 '관백의 아들을 지키는 한 사람이 분명히 있는
데, 이제 만약 빼놓는다면 다른 집정도 반드시 혼자 예단을 받지는 않
을 것이다.' 하였습니다. 그래서 무진년에 처리하던 아키모토 다지마노
카미[秋元但馬守][142] 후지노 스케토모[藤凉朝]의 예에 따라 공예단을 주
지 않고 사예단만을 줄 뜻으로 서로 의논하여 결정하였으며, 종실 한
사람은 분명 관백의 친동생으로 무진년에는 두세 살 된 아이였으나 이
제 장성하였다 하니, 이는 사리에 있어서 주지 않을 수 없습니다."

이제 무진년에 예단을 나눠 준 발기를 살펴보았더니, 줄인 사람은
집정 1인, 근시(近侍) 1인, 집사(執事) 3인이고, 늘린 사람으로는 쓰시마
도주의 가까운 친척 2인이었다.

각처에 보낼 예물을 전례에 비추어 단자를 쓰는데, 사예단의 원수(元
數)가 부족했다.[143] 아마도 반드시 용도가 차츰 늘어나서 더 부족하게
될 것 같다. 당당한 한 나라의 재물로 여러 해를 두고 경영하여 왔는데,

---

142 후지노 스케토모[藤凉朝]: 아키모토 스케토모[秋元凉朝, 1717~1775]로, 에도시대 중
기 다이묘[大名]·로주[老中]이다. 초명은 가즈토모[員朝], 후에 스케토모로 개명하였으며
'스미토모'라고도 읽는다. 은거 후에는 호를 규겐[休弦]이라고 하였다. 아키모토 사다토모
[秋元貞朝]의 3남이다.
143 인삼 두 근 반, 표피(豹皮) 7~8장(張), 흑마포(黑麻布) 20여 필, 어피(魚皮) 60여 장이
부족했다.

얻기 쉬운 이 같은 물자도 오히려 대신 지급해 군색한 뜻을 보여야 함을 면치 못하겠다. 이는 실로 전후에 온 사람들이 돌아간 뒤에는 마치 관청 돼지 배앓이를 보듯 하여 뒤에 올 사람을 깨우쳐 주지 않고, 등록(謄錄)해 놓은 것 또한 상세하지 못하기 때문이다.

인삼은 이미 노자로 받은 것이 있었기에 이걸 가지고 수효를 채웠는데, 공사의 예단이나 노자의 소용을 막론하고 호조(戶曹)에서 온 것에는 간혹 꿀에 담근 것이 많았으니, 이는 근량을 무겁게 하기 위해서였다. 내가 동래부에 있을 때에 잡혀온 밀매상의 인삼을 보는 일이 많았지만 이같이 꿀에 담근 것은 있지 않았었는데, 5~6년 동안에 인심이 이익을 노리는 데 더욱 교묘해져서 이런 버릇이 점차 왜관(倭館)에까지 자라게 되었다 하니, 매우 해괴하고 미웠다.

이곳에 온 뒤에 양의(良醫)의 말을 들어보니, 왜의(倭醫)가 '조선 인삼에는 꿀에 담근 것이 많이 있는데, 이는 반드시 제용(製用)하는 방법일 것이니 그 방법을 좀 가르쳐 주기 원한다.' 하였다 한다. 양의가 비록 '제용하는 것이 아니다.'라고 대답해 주었다고는 하나, 약용에 있어서는 귀천을 막론하고 남을 속여 재물을 취한다는 것은 사리로 보아 할 수 있는 일이 아니다. 하물며 이는 두 나라 사이의 교제하는 폐물(幣物)인데, 어찌 차마 꿀에 담가서 무거워짐을 취하랴? 이는 참으로 이웃 나라에 들리게 할 수 없는 일이다.

역관으로 하여금 예단으로 쓸 것 가운데 꿀에 담근 것을 하나하나 추려낸 다음, 한 근은 집정 한 명 몫을 제감하는 수효로 쳐서 장차 호조에 납입해서, 이것을 증거로 하여 그들을 꾸짖을 수 있는 바탕을 삼게 하고, 그 나머지의 두어 냥은 노자 가운데 바꾸어 사용하게 하였다. 그런데, 우리나라 호조의 천칭(天秤)은 일본의 약칭(藥秤)에 비하여 근(斤)마다 4전이 모자랐다.

또 인삼은 때에 따라 가볍기도 하고 무겁기도 하므로 이번에는 축난 삼이 한 근 남짓 되었다. 이것 또한 노자에서 마련해 보내고 그 밖의 부족한 것은 모두 다른 물건을 가지고 변통해서 대신 지급하였는데, 표피(豹皮)만은 저들이, '그것이 섬 가운데는 없다' 하여 나중에 주기를 원하기 때문에, 어쩔 수 없이 경상 감영에 글을 부쳐, (그것을 구하여 부산진으로 보내 쓰시마에 전해지도록 요청하였으나) 내가 쓰시마에 이르기 전에 들어올는지 여부는 알 수 없다.

25일

에도에 머물렀다.

들으니, '관백에게 보낼 예단을 봉해서 싼 뒤에는 사신들이 으레 모두 한 번 살펴본다'고 한다. 그래서 세 사신이 공복을 갖추고 대청에 나가서 돌아보는데 더욱 그 감개함을 이기지 못하겠다.

쓰시마도주가 연초궤(煙草櫃) 1좌(坐)와 연갑(硯匣) 1부(部)를 보내면서 말하였다.

"작년 겨울에 주신 약을 먹고 병세가 곧 나았으므로 마음이 감격하여 반드시 사례하고 싶었습니다."

그러나 약으로 사람에게 은혜를 베풀었다면 마땅히 보답을 받지 말아야 하는데, 더구나 두루 사례하지 않고 나에게만 보냈음에랴? 주고받는 의리를 가지고 논한다면 의당 물리쳐야 하겠지만, 다시 깊이 생각해 보니 지난번 색견(色絹)을 되돌려 보냈을 때에도 반드시 크게 겸연쩍었을 것이다. 오랑캐를 대하는 도리에 있어서는 또한 당초의 의견만을 고집하여, 감격해서 사례하는 호의까지 의심하고 성글게 대해서 감정을 품는 상태가 되게 해서는 마땅하지 않을 것이다. 이제 만일 이것을 받아 자신이 쓰지 않고, 또 후일에 다른 물품을 가지고 그 회답하는 예를 후히 한다면 화호(和好)를 잃을 염려가 없을뿐더러 또한 재물을 취했다는 혐의도 면할 것이다. 그래서 그것을 바치게 허락한 다음, 즉석에서 연궤는 (연천현감 이매(李梅)에게 주고,) 연갑에는 내갑(內匣)과 외갑(外匣)이 있기 때문에 아무개에게[144] 나누어 주었다.

26일
에도에 머물렀다.

도주와 두 장로가 와서 뵙고, '내일 관백의 궁에서 벌이는 잔치에 참석할 때 모든 일을 한결같이 의주(儀註)처럼 하라'는 뜻으로 신신당부를 하니, 이는 규례이다. 의주는 한결같이 무진년(1748)의 전례를 따르며, 술잔을 드는 한 가지 일에 이르러서는 빈 그릇으로 술을 따르는 시늉을 하고 빈 잔으로 들도록 개정하였다 한다.

세 사신은 공복을 차려 입고, 수역과 사자관(寫字官)은 모대(帽帶)를 갖춘 다음, 국서를 대청 가운데에 받들어 내어놓고 다시 사대(查對)한 뒤에, 용문보(龍紋褓)로 궤의 안팎을 싸 가지고 도로 예전 장소에 봉안하였다.

일찍이 들으니, 전명(傳命)할 때에 일행 상하가 분잡하고 떠들썩한 폐단이 많았다고 한다. 그러므로 원역들에게는 차례를 배정하여 정제(整齊)하게 하고, 중·하관으로서 들어와 알현할 자에게는 별도로 신칙을 가하고, 혹은 비장(裨將)으로 하여금 이들을 교습하여 문란한 행동으로 비웃음을 사는 일이 없도록 하였다.

---

144 제술관 남옥과 서기 성대중에게 나누어 주었다.

27일

에도에 머물러, 관백에게 전명(傳命)하였다.

도주가 관백의 궁에 가기를 청하기에, 세 사신은 금관(金冠) 조복(朝服) 차림으로 우리나라의 견여(肩輿)를 타고, 군관은 융복(戎服), 원역은 모두 단령을 착용하고 따랐으며, 서기 한 사람만[145] 따르지 않았다.

국서를 받들고, 군의(軍儀)를 배열하여 비를 무릅쓰고 남쪽을 향해 갔다. 한 커다란 호교(濠橋)를 건너서 다시 전날에 나왔던 동성(東城)의 문으로 들어갔는데, 이는 에도의 외성문(外城門)이다.

관소에서 10여 리 떨어진 궁성 밖에 이르자, 여기에 와서는 군관과 원역들이 모두 말에서 내려서 칼집과 환도(環刀)를 풀고, 중관 이상과 하관 가운데 악공(樂工)과 급창(及唱)들만 모두 따라 들어왔다. 하관과 군의(軍儀)는 모두 뒤떨어져 남았으며, 인신(印信)과 일산(日傘)만이 따라 들어왔다.

교자에서 내려 문으로 들어가자, 수역이 앞서 이미 국서를 받들어내어 소반에 받쳐 들고 앞서서 걸었으며, 사신이 그 뒤를 따랐다. 앞으로 백여 보를 가다가 외헐청(外歇廳)에 들어가 국서를 벽감(壁龕) 위에 봉안하였는데, 쓰시마 태수가 서로 읍하고 물러갔다.

잠시 뒤에 쓰시마 태수가 또 인도하였다. 백여 보를 지나서 내헐청(內歇廳)에 이르렀다. 인신(印信)은 그대로 외헐청에 머물러 두고, 다만 세 수역과 통인(通引) 각 한 사람씩 따랐다. 국서는 당(堂) 서쪽에 봉안하고, 세 사신은 당 가운데서 서쪽을 향하여 늘어 앉았으며, 도주와 두 관반은 대청가에 앉고, 각 주의 태수와 백관들은 모두 사신의 왼쪽에 앉았다.

---

145 김인겸이 따라가지 않았다.

그런 뒤에 도주가, '먼저 들어가서 국서를 봉안할 곳과 사신이 예(禮)를 행할 처소를 보자'고 청하므로 따라 들어가 보았다. 관백의 정당청(正堂廳)은 3층으로 되어 있는데, 위층은 관백이 거처하는 곳이므로 칸막이를 하였다. 사신이 예를 행하는 절차는 먼저 가운데 층에서 행하고, 나중에는 아래층에서 행한다고 한다.

잠깐 보고 나왔더니, 수역 이하 원역들도 또한 예를 행할 처소를 먼저 보았는데, 수역은 기둥 안의 아래층에 들고, 원역과 군관들은 모두 기둥 밖의 포판(鋪板) 위에 있었다.

(한참 지나서 집정 두 사람이 와서 예 행하기를 청하였다.) 도주와 수역이 차례로 말을 전하였다. 수역으로 하여금 국서를 받들어 기둥 밖에 나가 도주에게 전하도록 하였더니, 도주가 받들고 당 안에 이르고, 근시(近侍)가 받아서 관백의 앞에 놓았다. 세 사신이 차례로 몸을 굽혀 걸어 나아가 당 안에 있는 가운데 층에 이르니, 관백이 위층에 앉았다. 세 사신이 사배례(四拜禮)를 행하였는데, 사배례가 어느 때에 시작되었는지는 알 수 없지만, 참으로 한심하였다. (예를 마치고) 다시 헐청으로 나오자, 세 수역 이하가 아울러 모두 차례로 예를 행하였는데, 그들에게 여러 차례 주의시켰던 까닭에 자못 질서 정연하였다.

사신의 사예단자(私禮單子)를 수역으로 하여금 도주에게 전하도록 하였더니, 도주가 이를 받들어 당 안에 들여놓고 나왔다. 사신이 또 도주를 따라 들어가 당 안의 아래층에 이르러 앞서처럼 예를 행하고 도로 쉬는 곳으로 나왔다.

집정 두 사람이 또 관백의 말로 시연례(始宴禮)를 청하기에, 세 사신이 자리를 옮겨 앉아 이 말을 듣고 도주를 따라 들어가 당 안의 아래층 동쪽에 앉았다. 검은 옷을 입은 벼슬아치가 소반을 관백의 앞에 들이고 붉은 옷을 입은 벼슬아치가 또한 소반을 받들어 세 사신의 앞에 놓았다. 소반에는 세 그릇이 있는데, 약간의 과일과 밤에 불과하였다.

검은 옷 입은 자가 먼저 은관(銀罐)과 토배(土盃)를 관백에게 올리자, 도주가 나에게 눈짓을 하기에, 내가 가운데 층으로 올라가니, 한 사람은 토배를 나에게 들이고 다른 한 사람은 빈 병을 가지고 왼쪽으로 한 걸음 남짓 떨어진 거리에서 다만 따르는 시늉을 하였다. 나는 빈 잔을 들기는 하였으나 또한 마시는 시늉은 하지 않았다. 그런 뒤에 자리로 내려와 앉으니, 부사·종사관이 차례로 나아가서 예절대로 행하였다.

또 배례(拜禮)를 행하고 내헐청으로 물러오니, 집정 두 사람이 또 관백의 뜻으로 와서 말하였다.

"본래 잔치를 같이 해야 마땅하나 사신이 괴로울까 염려되어, 종실(宗室)로 하여금 잔치 베푸는 일을 대신 행하여 사신의 마음을 편케 하려 하오."

세 사신이 다시 도주를 따라 당 안의 아래층에 들어가서 사귀례(辭歸禮)를 행하고, 도로 외헐청으로 나와 휴식한 뒤에 다시 내헐소(內歇所)로 들어갔다. 도주가 인도하여 칸막이 아래에 앉혔다가, 잠시 뒤에 당 안의 아래층 동쪽 칸막이 밑으로 인도해 들어갔다.

조금 있다가 예를 행할 때에는 가운데 층과 오른편을 모두 비단 발[緋簾]로 가렸다. 발 안에서 엿보는 자가 있는 것 같으나 꼭 그런지는 알 수 없었다. 종실 두 사람과 서로 읍하고 앉았다. 각건을 쓰고 홍포를 입은 자가 잔치상을 올렸다. 규례대로 예를 행한 다음 서로 읍하고 내헐소로 나와 앉으니, 집정 두 사람이 또 와서 위문하였다. 사신이 연향(宴享)을 치사하는 뜻으로 답하고 도주를 따라 물러나가니, 집정 네 사람이 대청가에서 전송하였다.

재읍례(再揖禮)를 행하고 나가니, 도주와 관반이 앞서서 인도하기를 올 때의 의식처럼 하였다.

28일

에도에 머물렀다.

쓰시마 태수와 두 장로가 와 뵙고, 필담(筆談)을 바쳤다.

29일

에도에 머물렀다.

왕명을 무사히 전했다는 뜻과 죽은 통인(通引)을 앞서 보낸다는 것으로 장계(狀啓) 1도(度)를 각각 꾸미고, 또 함께 봉한 동래부(東萊府)로 보낼 관문(關文)과 집안 편지를 같이 부쳤다.

국서에 대한 회답서의 초본을 얻어 보았다. 다른 것은 비록 규례대로 하였으나, 임금의 안부를 묻는 곳에 이르러서는 '기거 편하다 하오니 기쁘고 위로됨이 자못 깊습니다.[興居佳勝 欣慰殊深]' 하고, 또 그 아래에 '새로운 경사를 칭송합니다.[斯稱新慶]' 하였으며, 또 그 아래에는 '친목을 닦는 정성입니다.[修睦之誠]' 하였다. 안부를 묻는 어구는 경솔한 듯하고, '칭경(稱慶)' 두 글자는 크게 망발한 것이어서, 이걸 보고 나도 모르게 놀랍고 한심하였다.

저들은 문자에 있어서 오로지 헤아림이 없으므로 무식한 소치에서 나왔을 것이나, 사신의 도리에 있어서는 결코 이것을 받아갈 수 없다. 그래서 곧 태학두에게 글을 보내어 따지고 싶었지만 초본은 이미 아랫 사람으로부터 베껴 내어온 것이고, 또 저들의 정태는 스스로 헤아리기 어려움이 있으므로 먼저 간사관(幹事官) 기노 시게자네[紀蕃實][146]를 시

---

146 기노 시게자네[紀蕃實]: 아사오카 이치가쿠[朝岡一學]로 에도시대 중기의 유학자이다. 씨(氏)는 기노[紀], 초명은 고쿠즈이[國瑞], 자는 하쿠린[伯麟], 호는 란안[蘭菴]. 사행록에는 기국서(紀國瑞)·기번실(紀蕃實)·조강기번실(朝岡紀蕃實)이라고 하였고, 필담창화집에는 아비류난암(阿比留蘭菴)·난계(蘭溪) 아비류씨(阿比留氏)·난암(蘭巖)이라고 하

켜서, 도주에게 전하여 그로 하여금 태학두에게 통고해서 고쳐 짓게
하도록 하였으니, 이는 대개 기노 시게자네는 약간 문자를 해득하고
또 노부유키[信言]¹⁴⁷와 평소 교분이 있기 때문이다.

만일 우리 뜻과 같이 고치지 못하면 비록 서계가 온 뒤라도 결코 받
을 수 없다. 이 같은 즈음에 떠날 기일이 지체되는 것을 논할 수 없으니
참으로 걱정스럽고 답답하다.

3월

초1일

에도에 머물렀다.

새벽에 망하례(望賀禮)를 관소 뜰에서 행하였다. 기노 시게자네[紀蕃
實]가 와서 말하기를,

"어젯밤에 태학두에게 가 보았더니, '초본이 이미 관백을 거쳤으므
로 이제 변통할 수 없다.'고 합니다."

하기에, 내가 수역에게 말하였다.

"이는 반드시 저들이 조종한 짓일 테니, 결코 믿을 수 없다. 만약 고

였으며, 『통항일람(通航一覽)』에는 아비류태랑팔(阿比留太郎八, 아비루 다로하치)이라고
하였다. 아메노모리 호슈[雨森芳洲]에게 배웠으며, 쓰시마 서기(書記)를 지냈다.

147 노부유키[信言]: 하야시 호코쿠[林鳳谷]로 에도시대 중기의 유학자이다. 이름은 노부
타케[信武], 후에 노부유키로 개명, 자는 시가[士雅]·시쿄[子恭], 호는 호코쿠[鳳谷], 별호
는 쇼후테이[松風亭], 통칭은 나이키[內記]·다이스케[泰助]. 하야시 류코[林榴岡]의 장남.
종오위하(從五位下) 즈쇼노카미[圖書頭]. 후지노 노부유키[藤信言]라고도 하였다. 주자학
파 유학자인 하야시 라잔[林羅山]의 린케[林家] 5대로 쇼군 도쿠가와 요시무네[德川吉宗]
를 섬겼다.

쳐 짓지 않는다면 초닷새날 도주 집의 사연(私宴)에 갈 수 없을 뿐만 아니라, 회답서가 온 뒤에도 곧 물리치고 받지 않으리라. 그렇게 되면 사신 일행이 지체해 더 머무는 것은 마음에 달게 여길 바지만, 도주에게 어찌 불화한 일이 생기지 않겠는가? 이것을 속히 고쳐 들이라는 뜻으로 수역들을 엄히 단속하라."

관반 두 사람이 곶감 한 상자와 홍어(紅魚) 1절(折)을 각기 보냈다.

초2일

에도에 머물렀다.

밥을 먹은 뒤에 태학두(太學頭, 다이가쿠노카미)가 제술관을 보기 위해 왔기에, 수역을 시켜서 필담으로 물었다.

"우리들의 이번 걸음은 오로지 국서를 전하고 회답서를 받기 위함인데, 회답서 가운데 자구(字句)가 더러 무진년(1748) 것과 현저하게 차이가 있다 하니, 서로 공경하는 도리에 있어서 과연 그럴 수가 있소? 사상(使相)의 뜻에는 결코 받기 어렵다고 생각하오."

노부유키가 '이미 지시한 바를 다 짐작하였고, 전례와도 별로 다른 바 없다.'는 뜻으로 운운하였다. 수역이 다시 자구 사이의 차이난 대목을 써서 보이며 고쳐 짓도록 하였더니, 노부유키가 '사사로이 대답하기 곤란하니 뒷날 다시 통보하겠다.……'는 뜻으로 답하였다. 그의 뜻에는 고칠 생각이 있는 듯하나, 역시 믿을 수는 없다.

초3일

에도에 머물렀다.

쓰시마 태수가 따로 삼중을 보내고, 쓰시마 봉행들이 가화(假花)를 올리며, 두 관반 또한 삼중을 바치니, 오늘이 바로 답청일(踏靑日)이라 모두들 명절로 지내기 때문이다.

밤에 태학두 하야시 노부유키[林信言]가 또 와서 수역을 보고,

"어제 '사사로이 대답하기 어렵다' 한 것은 집사(執事) 미나모토노 다다쓰네[源忠恒] 등이 오로지 그 일을 관여하기 때문에 저희들은 먼저 미나모토노 다다쓰네에게 여쭙고 올리게 되는데, 이제 미나모토노 다다쓰네가 올리지 않았기 때문에 고친 글자를 얻어서 서로 보였으니, 속히 삼관사(三官使) 합하(閤下)에게 아뢰기를 원합니다."

하고, 곧이어 소매 속에서 개본(改本)을 꺼내 보이는데, 그래도 다 고치지 못한 곳이 있었다. 그래서 수역이 사신의 말에 의하여 모조리 고치게 하여, '흥거가승(興居佳勝)'은 '기거안녕(起居安寧)'으로, '흔위(欣慰)' 두 글자는 '가경(嘉慶)'으로, '칭경(稱慶)'은 '서환(叙歡)'으로, 고쳤으니, 이제는 무진년의 회답서보다 못할 것이 없다.

세 사신 일행은 모두 눈에 거슬리는 대목을 고치게 된 것을 가지고 큰 다행이라고 여겼지만, 나는 몹시 슬프게 여겼다.

초4일
에도에 머물렀다.

초5일
에도에 머물렀다.
쓰시마 태수의 연석에 갔다.

초6일
에도에 머물렀다.
관백이 활쏘는 기예를 관람하자[觀射藝]고 청하는 것은 규례이다. 기

해년(1719)과 무진년(1748)에는 연속 여덟 사람을 정해 보냈었다. 그러므로 영장(營將) 김상옥(金相玉) · 영장 유달원(柳達源) · 도사(都事) 임흘(任屹) · 장사 군관(壯士軍官) 조신(曺信)과 임춘흥(林春興), 마상재 정도항(鄭道恒)과 박성적(朴聖迪)을 정해 보내고, 명무(名武) 중에는 마침 아픈 사람이 많았기 때문에 부방 반인(副房伴人) 전 만호(萬戶) 김응석(金應錫)으로 수를 채워 보냈더니, 날이 저물어서야 돌아왔다.

들으니, 사장(射場)은 거의 200보에 가까웠고 후포(帿布)는 매우 작았는데, 마침 맞바람이 부는데다 마로(馬路)가 경사져서 말을 달리며 쏘는 일이 몹시 어려웠다고 한다. 조비장은 후포를 다섯 번, 추인(芻人)을 네 번 맞히고, 김비장과 임비장은 후포를 세 번, 추인을 다섯 번 맞혔다. 박성적은 추인을 다섯 번, 후포를 세 번 맞히고, 임비장은 후포를 세 번, 추인을 네 번 맞혔다. 유달원은 후포와 추인을 각 세 번 맞히고, 김응석과 정도항은 각기 추인은 세 번 맞혔으나 후포는 다 맞히지 못하였다고 한다.

추인을 쏘는 것에 다 맞힌 사람이 네 명이 있었으니, 생광(生光)된 일이라 할 만하므로 모두 무명베 다섯 필을 시상하였다. 김응석은 오중팔분(五中八分)의 실적으로 과거에 오르고 삼중사분(三中四分)의 실적으로 변장(邊將)을 얻은 사람인데, 오늘은 후포를 한 번도 맞히지 못하였다. 활 쏘는 일은 요량키 어렵다 하더니, 참으로 그렇다.

7일

관백의 회답서를 받고 에도에 머물렀다.

들으니, '집정들이 회답서를 가지고 온다' 하기에, 세 사신은 공복을 갖추고 원역들 역시 규례대로 차리고 대청가에 나가 섰다. 도주는 앞서 이미 와 기다리다가, 두 집정을 문밖에 나가 맞아들였다. 대목부(大目

付, 오메쓰케) 한 사람은 서계(書契)가 담긴 궤를 가지고 앞서 정청에 올라 감실 위에 놓았다. 당에 이르러 재읍례를 행하고 앉았다.

집정이 쓰시마 태수를 시켜서 관백의 말을 전하였다.

"관소에 머무시며 평안하오니 매우 위로되고 기쁩니다. 보내드리는 이 답서는 모름지기 국왕에게 전해 드리시오."

세 사신이 앉았던 자리를 옮겨 들었다. 인삼차를 권해 마치자, 집정이 도주를 시켜서,

"회답을 듣기를 원합니다."

하므로, 세 사신이 자리에서 내려서 답사하였다.

"이처럼 위문을 받으니 감사함을 이루 말씀드릴 수 없습니다. 회답서는 삼가 마땅히 우리 임금께 전해 드리겠습니다."

쓰시마 봉행이 사신에게의 회례단자(回禮單子)를 도주에게 전하니, 도주는 수역에게 전해주고, 수역은 세 사신에게 나눠 올렸다. 세 사신이 자리에서 내려와 받고 손을 들어 답례했다. 봉행이 또 단자를 가지고 세 수역 및 상판사와 제술관에게 꿇어 앉아서 전하니, 여러 사람들은 모두 꿇어앉아서 예절에 맞게 받고 물러갔다. 여러 상관과 차관 및 중관·하관들의 받을 것은 원역 한 사람이 대신 받아서 전해 주었으니, 이 또한 규례이다.

세 사신이 자리에서 내려와 수역을 시켜 도주에게 전하여, 그가 다시 집정에게 전하게 하였다.

"여러 번 위문을 받고, 또 거느린 각 사람까지 후한 은혜를 받게 되었으니, 어떻게 감사함을 말해야 할지 모르겠습니다. 이런 뜻을 관백에게 아뢰어 주십시오."

회례물건(回禮物件)은 당 위에 진열되었는데, 혹 불경스러운 일이 있을까 염려하여 하나하나 점검한 뒤에 역관을 시켜서 회답서를 전일 국

서를 봉안하던 곳에 들여놓게 하였다.

초8일

에도에 머물렀다.

지난번에 도주가 연궤(煙櫃)와 연갑(硯匣)을 보냈을 때에[148] 그것을 받으면서 생각한 바 있었다. 회례물(回禮物)은 본시 후하게 보내려고 했었기 때문에 장지(壯紙) 10속(束), 색지(色紙) 10속, 후백지(厚白紙) 10속, 간지(簡紙) 2백 폭(幅), 붓 30자루, 먹 30홀(笏), 부채 50자루를 보냈다.

초9일

에도에 머물렀다.

관백이, 부기선(副騎船)이 파손되었다 하여 특별히 백증(白繒) 100단과 해서(海鼠) 2궤를 보내어 위문했는데, 대개 무진년(1748)에 부기선이 불에 탄 일로 인하여 특별히 위문한 바가 있었으므로 이번에 문득 준례(遵例)를 이룬 것이다. 그런데 채단(綵緞)을 받는 것은 어떨지 몰라 수역을 도주에게 보내어 받기가 곤란하다는 뜻을 다시 관백에게 아뢰게 하였더니 도주가 말하였다.

"관백이 보낸 것은 퇴각시킬 수 없으며, 또 무진년에도 이런 전례가 있었으니, 중간에 서서 아뢰기 어렵습니다."

그러므로 어쩔 수 없이 받은 다음, 세 사신이 상의하여 한결같이 무진년의 규례에 의하여 호조(戶曹)에 수납하자고 하였다.

---

[148] 2월 25일 일기에 기록되어 있다.

초10일

에도에 머물렀다.

귀국할 날이 하룻밤으로 다가오니, 상하가 기쁘고 위로되었다. 일행을 신칙하여 돌아갈 행장을 정돈하게 하고 관소에 머무를 때, 일공(日供)의 남은 쌀 4표(俵)는 전어관(傳語官)에게, 4표는 금도(禁徒)에게, 5표는 교군(轎軍)에게 주었다. 삼방(三房)을 통틀어 각종 쓰고 남은 것을 아울러 계산하여[149] 모조리 두 관반사(館伴使)에게 보냈는데, 이 또한 규례이다.

전부터 사신들이 회례은자(回禮銀子)를 쓰시마도주에게 제급(除給)[150]하여 동래부(東萊府)의 공목(公木)을 대납하던 것이 이미 규례가 되었다. 그러므로 은자 8,000냥을 공목 200동(同) 대신으로 방급(防給)[151]하고, 곧 공목 담당인 왜인의 수표를 받아 수역에게 주어서, 동래부에서 고준(考準)하게 하였다.

우리들의 사행 목적은 국서를 받들어 전하는 일에 불과하고, 별로 다른 일은 없었다. 그런데 근래 왜인의 정태가 차츰 더욱 교묘하고 거짓되어 일마다 말썽이 생기므로, 전후 통신사들 가운데는 무한한 곤액을 실컷 겪은 자가 흔히 있었다.

---

149 합계가 백미 71표, 간장(艮醬) 97수두(手斗), 감장(甘醬) 5백 71수두, 초(醋) 1백 53수두, 소금 4백 4수두, 탄(炭) 3백 10표, 땔나무 1천 6백 50단(丹)이 된다. 1표는 우리나라의 12두(斗) 혹은 9두에 해당하고 1수두는 우리나라의 3승(升)에 해당한다. -조엄『해사일기』같은 날 기록

150 제급(除給)은 한 부분을 제하고 주는 것이다.

151 방급(防給)은 중간에서 갈음하여 지급하는 것이다.

11일

에도로부터 회정하여 시나가와[品川]에서 잤다.

사시(巳時)에 세 사신이 회정하였다. 올 때에 국서를 봉안하던 장소에 이제는 진날에 붙인 표지를 떼 내고 '어반한봉안처(御返翰奉安處)'라고 고쳐 썼다. (지나는 길에서 본 것은 갈 때에 이미 기록하였으므로, 다시 적을 필요가 없고 다만 당일의 일을 기록할 뿐이다.)

이날은 30리를 갔다.

12일

가나가와[神奈川]에서 점심을 먹고, 후지사와[藤澤]에서 잤다.

이날은 90리를 갔다.

13일

오이소[大磯]에서 점심을 먹고 오다와라[小田原]에서 잤다.

이날은 80리를 갔다.

14일

하코네미네[箱根嶺]에서 점심을 먹고 미시마[三島]에서 잤다.

이날은 90리를 갔다.

15일

비가 뿌려, 미시마에 머물렀다.

새벽에 망하례(望賀禮)를 행하였다.

16일

비가 종일 쏟아져, 미시마에 머물렀다.

17일

요시와라[吉原]에서 잤다.

이날은 50리를 갔다.

18일

요시와라에 머물렀다.[152]

19일

요시와라에 머물렀다.

20일

세이켄지[清見寺]에서 점심을 먹고, 에지리[江尻]에서 잤다.

이날은 70리를 갔다.

21일

스루가주[駿河州]에서 점심을 먹고, 후지에다[藤枝]에서 잤다.

이날은 80리를 갔다.

---

152 후지산의 눈 녹은 물이 불어서 시내에 주교(舟橋), 즉 배다리를 놓느라고 며칠 머물게 되었다.

22일

후지에다에 머물렀다.[153]

23일

후지에다에 머물렀다.

앞 내의 물살이 이미 건널 만하리라고 생각되는데, 한결같이 핑계를
대며 앞길을 인도하지 않는다. 쓰시마 사람이 일부러 지체하는 것이라
고도 의심되나, 그들의 간사한 정태를 발견 못하겠고, 그렇다고 믿기
도 어렵다.

24일

후지에다에 머물렀다.

25일

가나야[金谷]에서 점심을 먹고, 가케가와[懸川]에서 잤다.
이날은 70리를 갔다.

26일

미쓰케[見付]에서 점심을 먹고, 하마마쓰[濱松]에서 잤다.
이날은 90리를 갔다.

27일

아라이[荒井]에서 점심을 먹고, 요시다[吉田]에서 잤다.

---

153 앞길에 있는 오이가와[大井川]의 물이 불어서 건널 수 없기 때문에 며칠 머물렀다.

이날은 90리를 갔다.

28일

아카사카[赤坂]에서 점심을 먹고, 오카자키[岡崎]에서 잤다.
이날은 70리를 갔다.

29일

나루미[鳴海]에서 점심을 먹고, 나고야[名古屋]에서 잤다.
이날은 90리를 갔다.

30일

스노마타[洲股]에서 점심을 먹고, 오가키[大垣]에서 잤다.
이날은 1백 10리를 갔다.

4월

초1일

이마스[今須]에서 점심을 먹고, 히코네성[彦根城]에서 잤다.
새벽에 망하례(望賀禮)를 행하였다.
이날은 1백 리를 갔다.

초2일

하치만야마[八幡山]에서 점심을 먹고, 모리야마[森山]에서 잤다.
길 옆에서 방아 찧는 소리가 나므로, 허규(許圭)에게, '뒤에 떨어져서

잘 살펴보았다가 돌아와서 그 만든 모양새를 전하라'고 하였다. 물레방
아는 톱니바퀴가 서로 물려서 돌며, 전강(前杠)에 3개의 방아와 2개의
공이와 확을 달고 후강(後杠)에 맷돌을 달고 있는데, 물의 형세를 보아
가감할 수 있으니, 인력을 히비하지 않고 오직 수력을 빌려서 6~7군데
에서 찧거나 갈 수 있으니 좋은 기계라 할 만하다. 허규가 말하였다.
"그 제도를 자세히 보고 이미 그대로 모형을 그렸으니, 수백 금만 얻
는다면 만들어낼 수 있습니다."
이날은 100리를 갔다.

초3일

오쓰[大津]에서 점심을 먹고, 사이쿄에서 잤다.

수역(首譯)이 먼저 와서 사이쿄윤[西京尹]에게 공사(公私) 예단을 전
하고 또 전례대로 그 회례(回禮)를 받았다.

(오쓰참[大津站]에 6~7리 채 못 미쳐 제제성[膳所城]이란 성이 있는
데, 들으니 태수의 거소라 하였다. 서문 안 길 옆에 레이쇼인[靈照院]이
있어 잠깐 들러 쉬려고 하다가 그냥 지나쳤다. 후배 비장(後陪裨將) 두
어 사람이 들러보니, 누각이 호수에 임해 있어 물이 대청 밑까지 들어
와 있으며, 호수는 넓고 산색은 수려하여, 망호정(望湖亭)의 먼 조망보
다 나으므로,) 서(徐)비장이 '임호정(臨湖亭)'이란 3자를 써서 그곳 중에
게 주니, 그가 찬탄하여 마지않더라고 하였다.

교군(轎軍)들이 내일 돌아간다고 하므로, 각기 부채 한 자루와 베[白
木] 5척, 약과 등의 물품을 나누어 주었다.

이날은 80리를 갔다.

초4일

점심은 요도우라[淀浦]에서 먹고, 저녁은 히라카타[平方]에서 먹었으며, 밤새도록 배를 탔다.

이날은 100리를 갔다.

초5일

오사카성[大坂城]으로 돌아왔다.

배에 남아 있던 격졸 한 명이 앓던 끝에 발광하여, 칼로 사람을 찌르고 다시 제 목을 찔러 물에 몸을 던졌는데, 거의 죽게 되었다. 다시 살아나긴 했지만, 남은 증세가 아직 끝나지 않았다고 한다.

치목이 많이 마땅치 않아, 봉행에게 분부하여 세 기선(騎船)에 각기 한 건씩 만들도록 하였다. 돌아와 들으니, 가시목(椵樗木)으로 새로 만들어 제법 튼튼하다고 하니 다행이었다.

쓰시마 태수가 두 장로와 함께 외호(外戶)에 와서 문후하였다. 가고 올 때 중로의 참관들이 모두 스스로 외호에 와서 문안하였지만, 전부터 서로 예를 차려 만나본 적이 없었기 때문에 다만 하인을 통해 답할 뿐이었다.

초6일

오사카성에 머물렀다.

초7일

오사카성에 머물렀다.

도훈도(都訓導) 최천종(崔天宗)이 왜인에게 칼을 맞고 거의 죽을 지경에 이르렀다고 한다. 즉시 군관과 의관 등을 보내어 급히 가보도록 하고, 이어서 그 곡절을 물었더니, 이렇게 말하였다.

"최천종이 피가 흘러 흥건하고 숨이 거의 끊어질 듯한데도 오히려 손으로 목을 만지면서 찔렸던 상황을 갖추어 말했습니다. '닭이 운 뒤에 문을 열고 고과(告課)[154]하고 돌아와서 침소에 누워 새벽잠을 막 곤하게 자는데, 가슴이 갑자기 답답해서 깜짝 놀라 깨어 보니, 어떤 사람이 가슴을 걸터앉아 칼로 목을 찔렀소. 그래서 급히 소리를 질러 크게 외치면서 바삐 칼날을 뽑고 벌떡 일어나 잡으려 하니, 적은 재빨리 달아났소. 연달아 소리만 질렀더니, 이웃방의 사람들이 비로소 알았소.' 또 그가 이렇게 말했습니다. '나는 이번 길에 어떤 왜인과도 다투거나 원망을 맺을 꼬투리가 없는데, 왜인이 나를 찔러 죽이려 하다니, 실로 그 까닭을 모르겠소. 만약 내가 나랏일로 죽거나 사신의 직무를 위하여 죽는다면 죽어도 한이 없겠지만, 이제 공연히 왜인에게 찔려서 죽게 되니, 너무나 원통하오.'"

그들을 시켜 급히 첩약을 부쳐보내어 약을 잇따라 다리게 하였지만, 차츰 기진해져서 해가 뜬 뒤에 결국 운명하였다. 너무나 놀랍고도 참혹하였다. 그 방안에 남아 있는 범행에 쓰인 흉기는 자루 짧은 창과 창포검(菖蒲劍) 같은 칼인데, 거기에 새겨진 것이나 장식된 것이 다 왜인의 물건이었다. 또 흉악을 행한 범인이 도망해 달아날 때 잘못하여 격군 강우문(姜右文)의 발을 밟아, 우문이 '도적이 나간다.'고 크게 소리 질렀기 때문에 놀라 깨어서 그를 본 사람들이 10여 명이나 되었으니, 범인이 왜인이라는 것은 의심할 여지가 없었다.

수역배(首譯輩)들의 죄를 논하지 않을 수 없으므로 수역 3인을 모두 잡아들여 평소의 소홀함을 엄히 꾸짖고, 또 '인명이 지중하니 즉시 원

---

154 하례(下隷)가 상사에게 신고하는 일이다.

범(元犯)을 색출하여 법에 의해 상명(償命, 목숨은 목숨으로 변상하는 것) 하라.'는 뜻으로써 호행 차왜들에게 엄하게 따질 것을 다짐받았다.

(옷이랑 이불이랑 각 물품은 왜국 산품을 한 가지도 쓰지 말고 노자 남은 것과 원역들의 부조로 변통해 쓰게 했었으며,) 향서기(鄕書記) 김 광호(金光虎)로 하여금 장례 치르는 모든 절차를 기록하여 본가에 전하 도록 하였다.

초8일

(오사카성에 머물렀다.)

오사카성 목부(目付)와 쓰시마 재판(裁判) 등이 검시한 뒤에 말하였다. "마땅히 재검할 터이니 아직 기다리도록 하시오."

역관들로 하여금 잇따라 독려하여 재검을 재촉하도록 하였으나, 차 왜들의 말은 '공사(公事)가 오사카성윤[坂城尹]에게 들어갔으니 오래지 않아 올 것이다.'고 하였다. 종일 재촉하였으나 온다고 하면서 오지 않 았다. 이 핑계 저 핑계를 대면서 미루자는 의도가 현저하였다. 밝은 하 늘 아래 공공연한 살인인데, 놀라 움직이지도 않고 즉시 조사하지도 않으니, 아무리 무식한 오랑캐라고 하지만 어찌 이처럼 흉악하고 교활 할 수 있단 말인가.

(어제 '죄인을 조사해내어 법을 정해 목숨을 보장함으로써, 조약을 준수하고 우호를 유지하라.'는 뜻으로 서계를 만들어,) 오늘 아침에 수 역 최학령을 시켜 도주에게 가서 전하게 하였다. 이어서 독촉하였더니, 이렇게 답하였다.

"뜻밖에 변을 당하니 놀라움을 감당할 수 없습니다. 쓰시마 사람은 우리가 마땅히 조사하겠지만, 오사카성 사람이라면 지방관이 있으니 그의 조사를 기다려서 마땅히 회답하겠습니다."

일본은 상위에 있는 자는 권세를 잡지 못하고 권병(權柄)이 아래에 있으니, 왜황(倭皇)은 실권이 없는 지위로 모든 정사는 관백이 주장하고, 태수는 세습이요, 봉행이 전단한다. 이러므로 밑에 있는 자가 그 위에 있는 자의 총명을 가리어 막을 수 있으니, 이른바 '갓과 신이 뒤바뀐 나라'라고 할 수 있다.

초9일
(오사카성에 머물렀다.)

이른바 '재검(再檢)'이란 것을 아직도 거행하지 않았다. 조사의 절차는 아직도 움직임이 없어 이 핑계 저 핑계로 늦추기만 하였다. 세 수역들을 다시 잡아들여서 책유(責喩)를 잘하지 못했다는 이유로 엄히 곤장을 쳐서 재촉하였더니, 날이 저문 뒤에 오사카성 아관(衙官) 등이 비장·원역들과 함께 재검을 하는데, 이른바 재검이란 것이 다만 찔린 자리만 볼 뿐 극히 소홀하였다. 아관들은 재검을 한 뒤에 외청(外廳)에 나와 앉아 상처의 칼자국을 그리고 당일 입직했던 왜인의 성명을 기록하고 가 버렸다.

우리와 쓰시마 사람은 엄금하여 가까이 오지 못하게 하였으므로, 그들이 어떤 말을 주고 받았는지 자세히 알 수 없지만, 대략 들리기로는 조사하는 뜻이 있었다고 한다. 재검을 마친 뒤에 곧바로 염습하였는데, 최천종의 얼굴이 마치 살아 있는 듯하고 또 냄새가 나지 않아 3일 된 여름 시체 같지 않아 괴이했다.

도훈도(都訓導)가 없어서는 안 되겠기에, 향서기 김광호(金光虎)를 올려 차출하였다. 통인(通引) 박태수(朴泰秀)는 (내가 동래부사를 할 적에 부리던 사환으로 극히 영리하고 문장에도 능하므로, 비록 이역(吏役)에 종사할망정 상투를 내려서 데리고 왔던 것인데,) 이제 다시 상투를 올려서 광호의 자리를 대신하게 하였다.

초10일

(오사카성에 머물렀다.)

　지난 7일에 얽어맨 문자는 즉시 에도와 오사카성윤에게 치보(馳報)
되었는데, 성윤(城尹)은 4품대부 아베 히다노카미 후지노 마사치카[阿
部飛驒守藤正允]라고 한다. 또 8일 쓰시마 태수에게 준 글은 오늘 5통을
베껴, 하나는 에도에 보내고 하나는 오사카성윤에 보냈으며, 하나는
오사카성 정봉행(町奉行)에게 보내고 하나는 쓰시마의 전 태수에게 보
냈으며 하나는 도주의 처소에 남겨 두었는데, 서역(書役)이 없어 우리
쪽 사람에게 1통 써 주기를 빌어 왔다고 하니, 에도에 관보(關報)했음이
의심 없을 듯하다.

　(변고가 일어난) 처음에 쓰시마 사람들은 '자결한 것이다.'고 떠들어
대거나, 혹은 '일본인의 소행이 아니다.'고 지껄였다. 차왜들이 겉으로
는 위문하는 글을 보였지만 속으로는 미봉할 속셈을 품었었는데, 수역
들이 곤장을 맞자 쓰시마 사람들에게 놀라고 당황한 기색이 없지 않았
으며, 특히 오사카성에서 관중(館中)의 각처에 염탐꾼을 많이 보냈다는
말을 듣고는 놀라서 범인을 찾을 기색을 하더라고 한다.

　우리 일행 가운데에는 관(棺)을 만들 목재를 가지고 온 자가 없었다.
어떤 이는 유둔지(油芚紙, 기름 먹인 종이)로 싸서 가져가자고 하였지만,
험한 뱃길 3천 리에 상할 우려도 있고 또 오로지 저들에게 맡겨서 운송
해 가야 하니, 어떤 일이 생길지 헤아릴 수 없었다. 그래서 관의 판(板)
은 어쩔 수 없이 우선 왜송(倭松)을 써서 변통했다가, 귀국시킨 뒤에
관을 바꾸도록 할 계획이다.

11일

(오사카성에 머물렀다.)

쓰시마도주의 회답 서계를 여러 번 독촉하니, 온다는 말만 할 뿐이지 아직 미루기만 한다. 얼마나 잘 짓고 꾸미려고 그러는지 알 수가 없다.

식사를 한 뒤에 관 재목이 와 있었으므로 비로소 염을 하고 입관하는데, 비장과 원역 등 연고 없는 자들도 모두 와서 참견하였다. 관을 묶은 뒤에 세 사신과 일행의 상하가 모두 모여 곡하였는데, 목 놓아 울며 친척인 양 슬퍼하지 않는 사람이 없었다. 나는 제문을 짓고 노자를 가지고 있던 것으로 제수(祭需)를 차려 위로하였는데, 비참한 회포가 다만 상사와 부하의 의리만이 아니었다. 관은 소동(小童) 한중(漢仲)의 관[155]을 머물러 둔 곳에 같이 두었다가 출송시켰는데 상여꾼은 모두 우리 편 사람을 썼다.

중관과 하관 백여 인이 혹은 메고 혹은 그냥 따르며 소리를 내고 곡하면서 정문으로 나가려고 하니, 수문금도(守門禁徒)들이 가로막고 허락하지 않았다. 우리 사람들이 밀치고 뛰쳐나가니, 저들이 크게 악을 쓰며 이미 나간 관을 도로 협문으로 들여와서 하관청(下官廳)에 두었다고 한다. 저들의 버릇이 통분하나 우리 쪽의 처사 또한 잘못되었다. (나는 거느리고 나간 역관과 도훈도 등을 꾸짖고 앞을 다투어 뛰어나간 자를 대략 다스려 다시 협문으로 나가도록 하였으나, 저들은 '오사카성

---

155 소동(小童) 한중(漢仲)의 관이 오사카에 남아 있는 이유는 2월 19일 전후 일기에 기록되어 있다.

　오사카에 머문 중과 선장(船將) 등의 고목(告目)이 들어왔다. 삼방(三房) 수역(首譯)의 통인(通引) 김한중(金漢仲)이 본래 병이 있기 때문에 배에 남겨두고 왔었는데, 끝내 죽었다 하니, 몹시 참혹하고 가엾다. 배에 머무르는 인원이 백여 명이 넘었다. 그러므로 뜻밖에 무슨 변이 생길까 염려하여, 무명·의복·솜·종이를 마련해 두고 (염습할 때에 쓰라고) 앞서 이미 선장에게 약속해 놓았었다. -2월 19일 일기.

봉행에게 여쭌 뒤라야 거행한다.'고 하니, 더욱 통분하였다.)

12일

(오사카성에 머물렀다.)

역관들이 "조사하는 일의 기미가 이러이러합니다."고 하였다. 그 말
을 믿기는 어려웠지만, 날짜가 차츰 지연되니 답답한 마음을 표현하기
어렵다. "에도에 보고한 회답이 온 뒤라야 죄인 수사와 체포가 있을 것
이다."라고도 한다.

비록 타국의 옥사를 다루는 격식이 어떠한지는 알지 못하나, 살옥(殺
獄)의 처단이야 비록 국군(國君)의 명령을 기다려야 한다지만, 죄인을
붙잡는 일이 얼마나 시급한 일인데 관백의 명을 꼭 거쳐야만 한단 말인
가. 일이 속임수 같아서 사람을 더욱 의혹되게 하였다.

13일

(오사카성에 머물렀다.)

최천종의 영구를 내보냈다. 역관이 돌아와 말하였다.

"중관과 하관 백여 인이 길에서 곡을 하며 갔더니 저들 가운데 그것
이 무슨 소리인지 알지 못하고 웃는 자도 있었습니다."

에도에 있을 적에 올린 장계 2통과 한중(漢仲)의 관을 아직 내보내지
않았다고 한다. 당일 동시에 발송하지 않으려고 그런 것이 아니라, 사
건의 조사에 이미 두서를 잡지 못하고 있는데 최천종의 피살 장계를
먼저 부친다면, 조정이 반드시 여러모로 놀라고 염려하겠기에 우선 머
물러 두었다가 출장(出場)한 뒤를 기다려서 부칠 예정이니, 그때가 과
연 어느 날이 될지 모르겠다.

도주의 회답서계를 한결같이 지연하더니, 저녁에야 수역이 비로소

그 초본을 얻어 와서 보여 주었는데, 공식적인 말 외에 '여기는 관지(官地)이어서 관할하는 사람이 따로 있으니, 나의 사령(私令)을 그대로 행하기는 어려우며, 저희 쓰시마의 원역(員役)에 한하여 의심된 자가 있다면, 즉시 조사하겠소.'라고 하였다. (오사카성의 지방관에게 미룰 생각이 있는 듯했으니,) 그 말씨가 매우 음흉하였다. 그 글은 기노 시게자네[紀審實]가 지은 것이라고 한다.

수역이 사리를 들어 그 부당함을 따지고 타일러 개본(改本)하도록 한 것이다. 이제 보니 이 본은 초본에 비하여 풀이 좀 꺾여 사과하는 뜻이 없지 않다.

어제 쓰시마 태수가 오사카성윤을 찾아가 미봉할 계책을 쓰려고 하자, 오사카성윤이 책망하였고, 두 장로와 공의가 다 비난하였다. 게다가 오사카성윤의 염탐꾼이 정보를 얻어 사건의 기밀이 차츰 드러나자 쓰시마 사람들이 비로소 자기들의 간사한 계책이 이루어질 수 없음을 알고 곧 회서(回書)의 초본을 고쳤다. 그런데도 오히려 좌우로 간주된다는 뜻이 없지 않으니, 그 정태의 간교함과 재빠름이 참으로 통분하다.

풍문에 들으니, 전어관(傳語官) 가운데 한 사람이 공공연히 도주하였다니, 몹시 의심스럽다.

14일

(오사카성에 머물렀다.)

풍문에 들으니, 요즈음 와서 쓰시마 사람들이 자못 놀라 당황하고 조급한 기색이 있다고 한다. 흉계가 탄로되었음을 알 수 있다.

낮에 오사카성 정봉행이 하인을 보내어 문안하므로, '범인을 색출하여 법에 의해 상명(償命)함으로써 우호의 뜻을 보존하라.'는 뜻으로 답하였다. 오후에 정봉행이 대청에서 조사하는 자리를 크게 열었는데,

널찍한 뜰 사면은 새끼줄로 둘러 금도(禁徒)들을 벌여 세웠다. 쓰시마의 재판과 봉행 및 5일 전어관 2~3인 외에 당일 입직과 대령한 쓰시마 사람들을 모두 잡아들여 그들의 칼과 문서·약주머니 등의 물건을 빼앗고 모두 한쪽 헛간에 구류한 뒤에, 하나씩 잡아들여 상세하게 문초하는데, 죄 있는 자는 실토하는 것이 도리어 형장에 맞아 지레 죽는 것보다는 낫겠더라고 하였다.

따져 신문할 적에 우리 쪽 사람과 쓰시마 사람들을 엄히 금했기 때문에 다 엿들을 수 없었는데, 그들로부터 탐문하니,

"원범(元犯)은 바로 며칠 전에 도망한 전어관 스즈키 덴조[鈴木傳藏][156], 왜음으로 연조(連助)란 자였다. 어제 들으니, 어떤 사람이 제말로 '조선인을 찔러 죽였기 때문에 도망한다.'는 뜻으로 전어관청(傳語官廳)에 투서한 뒤에 도망하여 세이후쿠지[淸福寺]에서 자고 갔다."

하였다. 저녁에 정봉행이 수역에게 죄인을 조사하겠다는 뜻으로 하인을 보내 달라고 요구하기에, 반드시 엄히 조사하라는 뜻으로 답하였다. 쓰시마 태수가 선언하기를,

"사변이 일어나자마자 엄한 조사를 계속한 결과 덴조의 소행임이 밝혀졌습니다. 그 단서가 이미 드러났고 또 이미 염탐하였으니 오래지 않아서 잡힐 것입니다."

하였다. 엄한 말로 준절히 꾸짖어야 마땅하겠지만, 왜를 다루는 방법이 그래서는 안 되겠기에 우선 예사말로 답하였다.

15일

(오사카성에 머물렀다.)

---

156 스즈키 덴조[鈴木傳藏]: 에도 중기 쓰시마의 통사(通詞)이다.

새벽에 망궐례를 행하였다.

16일

(오사카성에 머물렀다.)

정봉행이 연일 (외청에 와서) 조사를 했다. 오늘은 쓰시마 재판을 시켜 우리 사행에게, '수역(首譯)과 함께 와서 조사하는 것을 보라'고 전달하였다. 그러나 사태를 자세히 따져보니, 문초하는 좌석에 우리들을 동참시키는 것이 그 일에 아무런 보탬이 없고, 도리어 해가 되기 쉬웠다. 또 들으니, 오사카성윤이 기필코 끝까지 조사해내겠다고 하였는데 어찌 우리 한두 사람의 동참을 기다리겠는가. 그래서 '일에 방해된다'는 이유를 들어 허락하지 않고 '명백히 사실을 가려 정법 상명(正法償命)하라.'는 뜻으로써 답하여 하인을 보냈다.

오늘의 신문하는 자리에서 비로소 형(刑)을 쓰기 시작하였는데, 형 쓰는 법이 목 뒤에 돌을 달고 두 팔을 묶고 결박한 두 무릎 사이에 나무를 끼워서 누르는데 흡사 주뢰형(周牢刑) 비슷하였다. 또 찬물을 먹여 배에서 목까지 가득 차게 한 다음, 둥근 나무로 가슴과 배를 문질러 일곱 구멍으로 물이 나오게 하는 형벌도 있었다.

(이테이안[以酊菴] 장로 료호[龍芳]가 기한이 차서 갈려가고 대신 무진년의) 이테이안 중 슈에이[守瑛], 호가 교쿠레이[玉嶺]라는 자가 재임되어 왔다. 며칠 전에 외청으로 문안 온 것을 어수선하여 접견하지 않았는데 오늘 다시 명함과 편지를 써 보내어 오고 또 담배·담뱃갑·부채 등 물건을 보내왔기에, '죄인이 처형되기 전에는 접견할 수 없다.'고 답해 보냈다.

17일

(오사카성에 머물렀다.)

누군가 전해 오기를, '관백의 명령으로 2,000군병과 600척의 배를 풀어서 사방으로 추격한다'고 하니, 과연 그러하다면 원범을 반드시 잡을 수 있을 것이다.

18일

(오사카성에 머물렀다.)

오후에 들으니, '범인 덴조[傳藏]가 셋쓰주[攝津州] 경내인 이케타고 [池田鄕] 40리 지점에서 잡혀 와 구금되었다'고 한다.

19일

(오사카성에 머물렀다.)

들리는 말로 '오늘 덴조를 심문하니, 형(刑)을 집행하기 전에, 최천종 살해한 것을 바른 대로 불었다'고 한다. 그 곡절을 들으니, '최천종이 거울 하나를 잃고 그가 훔쳐갔다고 의심하면서 말채찍으로 때렸기 때문에 그가 분을 이기지 못하고 과연 살해했다. 누구와 공모하지 않고 저 혼자서 저지른 것이며 도망쳐 나오다가 잘못하여 조선인의 발을 밟아, 많은 사람들이 놀라서 고함질렀기 때문에 급히 도망하느라고 사기그릇에 발을 상해서 멀리 달아나지 못하고 잡혔다.'고 하였다.

20일

(오사카성에 머물렀다.)

조반 전에 도주가 하인을 보내어 말하였다.

"최천종 피살 사건을 에도에 전보(轉報)하였었는데, 그 회답이 이제 겨우 도착하였으니, 식후에 마땅히 와서 전하겠소."

조반 뒤에 세 사신이 학창의(鶴氅衣)로 갈아입고 바깥 대청으로 나가
니 두 장로가 기둥 밖에 먼저 서서 읍례(揖禮)를 하려고 하였다. 나는
역관에게 이르기를,

"마땅히 도주가 들어오기를 기다려서 동시에 예를 행해야지, 홀로
읍례를 행할 수는 없다."

하고, 잠시 대청 가에 서 있다가, 도주가 들어오기를 기다려 전례에 따
라 서로 읍하였다.

대개 변괴가 있은 이래로 쓰시마 사람 외에 조금이라도 지각이 있는
자들은 일제히 분개하여 말하기를,

"통신사 수행원을 찔러 죽인 것은 참으로 일본의 크나큰 수치이다.
더구나 통신사는 관백 대군(大君)의 경사를 위해서 왔는데, 그의 수행
원에게 이러한 흉악을 저지른 것은 매우 잘못된 일이다."

고 하였다. 또 쓰시마 사람들 중에는 두 나라에 대해서 인심을 잃은
자가 많았다. 오사카성 사람들이 이 쓰시마 사람의 범죄를 통쾌하게
다스리기를 원한 까닭은, 비단 그가 우리나라에 대해 죄인일 뿐 아니라
곧 일본의 죄인이기 때문이었다.

21일

(오사카성에 머물렀다.)

들건대, '정원 외의 전어관(傳語官)들은 오사카성으로부터 양식이 공
급되지 않으며, 신문에 들어간 자들은 곤액을 자주 겪는다'고 한다. 이
야말로 거리낌 없이 함부로 날뛴 결과요, 스스로 저지른 죄는 도망하기
어려운 것이다. 이번 따라온 쓰시마 사람이 2천 명을 넘어 기해년(1719)
이나 무진년(1748)에 비하여 오히려 많은 수라고 한다.

22일

(오사카성에 머물렀다.)

조반 전에 두 장로가 와서 단독으로 뵙기를 청하였으나, '마침 몸에 병이 있어 접견할 수 없으니 병이 조금 낫거든 도주와 함께 보자.'는 뜻으로 답하였다.

23일

(오사카성에 머물렀다.)

두 장로가 또 뵙기를 청하기에, '단독으로 접견한 전례가 없다.'고 허락하지 않았다. 저녁에 도주가 하인을 보내어 말하였다.

"오사카성윤이 사람을 보내어, 두 장로로 하여금 사행과 접견하도록 하고자 하기에, 하인을 보내어 알립니다."

고 하였다. 두 장로가 단독 접견을 못하게 되자 오사카성윤에게 부탁해서, 도주가 방해한다는 의심을 두게 한 것 때문에 도주가 어쩔 수 없이 하인에게 말을 전해 온 것인데, 그 의도는 반드시 단독 접견을 허락하지 못하도록 하고자 함이었다. 세 사신이 상의한 뒤에,

"두 장로가 여러 번 접견하기를 청하였으나, 쓰시마 태수와 동시에 접견하는 것이 통신사가 있어 온 이래 행해 온 전례인데, 이제 어찌 전례를 버리고 새 규정을 만들겠소? 두 장로가 만약 할 말이 있다면 태수와 함께 오시오, 그렇다면 병을 무릅쓰고서라도 마땅히 만나볼 것이오. 혹 그렇지 못하다면 편지로 서로 문의하는 것도 안 될 것이 없으니, 이러한 뜻으로 두 장로에게 전함이 옳겠소."

하였다.

24일

(오사카성에 머물렀다.)

오후에 도주가 하인을 보내어 말하였다.

"자세히 사실을 들으니, 에도로부터 두 장로에게 분부한 바가 있었다고 합니다. 혹 사행이 도주와 상실하는 바가 있을까 염려하여 이번 탐문(探問)의 조치가 있는 모양이니, 사행께서 끝내 단독 접견을 허락하지 않는다면, 태수가 에도에 의심받는 것이 풀릴 길이 없습니다. 간절히 바라오니, 즉시 허락해 주십시오. 태수는 같이 갔다가 예를 행한 뒤엔 먼저 물러나올 작정이오니, 두 장로를 잠시 그대로 앉아 있게 허락하셔서 사례(事例)를 펼치소서."

세 사신이 상의하였다.

"과연 에도에서 묻고자 하는 바가 있다면 장로가 일단 수행코자 함은 사리가 당연하다. 그러나 단독 접견 요청은 전례에 어긋날 뿐 아니라, 도주가 의심하여 감정을 품게 될까 염려해서 그랬던 것이다. 이제 일의 형편이 이렇게 된 것을 들은 뒤에야 의심이 풀릴 수 있을 듯하니, 하인을 보내 전한 말에 의해서 허락한다. 이번 변괴는 실로 흉독한 하인배의 잘못에 말미암은 것이니, 어찌 이 때문에 도주를 의심하겠는가? 비록 평상시에 엄히 단속하지 못했고 변괴 뒤에 즉시 적발하지는 못하였지만, 어찌 이 때문에 장로에게 말하겠는가. 혹자는 '별호행(別護行)을 둔다.'고 이르지만, 그 이해득실을 확실히 알지 못할 바에야 한갓 약함을 보이는 데 그칠 뿐이다. 다만 쓰시마 태수로 하여금 사행을 호행토록 하는 것이 백년의 구례(舊例)인데, 어찌 정례(正例)를 버리고 별격(別格)을 취하겠는가?"

25일

(오사카성에 머물렀다.)

도주가 하인을 보내어 말하였다.

"두 장로의 일을 오사카성윤에게 보고하였더니, 역시 '사행의 고집
하는 바가 당연하니, 두 장로를 청해서 접견할 필요가 없으며, 편지로
함이 옳다.'고 하였으나, 오히려 장로를 무진년(1748)의 예를 근거로 삼
아 접견을 허락함이 무방합니다."

이른바 무진년의 예란, 그때 태수가 먼저 이르렀고 장로가 뒤쫓아
이르러 한가롭게 마음껏 읊조리다가 파하였으니, 이는 단독 접견의 예
가 되지 못한다고 그 하인에게 답하였다.

26일

(오사카성에 머물렀다.)

점심 나절에 두 장로가 과연 서계(書契)를 보내왔는데, 우리가 단독
접견을 허락하지 않은 데 대해 서운하다는 뜻을 대략 보였으며, '대군
이 오사카성윤에게 명하여 조사를 독촉하신 것은 실로 사행의 답답함
을 풀어주기 위함이다.'는 말을 강조하였다.

27일

(오사카성에 머물렀다.)

소문에 들으니, 어목부(御目付)가 내일 들어오기 때문에 정봉행이 연
일 개좌(開坐)하여 대부분 밤이 되어서야 파한다고 하였다. 옥사의 상
황은 엄한 비밀이라 그 자세함은 알 수 없는데다가 전해져 들리는 말이
일정하지 않으니, 그 문안을 본 뒤라야 제대로 알 수 있다.

28일

(오사카성에 머물렀다.)

오후에 어목부 등이 정봉행 및 두 장로와 함께 앉아 죄인 20여 인을 신문하였는데, 죄인의 처참한 신음 소리가 자주 바깥에까지 들리며, 밤이 되어서야 파한다고 하였다. 아마도 그들이 이미 도부[東武]의 명을 받들고 스스로 죄인을 심리해 처단하겠지만, 죄인 아무개 아무개를 어떠한 등급으로 나누어 법을 적용하는지는 즉시 들어 알 길이 없으니 답답하다.

(예전 사행의) 일기를 살펴보았더니, 지난 만력 병오년(1606)의 신행(信行) 때에 아카마가세키[赤間關]에서 선래(先來)를 발송했고, 정사년(1617) 신행과 천계(天啓) 갑자년(1624) 신행 때에는 모두 오사카성에서 선래를 발송하였는데, 그 뒤로부터는 쓰시마에 도착한 후에 선래를 발송하였다. 이번 신행은 전에 없던 변괴를 당했으니 구례를 따름이 마땅하겠기에, 수역(首譯)을 시켜 이런 뜻을 차왜(差倭) 등에게 분부하여 배를 정비하고 옥사가 끝나기를 기다리게 하라고 하였다. 차왜 등이,

"사리가 당연하니, 도주에게 보고하겠습니다."

고 하였다. 선래 군관(先來軍官)에는 강령현감 이해문(李海文)과 장흥부사 유진항(柳鎭恒)을, 역관에는 차상통사(次上通事)[157] 최수인(崔壽仁)을 차출하여 행장을 차리게 하였다.

---

157 통신사행의 수행원으로, 통역의 일을 담당했다. 당상역관(堂上譯官), 상통사(上通事) 다음의 지위를 차지한다. 왜학(倭學)의 교회(敎誨) 중에 선발했는데, 일본어에 능통한 것은 물론 역과를 통해 선발된 사역원의 역관들 중에서 경험과 능력이 뛰어난 자를 수행 역관으로 선발하였다. 차상통사로는 대개 2명이 수행하였다.

29일

(오사카성에 머물렀다.)

아침에 정봉행이 외청으로 와서 수역을 시켜 말을 전하기를,

"덴조를 오늘 처형하니, 세 수역과 군관은 마땅히 참관해야 합니다."

고 하였으며, 도주 역시 말을 전하기를,

"덴조를 오늘 처형하므로 이에 우러러 보고합니다."

고 하므로, 즉시 세 비장과 세 수역으로 하여금 함께 가서 처형을 참관하게 하였다. 식사 후에 이테이안·가반(加番) 두 장로가 와서 말하기를,

"우리나라의 법은 처형하는 광경을 국민에게 보이는 것도 있고, 또 보여서는 안 될 것이 있는데, 이번의 덴조의 경우는 보일 수 없는 법입니다. 만약 군이 청하신다면, 마땅히 위에 아뢰기는 하겠지만, 그러다가 허락을 얻지 못하면 공연히 날짜만 허비할 뿐입니다."

하니, 그 뜻이 우리나라 사람들에게 보이지 않을 작정이었다. 과연 그렇게 한다면 그 처형의 진위를 장차 무엇으로 가릴 것인가? 간교한 처사가 몹시 절통하여 즉시 글을 써서 하인을 보내어 답하였다.

"귀국의 형법에 국민들에게 보여야 할 것이 있고 보여서는 안 될 것이 있다고 하지만, 덴조의 경우는 두 나라에 관계되는 죄인이니, 더욱 두 나라 사람들이 그 처형당하는 모습을 함께 보게 해야 마땅하며 사리에도 지극히 합당하오. 또 조약을 들어 말하더라도 피차의 죽여야 할 죄인은 반드시 동래(東萊)의 왜관(倭館) 문밖에서 형을 거행해야 된다고 한 것은 대개 두 나라 사람들에게 밝히 보이려는 뜻이 있기 때문이오. 이번의 죄인 처형을 만약 이 예에 따르지 않는다면 장차 우리나라에 돌아가서 무슨 말로 보고하겠소? 바라건대, 다시는 어렵다고 고집하지 말고, 즉시 정봉행이 말한 바에 의하여 여러 형관들에게 돌아가 고하여 우리들의 참관을 속히 허락하게 하시오. 그렇게 하여 약조한

사례를 지키는 한편 명백한 법 집행을 보이도록 하시오."

두 장로는 극히 어렵다고 고집하다가 결국에는 '형관(刑官)과 상의해 보겠다.'고 하였는데, 그 하는 짓거리를 보니 수를 쓰고 있음이 너무나 드러났다. 수역을 연달아 보내어 독촉하였더니, 두 장로가 여러 형관들과 모여서 의논한 뒤 저녁에야 말하였다.

"'조선인 참관'이란 조항은 이미 도부[東武]에게 아뢰지 않았습니다. 도부로부터 만약 조선인 참관의 허락을 논한다면 어목부에서 자재(自裁)할 형편에 이를 것이며, 이제 사행께서 만약 '보기를 청한다.'는 글을 써서 그 감사함을 목부(目付)에게 돌린다면 목부는 중죄를 면할 수 있을 뿐 아니라, 조선인 또한 형 집행의 참관을 허락받을 것입니다."

그 말이 참으로 우스우니, '의심이 뱃속에 가득 찼다.'고 하겠다. 그런데 만약 이를 허락하지 않는다면 목부가 더욱 의심을 품어 결정해 주지 않을 것이므로, 수역을 시켜,

"일이 끝난 뒤에 마땅히 그대로 따라 하겠소."

라고 답하였다. 이어서 처형을 독촉하였더니,

"여러 형관들이 이미 의논을 정했으므로 목부와 봉행이 직접 면담하러 오사카성윤에게 가고, 아직 돌아오지 않았습니다. 비록 참관을 허락받는다고 하더라도 오늘은 이미 밤이 되었고 내일은 마침 일본의 국기(國忌)이므로 형을 집행할 수 없으니, 내일이 지난 뒤라야 집행할 것이오."

라고 하였다. 목부와 봉행이 이미 '오늘 형을 집행한다.'는 뜻을 와서 고한 뒤인데, 두 장로승이 느닷없이 괴이한 의논을 끌어내어 한바탕 마귀 같은 장난을 치려고 한다. 그래서 마침내 자백한 죄인으로 하여금 여러 날 동안 머리를 달고 살아있게 하니, 참으로 통분하였다.

다시 역관을 보내어 독촉하자, 두 장로승이 도리어,

"힘쓰고 있습니다."

고 하니, 마치 그의 심장을 들여다보는 듯하였다. 두 장로는 비단 전일의 단독 접견을 허락하지 않은 것 때문에 감정을 둘 뿐만 아니라, 쓰시마 사람들이 교묘히 작용하여 그들에게 붙지 않은 줄을 어찌 알겠는가?

30일

(오사카성에 머물렀다.)

조반 전에 선장 등이 와서 아뢰었다.

"나주 격군 이광하(李光河)가 지난 봄에 미친 병이 일어나 제 목을 찌른 뒤로 광중이 있다가 없다가 하더니, 요즘 다시 재발하였습니다. 상처에 독이 생겨 밤부터 정신을 잃고 이제는 사경에 이르렀습니다."

급히 약물을 들이게 하였는데, 이윽고 숨졌다고 한다. 무명 바지저고리·버선감 종이·씨를 뺀 솜 등의 물품을 주어 염을 후하게 하도록 하였다. 식후에 도주가 하인을 보내어 말하였다.

"선래의 발송 문제를 오사카성윤에게 여쭈었더니 '비록 고례(古例)가 있다고는 하지만, 근래의 규례와는 다른 점이 있다. 이제 만약 고례를 회복코자 한다면 일로 보아 도부에게 품의한 뒤에 하는 것이 마땅하다.'고 하였습니다. 그러니 태수 역시 마음대로 허락할 수 없습니다."

그래서 즉시 수역 이명윤(李命尹)을 시켜 도주에게 말을 전하였다.

"만약 이번 일이 없었다면, 하필 근래의 규례를 버리고 구례를 따르겠소? 이번의 이 변괴를 만약 왜관에서 먼저 우리나라에 유포한다면 어찌 의아스럽지 않겠습니까? 선래를 반드시 발송하고자 함은 두 나라의 의심을 풀기 위한 길이지, 이쪽만을 위한 처사가 아닙니다. 모름지기 오사카성윤과 다시 상의한 뒤에 '배를 서둘러 대기하라.'는 뜻을 누누이 언급하시오. 또 덴조를 처형할 때 우리나라 사람을 동참시켜 감형

(監刑, 처형을 감시함)하게 함이 사리에 당연합니다."

그러자 도주가 답하였다.

"전한 말씀이 모두 지당하니, 다시 오사카성윤께 의논드리겠습니다."

저들의 버릇이, 아무리 사소한 일이라도 반드시 시킨 뒤에라야 하니, 참으로 통분하다. 두 장로가 와서 말하기를,

"덴조를 처형할 때 조선인이 참관한다.'는 구절을 오사카성윤이 허락하였습니다."

하였는데, 생색을 내려는 뜻이 현저하다. 또 말하기를,

"내일은 바로 초하루인데, 일본인은 덕담(德談) 때문에 형의 집행을 꺼립니다."

고 하니, 이른바 덕담이란 설명이 괴이하다.

5월

초1일

(오사카성에 머물렀다.)

새벽에 망궐례를 행하였다. 조반 뒤에 정봉행 등이 수역에게 하인을 보내어 요청하였다.

"덴조를 처형할 때 귀국이 동참할 것을 오사카성윤이 이미 허락하였으니, 내일 아침 덴조의 단안(斷案)을 받을 때에 세 수역이 참견하고, 형을 집행할 때는 비장(裨將) 몇 사람이 또한 동참하시오."

초2일

(오사카성에 머물렀다.)

날이 밝을 무렵에 (에도의) 대목부(大目付)·정봉행(町奉行) 등이 호행 두 장로와 함께 와서 바깥 대청에 모여, 세 수역이 동참하기를 요구하였다. 최학령·이명윤·현태익 등을 시켜 가 보게 하였더니, 죄인 덴조를 잡아들인 뒤 '사람을 죽이고 도주했으니 극형을 시행한다.'는 뜻으로 소리 높여 분부하고 이로써 결안(結案)했다고 한다. 중죄인인데 어찌 이러한 결안이 있다는 말인가. 이내 삼행(三行) 병방군관(兵房軍官)인 김상옥·유진항·임흘을 시켜 각기 도훈도(都訓導) 및 영기(令旗) 한 쌍, 나졸 한 쌍, 소동(小童), 통사(通事) 등을 거느리고 함께 가서 감형(監刑)케 하였다. 시간이 지나자 군관과 수역 등이 돌아와 아뢰었다.

"죄인 덴조를 강가의 언덕 위에서 효수(梟首)하였습니다. 형을 집행하는 곳 좌우에 대 울타리를 두른 뒤 죄인을 꿇어 앉히고 칼로 벤 뒤에, 그 머리를 씻어 언덕 위에 놓아두고 두 나라 사람들에게 보였습니다."

(일본의 법에 각 주에서 죽을죄를 범한 자는 각기 그 주 태수에게 맡겨 형을 행하도록 되어 있는데, 이번 덴조는 그렇지 못하고) 다른 관할지에서 효수하여 그 목을 여러 날 동안 장대 끝에 달아 두고 시체를 거두지 못하게 했을 뿐 아니라, 그 형을 시행한 장소와 절차가 모두 극히 천하고 추악하였다. 이는 쓰시마 사람들에게 수모를 주기 위해서라고 하는데, 쓰시마 사람들이 아무렇지 않게 보았으니 그들이 흉독한 종자라는 것을 알 수 있다.

(그러나 나의 생각엔 끝내 석연치 못한 점이 있었다.) 율문(律文)을 상고하면, 서로 다투거나 때리다가 사람을 죽인 것과 몰래 죽인 것은 같지 않으며, 사신의 수행원을 찔러 죽인 것이 보통 사람을 찔러 죽인 것과는 다르다. 아마도 그 꾀를 만든 자와 사정을 아는 자가 있을 터이므로 이러한 뜻에서 글을 꾸며 여러 조사관에게 보내려고 하는데, 두 호승(護僧)의 말이, '그렇게 하면 여러 조사관이 모조리 죄를 입게 되어

옥에 있는 나머지 죄수는 앞으로 조사를 할 수 없으므로 유해무익하다. 만약 옥안(獄案)을 본다면 상세히 알 수 있다.'고 하였다.

(그리하여 다만 '여러 죄수의 문안을 베껴 보내라.'는 뜻으로 글을 만들고, 또 '원범은 이미 처단되었고 우리에게 처형을 참관하도록 허락하였으니 이를 에도와 대목부에게 감사를 드린다.'는 뜻으로 글월을 만들어) 상통사(上通事)[158] 최봉령을 시켜 두 호승에게 전하게 하였으며, 또 '나머지 죄수를 엄하게 처리하라.'는 뜻으로 여러 번 하인을 보내었다. 오늘부터 비로소 선래 장계(先來狀啓)와 옥안 별단(獄案別單)의 초본을 만들기 시작했다.

초3일

(오사카성에 머물렀다.)

일본의 풍속은 중을 귀하게 여기어, 중을 위해서 벼슬자리를 두기까지 한다. 쓰시마의 이테이안 승려로 말한다면, 그는 교린문서(交隣文書)에 반드시 참섭(參涉)하는 것이 이미 관례로 되어 있다. 이번에 두 승려는 에도의 명을 받아 조사하는 일에 동참하였는데, 쓰시마 태수는 빈사(儐使)의 책임이면서도 감히 거기에 참예하지 못했다. 생각건대 사건이 쓰시마 사람에게서 나왔고, 호행으로서의 책임을 다하지 못했다는 이유로 문책되어 그러한 듯하였다.

옥정(獄情)에 관해서는 자세히 알 수 없었으며, 설령 안다 하더라도 우리에게 알리지 않았으리라. 게다가 번번이 두 장로에게 미루어서 오

---

158 통사(通事) 가운데 상급의 통사를 말한다. 통역관 가운데 정3품은 역관(譯官), 그 아래 품계는 통사라 했다. 본래 통신사행(通信使行)을 수행하는 상통사는 왜학 교회(倭學教誨)로만 뽑았다.

늘의 사세에까지 이르렀으니, 두 장로와 왕복하면서 정세를 염탐하는 길밖에 다른 방법이 없었다.

초4일

(오사카성에 머물렀다.)

두 장로의 회답 서계(書契)와 옥안(獄案)이 왔다. 서계 가운데,

"죄인 덴조의 종형(從兄) 이하는 과정(科程)의 일자가 찬 뒤에 각기 차등 있게 방축(放逐)됩니다."

란 말이 있으므로 쪽지를 써서 그 말의 뜻을 물었더니,

"수금일(囚禁日)은 기한이 있으며, 방(放)이란 내어보내는 것이고, 축(逐)이란 내어쫓는 것입니다."

라고 하였다. 다시 쪽지에 써서,

"수금일(囚禁日)의 기한이 얼마이고, 누구누구가 방(放)이며 누구누구가 축(逐)인가를 자세히 기록하여 보이라."

고 하였더니,

"처단 후에 자세히 기록하여 보낼 계획입니다."

라고 답하였다. 대목부가 들어온 뒤부터 느닷없이 '덴조에게만 법을 행한다.'는 의논이 돌았으므로, 수역을 시켜 쪽지를 써서 두 장로에게 탐문하였다.

"덴조의 하인이 처음에 구두로 진술하기를, '어찌 함께 의논한 자가 없겠느냐?'고 했으니 이것이 용의점이며, 그의 친척 역시 같은 사정에 놓였으니 이들 두 사람은 덴조가 받은 형률을 면키 어려울 것이오. 내가 듣기로는, 일본의 법도가 지극히 엄정하다고 하였소. 이제 만약 법에 의해 처결하여 준다면, 내가 돌아가 우리 조정에 보고할 때 할 말이 있겠소."

두 장로가 답하였다.

"죄의 경중은 자연히 죄인의 공술할 바에 달렸으니 상정(詳正)하기 진에는 정봉행과 목부가 아뢸 길이 없으며, 설령 도부[東武]에 알리더라도 즉시 결단할 리가 없습니다. 덴조의 실인은 본래 모의한 자가 없으며, 지금 옥에 갇혀 있는 자도 덴조의 일로 인해 잡혀 있기는 하지만 전혀 관련된 것이 아닙니다. 또 별도로 조사할 단서가 있으나, 이는 사행이 배를 출발한 뒤에 그 죄를 상정하여, 중한 자는 참(斬)하고 가벼운 자는 찬(竄)할 것입니다."

(만약 별도로 조사할 단서가 있다면) 하필 사행의 관소에서 조사를 행해야 했을까. 만약 죽여야 마땅할 덴조의 여당(餘黨)이더라도 에도의 논의와 조사관의 마음에 '조선인 1명이 찔려 죽었으니 다만 일본인 1명이 목숨으로 갚는다는 법을 보일 뿐이며, 죽여야 할 여당은 사행이 출국할 것을 기다려 형벌을 베풀어야 한다.'고 하지 않겠는가? 그렇다면 저들의 간교함을 더욱 알 수 있다. 그렇지 않다면, 혹 쓰시마 사람들이 사행을 가탁하여 각 주에 폐해를 입히기 때문에 그 일어난 원망과 죄악의 상태를 이번 조사를 행할 때 모조리 드러내려는 것일까?

듣기로는 조사관들의 의견이 같지 아니하여, 오사카성윤은 엄하게 조사하려고 했고, 대목부는 자못 느슨하게 하려고 했다고 한다. 두 장로는 쓰시마 사람과 이미 원수가 되었기 때문에 기회를 타서 감정을 나타내려는 뜻이 없지 않을 터인데, 처음에 엄하게 하려고 하였다가 나중에는 늦추려 하니, 그 곡절을 알기 어렵다. 나머지 죄수가 결정되지 않았기 때문에 스스로 그 진퇴를 주장하기 어려워서였을까?

우리는 지금 죄수의 확정을 기다리고 있는 중이어서, 저들을 대할 적에 의리상 평상시의 예로 할 수 없었다. 그래서 입국할 때, '돌아가는 길에 시를 지어 주겠다'고 허락한 약속을 지킬 수 없게 되었다. 필적(筆

跡)을 받겠다는 오사카 관반(館伴)의 청도 그동안 우리 사행들이 여러
번 약속한 바이지만, 이번에 써 주지 못했더니 관반이 매우 낙담하였
다. 문사들이 저들과 더불어 시를 창화(唱和)하기로 되어 있는 것도 또
한 의리상 사양하여 물리쳤더니, 여러 날 거리에서 양식을 싸 가지고
와 기다리던 자들이 모두 그 원망을 쓰시마 사람에게로 돌리니, 쓰시마
사람이야말로 가는 곳마다 죄를 지은 셈이다.

　오사카성에 윤(尹)을 둔 것은 아마도 그곳이 수륙이 만나는 곳이기
때문에 따로 유수(留守) 1인을 둔 듯하니, 마치 사이쿄[西京]에 윤을 두
는 것과 같다. 벼슬이 높고 책임이 무거우므로 세습이 아니고 매번 사
람을 가려서 둔다고 하는데, 이번에 후지노 마사치카[藤正允]의 앞뒤
처사를 보니, 비록 사람은 보지 못했으나 그가 그 직에 합당하다는 것
은 상상할 수 있었다.

　당초 변이 일어났을 때, 비록 즉시 조사하지는 않았지만 염탐 정책은
이미 길을 넓혔으며, 우리 사행이 의심스럽게 여기는 일과 쓰시마 사람
이 작폐한 일을 즉시 환히 알았다. 죄인 체포의 일은 반드시 에도의
명을 기다리는 것이 전례이건만, 오사카성윤은 '사행의 일이 급하니,
명령을 기다리지 않은 죄는 내가 지겠다.'고 하면서 곧 각처에 명하여
체포를 다짐했으며, 또 덴조를 먼저 베어 사행이 돌아갈 길을 열어 주
었다. 또 우리들에게 감형(監刑)을 허락하여 함께 주륙(誅戮)하는 뜻을
보였다. 선래(先來) 군관 발송의 허락, 넉넉한 일공(日供)과 관직(館直)
의 부지런한 주선 등 모든 일의 대령(待令)이 모두 지식인의 처사가 아
님이 없었으니, 사람을 가려서 직을 맡겼음을 알 수 있겠다. 한 번도
만나본 전례가 없었으므로 자청하여 만나지는 못하고, 정봉행에게 사
의를 표하여 전하게 할 뿐이었다.

　노도노카미[能登守] 미나모토노 다다미치[源忠通]는 지난번 접견했

을 때 자못 준일한 기상이었는데, 지금 엄하게 조사하려 한다고 들리니 역시 공심(公心)이 있는 자라고 할 수 있다.

초5일

(오사카성에 머물렀다.)

도적이 이미 처형되었으므로 다시 두어 줄의 제문을 짓고, 떡과 과일을 대강 갖추어, 김광호로 하여금 최천종의 영구 앞에 전(奠)을 드리게 하였다. 그리고 최천종·김한중·이광하 세 영구를 왜선(倭船)에 같이 실어 부산으로 내어보내는 한편, 영남 감영에 이문(移文)을, 비국(備局)에 논보(論報)를 각각 보내어 영구를 운반할 마소를 제급할 것을 청하고, 지방관인 대구와 동래에도 공문을 보내어 후하게 장례해 줄 것을 청하였다. 500명 이역 사행에 한 사람의 죽음도 참으로 참혹한 일인데, 하물며 유진원(兪進源)[159] 등 네 사람임에랴?

쓰시마 태수가 하인을 보내 말하기를,

"사행이 오사카성을 지나가면서 도주의 집을 들르는 것이 전례이오니, 내일 왕림하시기를 비옵니다."

고 하기에 세 사신이

"지금 잔당 처벌의 마감을 기다리는 중이므로 의리상 한가롭게 나들이할 수 없소."

라고 답하였다. 차왜(差倭)들이,

---

159 유진원의 죽음은 11월 4일 장계에 나온다.

"신등 일행의 여섯 척 배가 지난달 27일에 사고 없이 쓰시마 부중에 닿았음은 이미 치계하였습니다. 부사(副使) 신(臣) 이인배(李仁培)가 거느린 복선장(卜船將)인 부산에 사는 유진원이 지난번 오우라[大浦]에 머물러 있을 때에 우연히 복선(卜船)의 아래 곳간에 떨어져 이내 병이 되어서 증세가 위중(危重)하므로, 상당한 약물을 많이 쓰고 특별히 일러 치료하게 하였으나 지난달 30일에 마침내 죽었으니, 아주 놀랍고 슬픕니다."

"불행한 변괴가 있은 뒤에 에도의 사자인 두 장로가 단독 접견을 청한 것은 곧 사행과 도주 사이에 불화가 있는지의 여부를 탐지하기 위해서였습니다. 내일 만약 사행께서 지나는 길에 (도주의 집에) 들르는 전례를 폐지하신다면 에도와 오사카 사람들은 반드시 사행과 도주 사이에 틈이 생겼다고 여길 것이며, 그렇게 되면 도주는 지위를 보전키 어려울 염려가 있습니다. 도주의 안위는 곧 사행의 행차 여부에 달려 있습니다."

고 하면서, 초조하게 갖가지로 애걸하였다. 일의 형세를 자세히 생각해보니, 중대한 형편이 아닌 것도 아니며, 또 지나는 길에 잠깐 들르는 것이 유람과는 다르다고 생각되었다. 도주는 잇따라 하인을 보내어 간절히 애걸하기를 마지않았다.

이번 변괴가 일어난 뒤에 있었던 도주의 처사는 말이 아니었지만, 이미 현실인 까닭에 비로소 허락하였다. 어제 들으니, '쓰시마 호행인 봉행 다이라노 유키토시[平如敏]와 재판 다이라노 유키스케[平如任], 간사관 기노 시게자네[紀蕃實] 등이 에도로부터 구류되어 그대로 오사카성에 머물러 있다'고 한다. 세 차왜(差倭)를 구류한 뜻이 어디에 있는지 알 수 없으나, 짐작건대, 호행을 잘못하여 이런 변괴가 일어났다는 죄인 듯하였다. 낮에 세 차왜가 비로소 와서 아뢰기를,

"오사카성윤이 내보내는 것을 허락하지 않으니, 내일 호행할 수 없습니다."

고 하였다. 쓰시마 태수가 또 이 일로 하인을 보내어 아뢰었으므로 내가 수역에게 이르기를,

"호행 차왜가 아마도 바뀔 것이다."

고 하니, 수역의 대답이

"도주가 '호행이 모자라니 봉행만은 보내 달라.'는 뜻으로 오사카성

윤에게 간곡히 청하여 지금 기다리는 중이라고 들은 듯합니다.”
하였다. 저녁밥을 먹은 뒤에 도주가 또 하인을 보내어,

“봉행 등 세 사람이 이미 에도로부터 구류되었으므로, 다이라노 시로
야스[下城泰]로 다이라노 유키토시를 대신하고, 다와라 군자에몬[俵郡左
衛門] 후지노 시게오미[藤蕃卿]로 다이라노 유키스케를 대신하며, 이와
사키 기자에몬[巖崎喜左衛門] 다이라노 료토쿠[平令德]로 기노 시게자네
를 대신하여, 그들로 하여금 전례에 의하려 호행토록 하겠습니다.”
고 하였다. 차왜가 구류되었다는 사실을 (우리 사행은 들은 지 이미 여
러 날인데,) 그들은 오늘에야 비로소 알긴 하였으나, 오히려 그것이 에
도의 명인 줄을 알지 못하고 헛되이 오사카성윤에게 부탁하였으니, 이
로 미루어 보건대, 오사카성에 대해 쓰시마 사람의 무력함을 알 수 있겠
다. 사행의 출발 기일이 정해진 다음에야 비로소 차왜가 구류되었다는
일을 쓰시마도주에게 분부한 오사카성윤의 처사가 조심스럽고 치밀하
다고 하겠다.

쓰시마 태수는 비록 불량한 자는 아니었지만 나이 젊고 경력이 적으
며 어리석고 지식이 없어 매사에 스스로 주장하지 못하고 일단 아래
관속에게 들어보는 사람으로, 이번 변괴를 당한 뒤에도 어찌할 바를
모르고 날마다 술만 폭음한다고 하였다. 또 어떤 사람은 쓰시마 태수는
호행(護行)인 때문에 우선 죄를 진 채로 공무를 행하지만 사행이 돌아
간 뒤에는 엄중한 책벌을 받을 것이라고 하는데, 그 말을 어찌 믿을
수 있는가? 그는 풍만한 용모로도 오히려 그 녹(祿)을 보전할 수 있거
든, 하물며 세습직임이랴.

근일 들어 쓰시마 사람들은 기운이 더욱 꺾이고 낙담하여 전일과 다
른 듯하다지만, 교활한 그 버릇만은 갑자기 바꾸기 어려울 터이니 뒷날
의 행동이 어떠한가를 관망할 뿐이다.

초6일

오사카성을 떠나 가와구치[河口]의 배 위에서 잤다.

두 장로가 조반 뒤에 비로소 별록(別錄)을 보내왔는데, 덴조와 같은 방을 함께 썼거나, 덴조의 투서를 은닉했거나, 곧바로 관에 고발하지 않은 죄로, 고략(拷掠)을 당하고 수계(囚繫) 또는 구류를 받으면서 갖가지 심문을 받았으나 그와 정을 함께 하지 않았다고 말하여 장차 기한이 차면 방축될 자들이다. 유키[祐譽]는 덴조의 종형이요, 이치기에[市儀衛]는 덴조의 하인이며, 후미야무시[文屋虫]는 덴조의 접주인(接主人)으로, 이 세 사람의 공사(供辭)는 이미 옥안(獄案)에 자세히 기술되었으며 이들은 기한이 찬 뒤에 찬축(竄逐)될 자들이다. 일본의 찬축법(竄逐法)에 '죄가 중한 자는 무인도로 방축되어 평생 석방되지 못한다.'고 한다.

선래 군관(先來軍官)[160] 이해문과 유진항이 왔기에 배 안에서 장계 2통, 별단 1통을 동봉한 상자 및 세 사신의 집안 편지를 주면서, 3천 리 뱃길을 조심하여 건너라는 뜻으로 경계하였더니, 군관 등이 "오직 행차(行次) 무사하시기를 바랍니다."고 답하였다. 떠나고 머물고 하는 이때, 상하의 인정이 절로 서글퍼져 즉시 떠나지를 못하였다. 내가,

"남의 신하된 도리는 왕사(王事)를 피하지 않는 것이다. 그대들이 먼저 떠나는 것도 왕사이며, 그대를 먼저 떠나보내는 것 또한 왕사이니, 위아래가 이 뜻을 안다면 어찌 구구하게 작별을 어렵게 여기랴?"고 하였더니, 모두 그렇다면서 이내 떠났다.

이날은 30리를 갔다.

---

160 사행 때 보고를 위하여 사신보다 앞서서 돌아오는 군관. 한양에 먼저 도착해야 되기 때문에 선래(先來)라고 하였고, 그 기한을 정하여 기일을 어기면 죄에 저촉되기 때문에 주야로 쉬지 않고 질주해야만 했다. 1763년 통신사행 때에는 강령현감 이해문과 장흥부사 유진항이 선래군관으로 차출되어 사신단보다 먼저 한양에 도착하여 보고를 올렸다.

초7일

(가와구치의 배 위에서 잤다.)

도주가 지체하고 오지 않으므로 물었더니,

"갑자기 떠날 때를 정한 까닭에 모든 것을 갖추지 못했습니다. 오사카성에 구류된 하속배들 대신을 모두 모으고, 선래선과 최천종의 영구를 싣고 가는 배의 선가(船價)를 아직 지급하지 못하여, 빚을 내어 미봉하느라고 자연 지체되고 있습니다. 오늘은 결코 배를 출발하기 어렵고, 내일이면 반드시 떠날 수 있습니다."

고 하였다. 그래서 가와구치의 배 위에 머물렀다.

초8일

(밤에 효고[兵庫]에 닿았다.)

동틀 무렵에 선래선(先來船)이 바람을 타고 나아갔다. 해가 뜬 뒤에야 도주가 비로소 출발하였으므로 우리 배들도 차례로 가와구치를 나오고, 일기선(一騎船)은 가와구치의 물이 얕은 곳에 빠졌다가 한참 뒤에 빠져나왔다.

노를 저으며 7-80리를 나아갔는데 미시(未時)부터 맞바람이 크게 불어 파도가 자못 험하였다. 예선(曳船)의 힘이 약해져 끌고 나아가지 못하므로 중류에 닻을 내리고 머물렀다. 어두워지자 풍랑이 더욱 심해져서 괴로웠는데 송등선(送登船)의 금도(禁徒)와 선두(船頭) 두 왜인이 언덕 위 촌락에서 작은 배 열댓 척을 모아 와서 오사카성의 예선과 함께 힘을 합쳐 당기고 아울러 힘껏 노를 저어 선창에 닿아 정박하니, 밤이 이미 3경이나 되었다.

부선(副船)은 일찍 출발했기 때문에 미시에 이곳에 닿았고, 종선(從船)은 저물녘에 도착했다고 한다. (호행 정관(護行正官)은 앞서 도착했

으면서도 효고의 예선이 가장 늦게 나왔으므로,) 수역을 시켜 엄히 문
책하여 타이르고, 예선을 얻어 온 두 왜인들에게는 각기 무명과 쌀로
상을 주었다.

선래 군관의 배는 저물기 전에 도착하여, 우리 배가 중도에서 머물고
있다는 말을 듣고 기다리다가 우리가 도착하자 마침 순풍을 얻어 떠났
다고 한다. 갈 때에 이곳에 두었던 치목(鴟木)과 풍석(風席) 등의 물건
을 도로 배에 실었다.

이날은 100리를 갔다.

초9일

효고에 머물렀다.

저녁 때가 되자 풍랑이 차츰 일어나 배 안이 불안하므로, 어쩔 수
없이 관소로 다시 돌아와서 양쪽 사람들을 모두 단단히 타일러 각 배를
함께 묶도록 하였다. 밤중이 되자 과연 풍랑이 크게 일어나 밧줄이 많
이 끊어지고, 일기선(一騎船)과 삼기선(三騎船)이 거의 키처럼 나부껴
언덕 위에 걸리려고 하였다. 뱃사람들이 크게 두려워하므로 즉시 군관
과 역관을 급히 보내어 저들과 힘을 합쳐 구하도록 하였다. 뒷닻을 많
이 내리고 있는 힘을 다해서 버티는데, 새벽이 되자 풍랑이 조금 자서
겨우 파선되는 것을 면하였으니, 매우 다행이다.

초10일

효고에 머물렀다.

11일

(효고에 머물렀다.)

하루에도 바람이 여러 차례 바뀌며, 사흘 동안 문득 장맛비가 되었다. 단오가 이미 지났으나 우리나라의 새 부채를 얻을 길 없어, 묵은 부채를 한 자루씩 일행의 원역(員役)으로부터 소동(小童)에 이르기까지 나눠 주었다. 계속 효고에 머물렀다.

12일

배를 양구(洋口)로 몰았다가 다시 효고에 정박하고, 배 위에서 잤다.

13일

효고의 배 위에 머물렀다.

14일

배를 띄워, 오후에 무로쓰[室津]에 이르렀다.
이날은 180리를 갔다.

15일

새벽에 망궐례를 행하였다. 날 밝을 무렵에 배를 띄워 6~70리를 갔는데, 바람과 조수가 모두 거슬러 전진할 수가 없었다. 오시마[大島]의 내양(內洋)에 닻을 내렸다가, 날이 저문 뒤에 조수가 순해진 때를 타서 달빛 속에 돛을 날리며 초경에 우시마도[牛窓]에 도착했다.
이날은 100리를 갔다.

16일

날이 밝을 무렵에 배를 띄워, 50여 리를 가니 급한 여울이 나왔다. 힘을 모아 노를 저었으나 한 치 나아가면 한 자 물러나서 두어 식경(食

頃)을 허비하고서야 겨우 수십 보를 전진하였다. 3경엔 도착하리라 예정했는데 도모노우라[鞆浦]에 도착하고 보니 밤이 벌써 깊었다.

이날은 200리를 갔다.

17일

해 뜬 뒤에 배를 띄워, 70여 리를 가니 급한 여울이 있었다. 다른 배들이 많이 뒤로 떠내려오는 것이 보였다. 우리 배는 여러 사람이 힘껏 노를 저었는데, 마침 작은 예선(曳船) 한 척이 미처 회피하지 못하고 앞에서 뒤집혀 온갖 고초를 겪고 있었다. 격왜(格倭) 4인이 삼나무 널빤지를 붙잡고 뒹굴며 배 밑창에 있는데, 마치 오리가 물속에 잠겼다 떴다 하듯 하였다.

쓰시마의 옛 태수 다이라노 요시시게[平義番]가 우리 사행이 최천종의 변괴를 당했다는 소식을 듣고 오랫동안 중로에 체류하면서 사자를 보내어 문안하니, 인사를 아는 자라고 할 만하다. 다케하라[竹原] 앞바다에 배를 대고, 배 위에서 머물렀다.

이날은 120리를 갔다.

18일

축시(丑時) 말에 배를 띄워, 묘시(卯時) 초 가마가리[蒲刈]에 도착하였다.

이날은 80리를 갔다.

19일

해 뜬 뒤에 배를 띄워, 3경에 가미노세키[上關]에 도착하였다.

이날은 210리를 갔다.

20일

묘시 초에 배를 띄워, 초경에 다시 니시구치우라[西口浦]의 앞바다에
정박하고, 배 위에서 머물렀다.

이날은 밤새도록 1백 80리를 갔다.

21일

인시(寅時) 말에 배를 띄워, 오시(午時) 초에 아카마가세키[赤間關]에
도착하고, 배 위에서 머물렀다.

지난번에 부산으로부터 보내온 치목을 이곳에 놓아두었기 때문에
다시 거두어 실었다. 모기장 111건은 관백이 준 것이므로 무진년(1748)
의 예에 의하여 행중(行中)에 나누어 주고, 일찍이 노자로 마련하였던
큰 차일은 쓸 곳이 없었으므로 나누어서 홑적삼과 홑바지를 만든 뒤
격군 중에 여름옷이 없는 자 20여 인을 가려내 나누어 주었다.

이날은 170리를 갔다.

22일

아카마가세키의 배 위에서 머물렀다. 아카마가세키은 본래 '작은 에
도[小江戶]'라고도 불린다.

23일

아카마가세키의 배 위에서 머물렀다.

24일

날이 밝을 무렵에 떠나, 미나미도마리[南泊] 앞바다에 배를 대고, 배
위에서 머물렀다.

25일

미나미도마리의 배 위에서 머물렀다.

26일

사시(巳時)에 배를 띄워 저물녘에 아이노시마[藍島]에 도착하고, 배 위에서 머물렀다.

이날은 180리를 갔다.

27일

날이 밝을 무렵에 배를 띄워, 저물녘에 이키노시마[壹岐島]에 배를 대고, 배 위에서 머물렀다.

이날은 3백 50리를 갔다.

28일

이키노시마에서 배 위에 머물렀다.

29일

이키노시마에서 배 위에 머물렀다.

기해년(1719) 통신사 때에 아이노시마에서 쓰시마의 도주와 차왜 등이 쌀 꾸어 주기를 애걸하기 때문에 남은 쌀 100표(俵)를 꾸어 주고 돌아오는 길에 그것을 탕감해 준 일이 있었다. 무진년(1748)에도 이를 전례로 삼아 꾸어 주기를 청하므로 역시 지급하였다. 이번에도 이를 빙자해서 말하기에 에도에 있을 때 주려고 하였더니, 말이 새어 나갈까 꺼리어 다른 참(站)에서 받기를 원하였다. 지난번 오사카성에 있을 때 남은 쌀이 많아서 지급하려고 하였더니 도주의 말이,

"무진년(1748)에는 호행 봉행 대장(大莊)이 중간에서 사사로이 쓴 것이기 때문에 실로 알지 못하였지만, 이번에는 의리상 받기 어렵습니다."[161] 고 하였다. 그도 남의 눈을 꺼려서 하는 말 같았다. (태수나 차왜 등이 이미 다 원하지 않으니 반드시 줄 필요가 없겠으나, 하속배들은 자못 군색한 눈치가 있다고 하기에) 삼방(三房)에서 모아 거두어 남은 쌀 61 표(俵)를 수행한 전어관(傳語官)·금도(禁徒)·하지역(下知役) 등에게 나누어 주었다. (이곳에 도착한 뒤엔 호행·봉행·재판·간사관·오일차지 두(五日次知頭) 및 통사왜 등에게) 또 삼방에서 모아 거두어 남은 쌀 39 표(俵)를 나누어 주었는데, 이들은 모두 지난번 오사카성에서 첩급(帖給)할 적에 참여하지 못한 자들이었다. 여기에 와서 추가로 첩급한 것은 곧 지난 무진년(1748)과 기해년(1719)의 100표(俵)를 기준한 수량이었다.

6월

초1일
새벽에 망궐례를 각 배에서 행하였다.
이키노시마에서 배 위에 머물렀다.

초2일
12일까지 이키노시마에 머물렀다.

161　원문은 '영수(領受)'이니 '받겠습니다'라고 번역해야 맞지만, 문맥상 어색하다. 『해사일기』를 참조하여 '받기 어렵습니다'로 번역하였다.

13일

진시(辰時)에 배를 띄워, 3경에 쓰시마의 부중(府中)에 이르렀다.

이날은 480리를 갔다.

14일

뭍에 내려, 세이잔지[西山寺]에서 머물렀다.

여러 가지 시중이 지난번 올 때에 비하여 못하다고 한다. 교활한 왜의 태도가 전부터 늘 이러했다고 하니, 한심하다.

15일

세이잔지에서 머물렀다.

새벽에 망하례를 행하였다. 정오쯤에 도주와 이테이안 장로가 와서 뵈었는데, 맞아 읍하는 의식은 전례대로 하였다. 수역을 시켜 연향(宴享)을 정지하라는 말을 도주에게 보냈다. 대개 이곳에 돌아오면 때로는 공(公)·사(私)의 연향이 있는 법이지만, 우리들은 옥사의 남은 판결을 기다리는 터인 만큼 의리상 연향에 참여할 수 없었다. 그래서 오사카성에 있을 때에도 이런 뜻으로써 차왜 무리에게 분부했고, 또 도주의 집을 들렀을 때에도 '마땅히 왕복이 있어야 할 일이다.'는 뜻을 답하는 심부름꾼에게 보였었다. 귀국길에 들으니 저들은 또,

"사행의 의로운 처사는 마땅히 그러해야 하겠으나 이 공연(公宴)은 이미 관백이 베푼 것이어서 도주의 사사로운 잔치와는 다르니 결코 정지할 수 없다."

고 하였다. 연달아 수역을 보내 사리를 따져 꾸짖고 깨우쳤다.

16일

세이잔지에서 머물렀다.

17일

세이잔지에서 머물렀다.

선래선(先來船)은 비록 이미 떠났으나, 우리 일행이 중로에서 지체하다가 이곳에 도착하였으므로 '부중(府中)에 도착하였으나 연향은 베풀지 않았으며 바람을 기다려 곧 떠나겠다.'는 뜻으로 장계를 써서 비선(飛船) 편에 발송하고, 겸하여 집안편지도 부쳤다.

18일

세이잔지에서 머물렀다.

오후에 세 사신이 학창의(鶴氅衣) 차림으로 위의를 차리고 도주의 집을 찾아갔다. 헐청(歇廳)에서 잠시 쉬다가 홍단령으로 서로 접견하였는데, 이미 연향이 다르므로 원역들의 예의는 생략하고 다만 편히 앉아 차 한 잔씩 나누면서 각기 이별의 정을 나누었다.

19일

미시(未時)에 쓰시마를 떠나 초저녁에 요시우라[芳浦] 앞바다에 도착하고, 배 위에서 머물렀다.

이날은 70리를 갔다.

20일

날이 밝을 무렵에 배를 띄워 유시(酉時)에 니시도마리우라[西泊浦]에 닿았다. 배 위에서 머물렀다.

이날은 170리를 갔다.

21일

날이 밝을 무렵에 배를 띄워, 이즈미우라[泉浦]에 닿았다. 배 위에서 머물렀다.

이날은 40리를 갔다.

22일

날이 밝을 무렵에 배를 띄워, 2경에 부산으로 건너왔다.

23일

부산에서 머물렀다.

24일

부산에서 머물렀다.

25일

동래(東萊)에서 점심을 먹고, 저녁에 양산(梁山)에 도착했다.

이날은 70리를 갔다.

26일

무흘(無屹)에서 점심을 먹고, 저녁에 밀양에 도착했다.

이날은 90리를 갔다.

27일

유천(楡川)에서 점심을 먹고, 저녁에 청도(淸道)에 도착했다.
이날은 70리를 갔다.

28일

경산(慶山)에서 점심을 먹고, 저녁에 대구(大邱)에 도착했다.
이날은 60리를 갔다.

29일

대구에서 머물렀다.

30일

송림(松林)에서 점심을 먹고, 저녁에 인동(仁同)에서 잤다.
이날은 70리를 갔다.

7월

초1일

선산(善山)에서 점심을 먹고, 저녁에 상주(尙州)에서 잤다.
이날은 110리를 갔다.

초2일

함창(咸昌)에서 점심을 먹고, 문경(聞慶)에서 잤다.
이날은 100리를 갔다.

초3일

조령(鳥嶺)을 넘어 연풍(延豐)에서 점심을 먹고, 괴산(槐山)에서 잤다.
이날은 100리를 갔다.

초4일

음성(陰城)에서 점심을 먹고, 무극역(無極驛)에서 잤다.
이날은 90리를 갔다.

초5일

음죽(陰竹)에서 점심을 먹고, 이천(利川)에서 잤다.
이날은 80리를 갔다.

초6일

경안역(慶安驛)에서 잤다.
이날은 50리를 갔다.

초7일

광주(廣州)에서 잤다.
이날은 40리를 갔다.

초8일

세 사신이 동대문 밖에서 모였다가, 낮에 (경희궁에 나아가서) 복명
하였다.
　복명(復命)하느라고 입시(入侍)하였을 때에, 상께서 이르기를,

"지난번에 선래(先來)가 들어오기에, 소식을 듣고서 몹시 기쁘고 다행스럽게 여겼다. (여든을 바라보는 해에) 또 복명을 보게 되다니, 이것이 어찌 미리 생각한 바이겠느냐!"

하시니, 조엄이,

"임금의 신령이 미친 바 되어 무사히 다녀왔으니, 공사(公私)가 몹시 다행입니다."

하였다. 상께서

"날이 이처럼 덥기 때문에, 천천히 돌아오라고 특별히 명하였었다."

하시니, 대답하기를,

"신등(臣等)이 하교에 따라 하루에 한 참(站)씩 왔습니다. 이인배(李仁培)는 죽령(竹嶺)을 거치고 김상익(金相翊)은 추풍령(秋風嶺)을 거쳤는데, 또한 그들도 참마다 묵었습니다."

하였다. 상께서,

"관백의 거처는 어떻던가? 수염은 있던가? 태수의 복색과 관백의 호위는 어떻던가? 궁전은 어떠하며, 대문의 색은 어떻던가? 관백의 옆에는 시중이 있으며, 복색은 다르던가? 음식은 어떠하며, (우리 사행을) 구경하는 자는 많던가? 예수(禮數)는 어떻던가?"[162]

하시니, 하나하나 아뢰어 대답하였다. 상께서

"남옥(南玉)·성대중(成大中)·김인겸(金仁謙)·원중거(元重擧)는 각기 몇 편씩이나 지었는가?"

하시니, 대답하기를,

"각기 천여 수를 지었습니다."

---

162 왜인과 만날 때에 몇 번 절하는 것이 예에 맞는지 물은 것인데, 조엄이 '두 번 읍하였다'고 대답하였다.

하였다. 상께서,

"장하구나! 범상치 않다."

하시고, 또 상께서,

"여러 군관들이 재주를 보였는가?"

하시기에,

"저 사람들이 대궁(大弓)을 보고는 다칠까봐 두려워서 쏘지 말기를 간청하므로 기추(騎芻)와 사후(射帿, 활로 과녁을 쏘는 무예)만 보였는데, 김상옥(金相玉)은 기추에 다섯 번 맞히고 사후에 네 번 맞혔습니다."

라고 대답하였다. 상께서,

"장하다!"

하시니, 이인배가,

"김상옥을 장군이라 일컫더이다."

하고, 조엄이,

"이해문(李海文)에게도 장군이라 일컫더이다."

하였다. 상께서 이르시기를,

"김상옥은 상(像)이 좋다."

하시니, 대답하여 아뢰기를,

"유달원(柳達源)도 기추(騎芻)와 후전(帿箭)에 다 세 번 맞혔습니다. 이 사람은 유진하(柳鎭夏)의 아들인데, 그 할아비인 선기(善基)가 기해년(1719)에 부사(副使) 황선(黃璿)의 군관으로 들어갔었고, 그 손자가 또 들어간 것입니다."

하였다. 상께서 이르시기를,

"서유대(徐有大)는 서명응(徐命膺)의 친척인가?"

하시니, 대답하였다.

"서명형(徐命珩)의 재종손(再從孫)입니다. 이번에 서유대와 유달원

덕분에 거의 가라앉을 뻔한 배를 구해 내었습니다."

상께서 여러 군관들에게 명하여 앞으로 나오게 하였다. 민혜수(閔惠洙)에게 이르러 상께서 이르시기를,

"신수(身手)가 좋다."

하시고, 조학신(曹學臣)에게 이르러 상께서,

"영남에 돌아가고 싶으냐?"

하시니, 대답하였다.

"오는 길에 들렀습니다."

양용(梁瑢)·임흘(任屹)·이매(李梅)·오재희(吳載熙)에게 이르러 상께서 이르시기를,

"조상수(趙尙綏)의 아들이 매우 가엾다."

하시고, 이덕리(李德履)에게 이르러 상께서,

"누구의 일가이냐?"

하셨다. 조엄이,

"부사의 가까운 친척이며 장한상(張漢相)[163]의 외손자입니다."

하니, 상께서,

"그러면 이삼(李森)의 처조카이구나."

하시고, 명하여 전교를 쓰게 하셨다. 상께서 이르시기를,

"이번 군관들의 무기(武技)는 모두 잘하였다."

하시니, 대답하여 아뢰기를,

---

[163] 장한상(張漢相): 1694년 경상좌도병마절도사로서 탐학한 행위로 한 때 파직되었다가 삼척포진영장(三陟浦鎭營將)으로 기용되었다. 1712년 함경북도병마절도사로서 왕명을 따라 백두산 남쪽지대의 지형을 그려 바쳤으며, 이어 국경을 넘어가 남벌(濫伐)하고 행패부리는 자들을 즉시 보고하지 않은 죄로 파직당하였다. 1716년 경기도수군절도사에 이어 영변부사를 지내고, 1723년에 다시 함경북도병마절도사를 거쳐 황해도병마절도사가 되었다.

"부끄러움이 없었습니다."

하였다. 상께서,

"남옥이 홍세태(洪世泰)·신유한(申維翰)에 비하여 어떻던가?"

하시니, 대답하기를,

"시(詩)와 문(文)에 다 장처가 있으며, 갑자기 지어도 다 잘 지어냈습니다."

하였다. 상께서 이르시기를,

"저들이 조선 사람의 문무(文武)의 재주를 모두 '따라가기 어렵다' 하더라지?"

하시니, 대답하기를,

"그렇습니다."

하였다. 이인배가 아뢰기를,

"상사가 탄 배의 치목이 부러졌을 때에, 상사가 국서를 지니고 대기하였었습니다."

하니, 상께서,

"일의 체모는 그래야 할 것으로되, 겁이 난 것은 아니었는가?"

하시니, 이인배와 김상익이 아뢰기를,

"그때의 위급함이 순식간에 닥쳐 있었으니, 어찌 그렇지 않을 수 있었겠습니까? 다행히 서유대와 유달원의 힘을 입어, 위태로움을 벗어나 편안할 수 있었습니다."

하였다. 상께서 이르시기를,

"치목이 부러졌을 때에 유달원과 서유대 가운데 누가 먼저 공을 세웠느냐?"

하시니, 대답하기를,

"서유대는 망치를 잡고 치목을 쳐내렸으며, 유달원은 칼을 뽑아 군인들을 독려하였습니다."

하였다. 상께서 이르시기를,

"유달원은 호령만 한 것뿐이니, 서유대가 가장 공이 많겠다."

하시고, 서유대를 방어사(防禦使)로 삼는 전교(傳敎)를 쓰게 명하였다.

해행일기 부록편

서계식(書契式)

봉서(奉書)

조선 국왕 성 휘 근봉(朝鮮國王姓諱 謹封)

일본국 대군 전하(日本國大君殿下)

조선 국왕 성 휘는,

일본국 대군 전하께 글을 올립니다.

일기(一紀)가 가깝도록 통신이 없었습니다.[164] 전하께서 공업(功業)을 이어받아 나라를 다스려 편안케 하신다는 소식을 들으니, 교호(交好)하는 처지에 어찌 몹시 반갑지 않으오리까? 이에 규례에 따라 바삐 사신을 보내어 경축하고 친목을 닦음이 이웃의 의리로는 당연한 일이오니, 토산물이 변변치는 못하나 그런대로 멀리서 정성을 표합니다. 선대의 훈

---

164 일기(一紀)는 12년인데, 1643년에 계미통신사가 파견되고, 12년이 지난 1655년에 을미통신사가 파견되었다.

공을 힘써 넓히어 새 복을 듬뿍 받으소서. 할 말을 다 갖추지 못합니다.

년 월 일
조선 국왕 성 휘

별폭(別幅) 19종[165]

봉복(奉復)[166]

일본국왕(日本國王) 미나모토노 이에하루[源家治] 근봉(謹封)

조선 국왕 전하(朝鮮國王殿下)

일본국 미나모토노 이에하루는,

조선 국왕 전하께 답서를 올립니다.

신사(信使)가 멀리 이르매 빙의(聘儀)가 참으로 넘치옵니다. 기거(起居)가 안녕하심을 듣자오니 몹시 경사스럽습니다. 바야흐로 선대의 공업(功業)을 이어받아 백성을 다스리니, 옛 법도에 말미암아 새 기쁨을 펴는 바이온데, 폐물이 이미 후하고 예의 또한 융숭하시니, 두 나라의 믿음을 도타이 하는 뜻을 알겠으며, 대대로 친목을 닦는 의리를 깨닫겠나이다. 이에 변변치 않은 물품을 돌아가는 사신편에 부치오며, 이웃의 화호(和好)를 길이 맺어 하늘의 훌륭한 도리를 함께 받들어 가기를 바라나이다. 할 말을 다 갖추지 못합니다.

년 월 일
미나모토노 이에하루[源家治]

---

165 제목만 있고, 조선 국왕이 일본에 보내는 선물 내용은 생략되었다.
166 일본에서 보내온 답신이다.

별폭(別幅)[167]

첩금육곡병풍(貼金六曲屛風) 20쌍

묘금안(描金案) 2장

묘금안구(描金鞍具) 20부

염화릉(染華綾, 물들여 꽃무늬 놓은 비단) 1백 단

채주(綵紬, 잔무늬가 있는 명주) 2백 단.

년 월 일

미나모토노 이에하루[源家治]

갑신년 봄에 반한(返翰)을 받아올 때에 불경문자(不敬文字)가 있다고 서로 가지고 왕복한 일이 일록에 실려 있어 참조할 수 있으므로, 이것만 초록하여 올린다.

매[鷹子]는 지난번에 받아들여 먼저 보냈는데, 이로부터 전례가 되었다. 차왜(差倭)가 "무진년(1748)의 매 원수(元數)가 71련(連)인데, 계미년(1763)에는 원수가 54련이니, 모름지기 3련이나 차이가 나는데, 무진년에 비하면 크게 줄어든 것이라서 그대로 싣고 가기 어렵다"고 하였다. 어쩔 수 없이 3련을 더 보내달라는 뜻으로 관문(關文)을 띄워 부산 첨사에게 분부하고, 매 3련을 예비하여 가져오게 하였다.

예단마(禮單馬) 2필, 마상재(馬上才)의 말 3필, 매 60련, 이마(理馬) 1인, 소통사(小通事) 1인, 견부(牽夫) 1명을 왜선 3척에 나누어 싣고 9월 27일에 먼저 발송하였다. 수지(水旨)에 닿기 전에 역풍을 만나 떠돌다

---

167 일본 국왕(장군) 미나모토노 이에하루가 조선 국왕에게 보내는 선물 목록이다.

가 겨우 밤을 지낸 뒤, 28일에 기장(機張) 무지포(武知浦)에 표박(漂泊)
하였다. 2척의 배는 10월 11일에 동래 근방에 끌어 대었으며, 1척의 배
는 그대로 무지포에 남겨 두었다. 당일 신시(申時)쯤에 몇 척의 배를
대풍소(待風所)에 끌어다 대었으며, 초5일에는 매와 말을 실은 배, 왜
선 3척이 이마, 통사, 견부 등을 전례에 의해 같이 태우고 먼저 발송하
여, 갑신년(1764) 정월 초7일 에도에 도착하였다.

일공(日供) 1수두(手斗)는 우리나라의 3근이다.

사행(使行)

오일공(五日供)
상상백미(上上白米) 25수두(手斗)
상품 단술 15수두
단 간장 5수두
식초 1수두
녹각(鹿脚) 5개
소금 6수두
참기름 2수두
초 15자루
말린 고등어 2개
김치 15잔
닭 10마리
방어 2마리
날전복 15개

축일공(逐日供)
도미 1마리
두부 2모 반
파 1단
미나리 5홉
배추 1단
무 10개
담배 2냥
땔나무[柴]
숯[炭]

달걀 15개

표고버섯 4수두

감자 4수두

꿀 3냥 6돈

고사리 1묶음

간장 3수두

상상관(上上官)

오일공(五日供)

상상백미(上上白米) 15수두

상품 단술 10수두

단간장 5수두

간장 2수두

녹각 5개

식초 1수두

참기름 2수두

초 15자루

말린 고등어 2개

김치 15잔

닭기 5마리

방어 2마리

날전복 15개

달걀 15개

표고버섯 4수두

소금 6수두

축일공(逐日供)

도미 1마리

두부 2모 반

파 1단

미나리 5홉

배추 1단

무 10개

담배 1냥 7돈

땔나무

숯

감자 4수두

꿀 3냥 2돈

고사리 반 묶음

상판사(上判事)

오일공(五日供)	축일공(逐日供)
백미(白米) 12수두 반	도미 1마리
여느 단술 10수두	두부 1모
단간장 1수두	파 반단
간장 1수두 반	무 6개
식초 2홉 반	담배 2돈 7푼
소금 2수두	미나리 3홉
참기름 3홉 3작(勺)	배추 반 단
녹각 7홉	땔나무
닭 2마리	숯
방어 6홉 5작	
무 4수두	
초 10개	

상관(上官) 차관(次官)

오일공(五日供)	축일공(逐日供)
상백미(上白米) 10수두	생선 큰놈[生魚大者] 1마리
여느 단술 10수두	두부 6홉 9작 촌(寸)
단간장 1수두 반	파 1홉 7작
간장 1수두	배추 1홉 7작

녹각 7홉

식초 2홉 5작

소금 2수두

참기름 3홉 3작

닭 2마리

방어 6홉 5작

날전복 6개 반

고사리 7홉

미역 3홉 5작

무 4수두

미나리 1홉 7작

무 2개

담배 2돈 7푼

중관(中官)

오일공(五日供)

백미(白米) 7수두 반

단술 1수두 반

단간장 4홉 3작 5촌

방어 7작

녹각 2홉

소금 1홉 6작 5촌

미역 5작

고사리 7홉

말린 물고기 1마리 반

녹모(鹿毛) 7홉   모양이 쇠고기[黃肉]와 흡사함.

축일공(逐日供)

생선 작은놈[生魚小者] 1마리

배추 7홉 4작

녹모 7작 4촌

무 1개

하관(下官)

오일공(五日供)　　　　　　　　　　**축일공(逐日供)** 없음

백미 5수두

단간장 4홉 3작 5촌

단술 1수두

소금 1홉 6작 5촌

녹각 2홉

방어 7작

고사리 7홉

미역 5작

녹모 7홉

말린 물고기 1마리 반

海行日記

英宗 三十九年 癸未

正使		
	副題學	趙曦
	名武軍官前營將	金相玉
		柳達源
	訓鍊正	徐有大
	前府使	李海文
	子弟軍官前縣監	李　梅
	通德郎	趙　曮
	壯士軍官前萬戶	曹　信
	製述官 前縣監	南　玉
	書記 前察訪	成大中
	譯官	崔鶴齡
		崔弘景
		玄啓根
		李命和
	寫字官	洪聖源
	畫師	金有聲
副使 輔德		李仁培
	名武軍官前府使	閔惠洙
		柳鎭恒

都摠都事	曹學臣
武兼	梁墖
子弟軍官通德郎	李德履
前察訪	權琦
壯士軍官內禁衛	林春興
書記 前奉事	元重擧
譯官	李命尹
	崔鳳齡
	崔壽仁
	李彦瑱
寫字官	李彦佑
從事官 修撰	金相翊
軍官都摠都事	任屹
前宣傳官	吳載熙
子弟軍官通德郎	李徵輔
書記 進士	金仁謙
譯官	玄泰翼
	玄泰心
	劉道弘
	吳大齡
良醫	李佐國
	南斗旻
	成灝

別破陣二人
馬上才二人
典藥二人
理馬一人
騎船將三人

卜船將三人

都訓導三人

伴人三人

鄕書記二人

禮單直一人

盤纏直三人

廳直三人

通引十六人

小通事十人

使奴子六名

及唱六名

刀尺六名

房子三名

各員奴子四十六名

樂工十八名

吹手十八名

羅將十八名

旗手八名

砲手六名

沙工二十四名

格軍二百二十八名

一行合四百七十七

海行日記

癸未八月 初三日 丁亥。
晴。發行, 憩典牲暑, 宿良才驛。二十里。

初四日。
晴。午憩板橋, 宿龍仁。六十里。

初五日。
風。午憩陽智, 宿竹山。一百里。

初六日。
晴。午憩無極, 宿崇善。六十里。

初七日。
雨。宿忠州。里。製述南玉、書記成大中、金仁謙、元重擧吟詩。

初八日。
大雨。宿安保驛。里。

初九日。
雨。路鳥嶺, 宿聞慶。四十里。

初十日。
晴。到戌灘水急, 一行半渡, 或反歸新院店。先渡則宿幽谷。四十里。

十一日。
晴。午憩龍宮, 宿醴泉。八十里。

十二日。
晴。午憩豊山, 宿安東。六十里。

十三日。
晴。留安東。禮單黑麻布沾濕者, 曝晒。

十四日。
晴。午憩一直, 宿義城。七十里。

十五日。
晴。曉行望闕禮。午憩義興, 宿¹新寧。九十里。

十六日。
晴。宿永川。四十里。道伯金相喆例設餞宴朝陽閣上。上使有服制,
不可不往赴, 擧樂受床時, 避入房中。

十七日。
午憩毛良, 宿慶州。九十里。

十八日。
晴。午憩仇於, 宿蔚山。九十里。東萊校吏十餘人來現。

---

1 宿: 底本에는 없음. 趙曮의 《海槎日記》 같은 날 기사 내용에 의거하여 보충함.

十九日。

晴。宿龍堂倉。六十里。東萊校吏數十人來現。

二十日。

晴。至東萊，憩十休亭。到五里程，府使鄭晚淳陳威儀，迎國書於路次，仍前導而行。備陳渡海軍物及羅卒前排。三使具官服。員役各服其服。整齊班次。緩轡行。入南門。奉國書於客舍。親受府使延命。

二十一日。

晴。留東²萊府，以素崔之地，會武士試射施賞，賜餠設樂。

二十二日。

晴。向釜山，到五里程，僉使及近邑諸守令、諸邊將，祗迎國書。到客舍延命。三使同往船所。各登騎船。船比戰船稍大。上裝長十九把半，上腰廣六把二尺，上設廳房十四間。房之上，又有柁樓，施以丹艧。樓之上設軍幕，幕之上設布帳。設椅而坐，俯臨滄溟。舉火而還客舍。

二十三。

晴。留釜山。彼人稱首譯曰上上官，稱軍官曰上官。馬島太守書契必稱"東萊、釜山兩令公閤下"，亦稱"釜營大將"。

九月 初一日。

日食。晴。留釜山。曉行望闕禮。仍行國書查對，而禮曹書契中有關白名字觸諱處。措語間亦有節候差異者。故卽爲擦字。具³由狀聞。

---

2 東: 내용에 의거하여 보충함.

3 具: 底本에는 "其"。《海槎日記》에 의거하여 수정함.

初三日。

往觀海雲臺而還。一行自員役至格卒殆近五百人, 又有別破陣、馬
上才、典樂、理馬等各色員役四十六人。

初六日。

海神祭習儀。三使與執事同往永嘉臺習儀。仍各致齋。

初八日。

子時, 三使及諸執事同會永嘉臺行海神祭例也。築三層壇, 上層位
板書以大海神位, 設祭物。中層置香爐, 下層獻官執事將事。三壇下,
設祭官以下執事內位。周布帳作神門。門外設班位。笏記《祭海瀆儀》
略加增刪。

初十日。

設餞宴。使臣與水使分主客位, 餘皆次坐。行九盞七味之禮。人皆
頭挿一枝彩花, 以榮君賜。公宴後, 水使繼設私宴, 奏樂。

十一日。

三使設宴於客舍。沙格則未能同庭而食, 使親裨領賜于船上。且給
三絃以樂之。

十三日。

卽主上誕辰。曉行望闕禮。食後奉國書具威儀。一行同時乘船, 以
啓下乘船日故也。擧碇發船。出半洋口十餘里, 風勢不順, 還泊下陸。
同樣六船, 有難卜別八, 以燈燭之柄數與籠色, 放砲與火箭之放數多
寡, 卜其各騎卜船。定節目。

二十日[4]。

一行公私卜物, 從事官親爲搜驗, 封印載船。有解卜之事, 則必經稟而爲之。

二十一日[5]。

設支供假家, 備釜鼎器皿, 一日捧貰至過百餘金。極爲過濫。行關萊<u>府</u>, 使之減三分之二。

二十二日[6]。

護行大差倭、裁判倭、都船主倭十餘隻, 爲護行來泊<u>豆毛浦</u>前洋云。

二十三日[7]。

大差倭呈問安單子, 書以迎聘使。故責以使行之前, 不當書以使字。改書以迎聘正官。納五花糖葛粉各一斤、羔古魚十箇, 三使前各單, 例也。分給裨將廳。

二十四日[8]。

大差、裁判、都船主倭處, 各給雞二首、胡桃·生栗各五升、壯紙一束。使譯官存問。

二十六日。

初更量倭人謂: "夜半當得好風, 治裝待月擧碇云。" 而我國沙工之言

以爲不可, 故審愼不詳之矣。夜半微有東北風, 而平明反有西南風。倭
人先發之鷹馬船, 逗留洋中, 夕還絶影島。倭沙工之言, 亦不可專信。

二十七日。
大差倭等, 各給藥果十立、雞二首、大口二尾。存問。倭沙工又謂:
"今日得好風。" 促發船。而我國沙工大以爲不可。平明後, 果有西南
風。曉倭所發送鷹馬船。漂泊機張境頭上。倭沙工再次誤占, 有無聊
之色。

十月 初一日[9]。
馬島在釜山之巳方, 得北風可以直指。前後信行必渡東北風者, 以
其橫順之安穩, 有勝於直指之順風故也。

初二日。
大差倭等, 更給二雞、生魚二尾、大口二尾。

初五日。
有東風。束裝而待。

初六日。
東北風盡日。子時乘船, 雞鳴放擧碇炮, 齊發六船。護行倭船, 或先
或後。轉眄之頃, 已出外洋。開東時, 過百餘里。舟楫搖蕩, 板屋如裂,
角角有聲。印床香童, 或時顚仆。溺缸唾壺, 自相撞擊。望見他船, 高
而上者, 如登九萬天。低而下者, 若墜千仞坑。多患水疾。輕者或貼
席, 昏眩不能起坐。重者惡心嘔吐, 不省人事。終日惺惺, 惟上使與首
譯、李裨、李醫、都訓導、沙、格五六人而已。廳直奴子通引及唱等,

---

9 底本에는 9월 27일의 기록이나, 《海槎日記》에 의하면 10월 1일의 기록이다.

幷頹臥。行二百里, 鷗木付板墮落。我國沙工欲爲改挿, 日本沙工極爲
持難, 以櫓木付於鷗木元株之左右。僅僅支撑。午後過水宗。申末到
佐須浦口。倭小船三十隻。左右曳纜。初更末到泊船所, 則五船先已
來泊。而副騎船未及水旨, 鷗木再折, 幾危殆。入浦口, 迎接奉行平如
敏, 船上行再揖禮。一擧袖答之。及泊船所, 護行奉行等請下陸。遣首
驛摘奸館所。奉國書入館。館宇曲曲回回, 以小紙揭各房, 書以員役稱
號, 初無溫突。設軍幕于廳上, 居處。所供十餘器, 皆不可堪食。行中
水疾, 諸人始能强起, 或下下處, 或宿船上。是日行四百八十里。

初七日。
以無事渡佐須浦之意修狀啓。以鷗木折傷, 句管統使、監造差使員,
令廟堂論罪事, 擧狀聞中。兼付家書, 出給差倭, 定送飛船于釜山。
渡海日, 彼人例納五日供、逐日供, 而三使外首驛, 謂上上官, 軍官
以下員役, 謂上官, 別破陣以下格卒, 謂次官、中官、下官。支供亦有
分等, 皆據前例。所納亦不準元數, 或請代納, 或請追納, 巧詐百出, 情
態可惡。亦有未收之追納。護行正官、裁判、都船主依例請謁。彼人
則鞠躬再揖。使奉行則立而一擧手答之。裁判已下坐而一擧手答之。
太守送杉重饌盒、酒壺。酒則以禁令退却不捧。日供所納酒, 並不
捧。渡海後, 沿路各州太守例有杉重及果餠之隨時送來, 杉重者以杉
木三層饌盒, 盛新果餠饌。護行、奉行差倭等, 亦有果饌呈納。有呈單
者, 使首驛答之。

初八日[10]。
鷗木折傷時, 彼我沙格勞者, 以米布饌分等施賞。釜山所送飛船以
逆風不發。

---

10 底本에는 7일의 기록이나, 《海槎日記》에 의하면 8일의 기록이다.

十一日。
自佐須浦發船，至大浦。二十里。宿船上。

十五日。
留大浦。於板屋上設位，行望闕禮。

十九日。
自大浦，至西泊浦。六十里。豐崎之境，石角嵯峨，如城郭。或露出
或隱伏，水激則觸者無餘。一去癸未譯官韓天錫之一行，淪沒於此中。
或不由西泊浦去。

二十日。
船上。本月初四日、初七日家書，因釜山鎭付送飛船，便得見聞家國
平安之報。

二十六日。
西泊浦辰時發船，至琴浦。六十里。是夜，本月十二日所出家書。

二十七日。
自琴浦，卯時發船，未時至對馬島。一白六十里。裁判船直向府中，
隨後而進。未及十里。馬島奉行平如敏、裁判橘如林、島主使者，船上
行禮。酊菴老僧乘彩船迎候。船相近，島主于船上行再揖禮，上使以再
揖答之，於老僧亦然。島主、老僧於副三騎船亦如之。請三使下陸。陳
威儀，奉 國書而入西山寺。島主使奉行，又納熟供。使小童進之。饌近
二十器，而別無可餐者。島中人戶殆近萬餘。南對一歧島。

二十八日。
以無事到對馬島之意，修狀啓，付送飛船。島地東西三百里，南北八

十里。

十一月 初一日。

留西山寺。船將興檛病重，格軍出送之意，修狀啓，出送飛船。

酊菴僧進三層饌盒，而單子年月下，只書別號，退却不捧。改單書名，仍着桂巖圖書而納，故受之。島主送冬月眞花。

初二日。

差倭等行禮謁，答揖。饋蔘茶宴床，行九酌七味之禮。倭人見金營將相玉身手壯大，謂之"金將軍。"李康翎海文，目之以張飛。請觀馬上才。裹粮來待，道路彌滿。此以前倭人之請詩筆者，並却以使事未竣，許以歸時。

初八日。

設湯餠饌品饋一行。而卜船將興檛之未及出送。不爲擧樂。

初九日。

送私禮單。蔘半斤。島主以乾物送單，有燒酒二瓶，故代送藥果六十立。

十一日。

島主改書佐須浦退却之單子，代送鯛魚鹽鰒等。故留之。

十二日。

島主送言："明日風順"，故三更量並乘船。

十三日。

辰時離發馬州。未時到一歧島。兩國沙工以爲難得之順風，請發船，

島主亦請行, 在前引導. 平如敏、平如任、橘如林各導二三騎船, 纔發
海口. 風勢漸緊, 舟行如電, 午未已過四百餘里. 頃之通引顚倒, 告曰:
"鷗木折傷". 起首則船頭已橫矣. 左傾右側, 前低後高, 白波如山, 水漏
下裝, 可浮小舟, 水濺盡濕人衣. 事到十分之急, 副船夐過二十步間,
風利水逆, 莫能回船相救. 放砲揮旗, 各船末由可救. 上使曰: "國書是
吾君父姓諱所寫文字. 雖死不可離吾." 舟入出國書, 背負於裡衣之內,
結以紅帶, 以待天命. 大丘通引曰: "願得使道之赤衫. 投水祈厄." 上
使不許之. 傍侍者皆笑. 人多水疾, 昏倒不醒, 幾盡喪魄. 飭使彌帆半
下. 時徐中和、有大、柳營將達源聞變, 强疾突出, 左右奔走, 應接不
錯. 鷗木在柁樓欄干內, 格軍輩力挽不出. 徐裨見而覺之, 先以餠椎打
破欄干, 又打注索交結之木, 如柱木椎隨手破碎. 徐、柳兩裨, 倡聲挽
鷗拔釘飭, 諸卒各盡死力, 挽鷗下於船外, 鷗木元柱, 忽自起立直貫鷗
穴, 遂得全安, 擧帆前進, 其間爲二食頃, 危迫之除, 賴有二人之應變,
得以改挿鷗木, 此人謀之攸臧也. 日光忽漏, 虹霓忽繞船前後. 副船人
以爲彩虹兩頭, 貫於船頭尾, 以謂異事. 其危也, 他人望見, 船底盡露,
帆檣如入水中, 無不驚悸, 不忍視, 流涕臆塞. 及到船所, 咸來致唁, 旋
皆獻賀. 副使以下相見相握, 如再生之人. 一卜船帆席弓竹折傷, 亦致
死傾須曳卽安. 《後蜀壯士錄》, 徐有大得趙子龍, 以其有膽勇也. 今日
處變後改其名曰"徐有膽". 分賞船將、都沙工、倭人同乘者. 馬島主送
伻慰問安. 一歧島太守送奉行源雅信, 以待支供. 是日行四百八十里.

十四日.
　昏後猛風大作. 各船自相撞擊, 或絶結索, 出沒漂蕩. 使首譯裨將,
往飭彼人, 合力救之. 奉行裁判皆脫履忙出董飭. 至一歧島, 日供條有
差誤, 使臣日供列書者近五十種, 島人所納己亥、戊辰日供, 譯官捧上
文書手標着套署, 只四十種. 行中諸人, 多以日供之不善[11], 歸咎於日

11　善: 底本에는 "差". 《海槎日記》에 의거하여 수정함.

供官, 格卒亦或疑之日供譯官。上使曰∶"支供卽他國待賓之禮。或未備, 或闕漏, 誠爲主人之羞, 何必以飮食間事, 呶呶爭詰。使行豈爲飮食而來哉。惟在於禮義體例也。或許追納, 或許代捧。"肥州倭醫與我醫筆談之際, 謂以"日本人接待貴國, 非不勤矣。專由於馬島之人奈何"。我醫曰∶"知其如此, 何不變通"云。則倭醫書示以"末如之何"。馬島人惡習, 尤可驗矣。

十五日。
曉行望闕禮。館庭甚窄, 只三首譯、製述官入參。肥州大(太)守送杉重, 卽昆布、烏賊、乾鯛。

十六日。
使騎、卜船將各行報謝祭于船神之所。祭文, 南製述、成書記撰之。

十七日。
馬島主請觀三鉉。依戊辰例許之。理馬船先向前路。

十八日。
卽冬至也。設豆粥、魚羹, 下及格卒。島主、差倭處亦送之。出站奉行進乾果餠荣。彼人洋中[12]設捉鯨戲。

十九日。
我醫來言∶"平戶倭醫來贈白石一片, 非石非土, 體輕而中有葉文。此必寶物, 能知之乎?" 答之以"開闢前物。君以怪物爲寶, 我以不貪爲寶。還君寶, 守吾寶"。

---

12 洋中∶底本에는 "中洋". 《海槎日記》에 의거하여 수정함.

二十一日。

留一歧島。雞鳴太早，不過三更中矣。從事官以"地近桃都[13]雞早唱"
句求對。元書記對以"天長萊海雁遲來"。

二十二日[14]。

歧島浦民百餘戶，廣可數十里，長爲八十里。日供比馬島未見欺詐
之習。

二十三日。

首譯來言，筑前太守飛船送言於馬州太守曰："今月十五日筑州地海
邊有鷗木，兩端浮來，非日本物。圖形以送。爲探消息。"果是一騎船所
折鷗木。下端折落後上端則移時投水，茫茫大海，同爲漂泊於一處者，
亦可異也。肥州守送串鰒一樻。

二十四日[15]。

自出行後，服湯劑近百貼，而補中益氣湯居半。中脘之灸亦過百壯。
使臣之病，可謂有效。

二十五日。

馬州太守呈素麵一床。單子皮封書云："奉正使大人閣下"，內書物
數、年月下書"馬州太守平義暢"，踏圖書於名字上。

13　都: 底本에는 "靑". 《海槎日記》에 의거하여 수정함.
14　底本에는 21일 기록에 이어지는 부분이나, 《海槎日記》에 의하면 22일의 기록이다.
15　底本에는 23일 기록에 이어지는 부분이나, 《海槎日記》에 의하면 24일의 기록이다.

二十九日¹⁶。

島主供以勝妓樂, 所謂一名杉煮, 雜以魚菜而煮湯者也。

十二月 初一日。

支待中已竭者代納者, 許令除減, 則肥州人曰: "曾在辛卯支供人以
逃避罪死。戊辰以除減亦被重罪。使行軫念, 雖極感謝, 有難奉承。國
雖疲弊, 無物不有。何可闕奉¹⁷。"

初三日。

自歧島巳時發船, 三更到藍島。自釜山至佐須爲四百八十里。自馬
島至一歧爲四百八十里。自一歧至藍島爲三百五十里。所謂三大海。
藍島道里雖近, 亂石多伏於海中, 渡涉之艱倍於兩海。三騎船鷗木所
付分板三立墮落水中, 以所餘元株, 僅僅支撑而渡距。船倉不過四五
步, 風逆船退五里外。副船夜掛海岸, 前高後低, 橫着不動, 水入鷗穴,
浸沒下粧。副使船小艇下岸。下裝雜物, 幾盡浸濕, 禮單封物或沾或
失。倭曳船一不來救。藍島心可謂甚惡。馬州奉行、裁判並來推謝。

初四日¹⁸。

副騎船所載禮單生苧布、黑麻布, 多沾濕。洗濯曝晒, 足以贈給。或
失或棄, 所餘不足。故上房所餘, 推移劃送, 僅可成樣。副使十餘員自
上房分饋朝夕, 副騎船便成破物, 依戊辰年例, 借用倭船。借出筑州大
船一隻。移載卜物。副船旣破借用倭船則事將轉聞。並擧一歧島事狀
啓云: "當初造船間多微隙, 萬萬疎迂。鷗木一船最緊之物。而多以橫
節之材, 苟且充數, 以致渡海後三折鷗木, 再落分板。監造差使員, 曾

---

16 底本에는 25日 기록에 이어지는 부분이나,《海槎日記》에 의하면 29日의 기록이다.
17 奉: 底本에는 "捧".《海槎日記》에 의거하여 수정함.
18 底本에는 3日 기록에 이어지는 부분이나,《海槎日記》에 의하면 4日의 기록이다.

已請罪, 而內外監色船將、都耳匠、左右邊將、鴎木斫伐時監色, 並捉
囚萊府, 以待回還之意, 移關嶺伯、統制使。每船鴎木, 古則以六部爲
定。戊辰減爲四, 後減二部矣。更加一部, 卜定三部。鴎木一部重二千
斤。筑州曳船次知源直寬惶恐待罪。使首譯嚴責不赦。

初五日[19]。
向年正官平誠一, 以肥州人誤觸使行船事, 威脅其時出站奉行, 受賂
萬金, 始許其自裁。所受物不爲分派, 渠自獨食, 極爲無據。以此改差
奉行。倭人之法, 犯罪死者自裁, 則猶可以世襲其職。被刑則永廢其子
孫。自裁者猶且納賂爲之。信行時倭人之憑藉嚇喝, 徵[20]索賂物者, 誠
難禁。而尤可痛也。曳船失待者, 報于東武, 論罪云云。

初七日。
馬州大守來見。以酊僧隨之, 例也。杉重及日供, 許其來納。飮茶僧
所煎茶一鍾, 給一扇。本茶僧甚恨, 亦給一扇。

初八日。
三房設壓驚宴。餠湯下及格卒。筑前守送杉重魚饌四樻。給護行正
官等。

初九日。
以副船改造事往復。彼人則百般稱託, 不欲改造。巧黠倭情, 猝難變
也。莫非首譯等, 不善辭開諭之致也。卽拿入嚴責。

初十日[21]。

藍島館所近千間, 可謂壯麗。裁判平如任納柑子一筥。

十三日。

筑前守送鯛魚、素麵, 分給行中。以藥果五六種饋問。

十五日。

釜山載送鷗木三部於倭船云。自馬島昨朝發送。而公事書封, 已付
於飛船便云。想是直到於赤間關矣。思君曲下句曰：“應知臣子思君
夜, 君亦思臣未解憂。”自馬島以後沿路站上, 輒設衾褥, 或緞、或紬、
或木, 制樣甚怪駭, 或及於上次官、中下官。而關白所賜之外, 路站所
設, 皆臨發還給。格卒認爲永給之物, ‘仍執’齊聲白活。捉入決棍懲
礪。出送格軍五名糧料, 欲除減, 而譯官曰：“彼人巧詐, 以此爲例。不
可除減。”欲給倭人之同舟行船者, 議未決。

十六日[22]。

使舌官玄啓根校正倭語訛誤未解者。

十九日。

格軍宋姓者, 汲水入有井之家。且以日供庫子, 有作弊事之端。嚴棍
禁之。與從事官, 同觀館宇。裨將輩以爲：“使道旣入裨將廳, 則例有古
風”, 納帖子紙。給十種。副使、從事官, 一體給。

二十二日。

島主送半乾大口二尾。曰：“旣是朝鮮新産, 故送呈。”

21　底本에는 9일 기록에 이어지는 부분이나,《海槎日記》에 의거하면 10일의 기록이다.
22　底本에는 15일 기록에 이어지는 부분이나,《海槎日記》에 의거하면 16일의 기록이다.

二十六日。

自藍島辰時發船, 二更初至南泊。欲入赤間關, 則水勢甚急。亂石多
出於海口。非潮退之時, 則難以直達故也。到南泊浦口, 下碇中流, 經
夜船上。是日行一百八十里。

二十七日。

到赤間關船倉。浦口十餘里有小倉縣。臨海築城, 中有五層樓。海
中有石碑, 秀吉致敗立標以戒。上有白馬塚。羅將征倭, 倭人刑馬盟,
仍埋之。傍有安德天皇寺。赤間石硯有名天下。釜山鎭書札、封物果
來到。推見則只有該僉使書, 一行家書防塞不許入送。見狀聞回啓, 統
使李殷春拿處。監造先罷後拿。鷗木三部推移入送事。長門州太守送
檜重生栗。栗大如小兒拳。是日行六十里。

二十八日[23]。

一行氣色皆欲留此過歲, 以其館宇宏潤, 支供豊足故也。

三十日。

分給歲饌。馬州守以下諸人等亦以藥果、魚族給之。馬州守納洪
魚、鏡餅。以酊僧納柑子、昆布。長門州太守納香茸、生栗。又納猪一
首、粘米、小豆, 並以歲時別問也。長門出站次知人等處, 帖給魚、
果。鷗木載來倭人, 兩次關文持來倭人, 封物領來者三人, 各給壯紙
一束、扇子二柄、米二斗、大口一尾。副房亦如之。以爲激勸之道。

甲申正月 初一日。

留赤間關。行望賀禮。午饋湯餠床果, 遍及格卒。鷗木領受之意, 報
于備局。而鷗木入來時, 東萊、釜山則有報狀。倭館所任訓導別差則

---

23 底本에는 27일 기록에 이어지는 부분이나,《海槎日記》에 의거하면 28일의 기록이다.

初無手本一字。亦以論罪之意。攙及於報備局文狀中。因修家書。

初二日。

自<u>赤間關</u>發, 初更泊<u>室隅</u>。寅時乘潮發船。左近淺灘, 右挾隱石。<u>赤間關</u>本是險津。是日行三百里。

初三日。

辰時發, 午時泊<u>上關</u>。<u>上關</u>是彼國水路咽喉之地。若是藏船於浦內, 伏兵於浦口岸上, 則雖有萬艘, 勢莫能衝過。正是天作之關防也。地屬<u>周防州</u>, 而以<u>長門州</u>之屬縣, 故支供則<u>長門州</u>待之。太守送歲餠二槶, 一餠之圓, 容米三斗。是日行六十里。

初四日。

留<u>上關</u>。以風逆不得前進。支應奉行呈納菓子, 於其盤各盛藥果以給之。

初五日。

辰時發, 申末泊<u>津和</u>。出浦未過百步, 眞是關隘處矣。岸上設置堡樓。此是候望之地。有若我國之烽燧。行未及<u>津和</u>十餘里, 灘勢甚急, 乍進乍退, 向左向右。篙櫓軍大肆力, 僅渡。可謂險津矣。捨此狹路, 取彼右邊山外而行, 則雖似梢遠, 可免此險矣。一卜船落後, 故爲慮險津, 出倚柂樓而待之。初更末自浦外入來, 幸也。是日行一百二十里。

初六日。

辰時發, 午後泊<u>加老島</u>。逆風漸緊, 波濤極盛。舟中搖蕩。衆力櫓役, 僅泊<u>加老島</u>。是日行三十里。

初七日。

留加老島。風亂雨注。船泊於前洋，頗爲搖蕩，分付差倭，使之合力移泊於內洋。青葉不凋，菁根蔥白，見方苗長。皇天平分四時，海內同然。而獨於日本，可謂無冬節矣。

初八日。

留加老島。島主送人請行，而風勢旣逆，波濤不息，故不許之。俄聞島主雷[24]鼓而出浦，心怪之。使首譯往問之。則謂以誤聽傳言，而更聞的報，已爲回船云。其意未可知也。以後勿如是之意，嚴責首譯等，使之傳言於島主。

初九日。

巳時發，未時泊蒲刈。島主謂以副騎船傷事，轉報於江戶，才有回答，當爲親傳于明日云。三使以明日則當爲行船。今日來傳，或於它站留住時來傳之意答送。則更以喉痛方極，有難觸風云。因求薄荷煎，以薄荷煎及龍腦膏、安神丸三種封送，膽書三藥方文而付之。送首譯問病，則頗爲感謝云矣。是日行五十里。

初十日。

辰時發，申時泊忠海島。纔出浦口，逆風漸吹，櫓役前進。行八十餘里。船滄水淺。下碇中流。夜間風勢有未可料。故下宿于誓念寺。寺不甚大，而亦頗精潔。寺僧處給藥果、扇子。是日行一百里。

十一日。

辰時發，初昏泊鞈浦。彼人如得我國人筆跡，則毋論諧草優劣，擧皆喜。求之者絡繹。稍解書字者，不堪其苦。乞書者未暇揮灑，居間紹介

24　雷: 底本에는 "電".《海槎日記》에 의거하여 수정함.

之馬島通詞輩, 亦多操縱而索賂云。其意誠莫曉也。或以謂如得朝鮮
筆蹟而藏置, 則多有福利云。又納《戊辰信行時帖子記》。自前過此時,
寺僧例納祝願之辭, 則輒皆帖給食物。故今亦依戊辰例, 以白米一包、
藥果、紙束給之。曾聞盤臺僧乞粮於往來行人, 而爲來客祝西風, 爲去
客祝東風。一日之內, 並祝順逆之風, 天何以從其願乎。纔出浦口, 多
有亂石隱嶼, 遠避而過船。前後使臣皆以鞱浦爲日本沿路之第一勝
景。是日行一百里。

十二日。

巳時發, 申末泊日比。纔出浦口, 或灑雪灑雨。而以其風順之故, 擧
帆前進。乞書之倭, 小船來近我船, 忽入於騎船外欄之下。而風利船
疾, 不得拔出, 幾乎傾覆。使格軍輩, 從櫓穴撑出, 而牴牾不出。急下我
船之後帆, 僅僅拔出。極幸。方其危急之時, 一倭人從櫓穴攀登我船。
格軍輩稱以拘忌, 欲爲還下, 則其人餘悸[25]未定, 不欲還去。而格軍輩
猶欲强之。瞰弟呵叱格軍, 使之姑留。余見之謂瞰弟曰:"毋論彼我人,
有相救, 事理當然。彼人纔經危境, 不欲還其船者, 人情固然。格軍輩
欲爲拘迫還送者, 可謂沒人情。汝今曲諒人情, 使之姑留, 以安其危急
之人, 此正仁心發見處。"乘月下陸, 入宿閭家。以藥果、扇子帖給主
人。是日行一百四十里。

十三日。

辰時發, 午後泊牛窓。風利舟迅。行到數十里, 嶼島前洋, 多有隱
嶼。及到浦口館所。地屬備前州。大守呈納糟漬魚一箱、雜糕五層。
糕則受之, 魚則以糟漬退却。改單以納, 故受之。其單書以"日本備前
國主從四位源宗政, 敬奉朝鮮國正使通政大夫趙公錦帆下。"又其下書
物目。非但單規之稍異, 太守之自稱國主者, 可謂怪駭。曾聞日本之六

---

25 悸: 底本에는 "悖".《海槎日記》에 의거하여 수정함.

十六州, 皆自稱國。馬州之人, 謂其島曰吾國, 稱江戶曰內國。想以世襲之, 故自國其州, 只納朝貢於江戶, 而生殺稱號, 惟意所欲故耳。是日行六十里。

十四日。
辰時發, 午時泊室津。乘船向東而行。風利波靜, 帆橫舟駛。地屬播摩州, 太守源忠知。戊辰首執政也。送杉重於一行, 至於小童亦有饌果之饋矣。是日行一百里。

十五日。
留室津。夜赴闕, 行望賀禮。

十六日。
留室津。風順日和, 足可行船。而彼人以謂明石海路之絶險, 稱託不發。

十七日。
辰時發, 還泊室津。纔出浦口, 逆風漸緊, 勢難趲進。以回船之意, 送言于馬島守。放砲揮旗, 還到室津, 諸議皆欲爲下陸。且未知日氣之如何, 復入館所。

十八日。
留室津。風殘日暖。亦可以櫓役行船。而聞馬島護行之言[26]則"自此去明石百餘里之間, 水路絶險。海邊淤泥。舟易膠貼。故初無船滄。不可泊止。必得長風。可以直抵兵庫"云。未知其果然。而旣未詳水路之難易, 勢當從其指導。傍有支待之金屛, 使趙生揮灑, 出付譯官, 問其便

---

26 護行之言: 底本에는 "護之行言". 《海槎日記》에 의거하여 수정함.

否, 則出站奉行, 大爲欣聳, 稱以稀貴之寶。而馬州之人, 則以其非渠
紹介, 不無如何之意云。情態可巧矣。

十九日。

日出發, 二更泊兵庫。督櫓而行, 午後忽得西風, 舟行甚駛。明石險
津, 一帆而過, 人皆謂殆若神助者矣。地屬畿內 攝津州, 爲關白歲入之
地。關白送代官別辦支供云。欲留船上待時發行, 而島主以爲旣有關
白之支供, 則事當下陸暫玩云。故三使同入館所, 霎時酬酢, 仍還船
房。島主送言謂 "以河口水淺, 當趁潮生而行。船具中預, 差除留此處,
盤纏卜物, 移運他船"云。故並許之。留置物件逢授彼人, 以爲回還時
推去之地。盤纏之先運者, 使掌務官移乘倭船, 而領去以待於大坂城
矣。是日行一百八十里。

二十日。

丑時發, 亥時泊大坂城。風潮俱順, 船疾如箭。辰初已近百里。水淺
沙壅, 難於行船。故彼人於其稍深處, 立標木於左右, 以形門柱。間間
揷竹, 以指前路。僅容一船, 不可雙行。由此而進船, 撐篙而量水, 到十
餘里, 始抵河口。回望三騎船, 貼此沙泥, 移時拔出。巳時量六船齊泊
一處。海行三千餘里。始入河內, 如登陸地, 慰幸曷勝。先以百金帖給
船將梢工輩, 使之領受於還渡之後。自江口到大坂城爲三十里。沿江
築石, 因作長堤。堤上人家相連, 層樓疊榭, 在在皆然。江岸左右或設
竹欄, 或鋪紅氈。觀光人彌滿, 寂無喧譁, 不知其幾十萬矣。到泊船倉,
陳威儀下陸。三使乘轎子, 上官以下皆乘馬, 入處本願寺。屋宇無慮數
千間, 非比所經宿館。地屬畿內 攝津州, 關藏入之地。一島河海相接,
他國商船齊泊。且是江戶往來之要衝。自赤間關至大坂城爲一千三百
六十里。行船雖傍一邊陸地, 而峰巒交錯, 海波相衝。如下關之乘潮出
入, 上關之洋中隱石, 津和之海水縈廻, 三原前洋及牛窓前洋之隱岐,
與夫明石前洋之淤汎悍急, 俱可謂險灘。若有風濤, 或致深夜, 則誠是

危地。人謂內洋之行船, 愈於大海之悅漾者, 以其望陸而行, 心有所恃
也。凡於水行旣以一葉舟寄其性命,　皆是危極之地。如能善器械而愼
風潮, 則可得利涉。如其不然, 毋論大海、內洋, 雖淵川之水, 亦或致
敗。豈可少忽? 戒心於臨深履薄之古訓也哉。是日行一百三十里。

二十一日。
　留大坂城。首譯來言關白熟供宴, 例行於昨日, 而以夜退定於今
日。館伴將來云。故三使着紅團領軍官戎服, 會座於饗所大廳。所謂
熟供, 旣曰關白所賜, 而三使臣公服受之, 則行中諸員役宜皆進參。而
過半稱託, 故卽爲申飭, 皆令往赴焉。

二十二日。
　留大坂城。以無事渡海, 將向陸路之意, 構成啓章, 仍付家書。站官
謂以關白所送, 一行上下各給衾褥。而三使及堂譯以錦, 次上官以紬,
中下官以木綿。云是例贈, 且考前例, 則擧皆受之, 故分給行中。上房
所來者, 如給我人, 則亦涉難明。

二十三日。
　留大坂城。紀伊州太守源宗將, 送鹽鯨三十苞、鹽鹿二十苞, 爲一苞
十條, 而一條爲斤餘肉矣。都單以呈, 亦不書姓名, 可怪, 而聞是前例,
故受之。聞首譯之言, 則馬州人以紀伊鹽鯨謂之一味, 而欲爲得食云。
故送二苞於太守, 奉行裁判等處各給一苞。傳語官禁徒等處, 以數苞
分給之。太守以下擧皆稱以國賜, 頗有榮感之意云。蓋紀伊州、尾張[27]
州、水戶州三太守, 謂之三宗室。而關白若無子弟, 則擇於此三宗室而
立之, 故於諸太守中最爲貴重。今關白之祖吉宗, 亦以紀伊州太守, 入
承關白之位。釜山官報, 因飛船便來, 聞甚驚喜。拆封以見, 只是公文,

27　張: 底本에는 "長".《海槎日記》에 의거하여 수정함.

更無家信。釜鎭報狀中有曰：“備局關內信使渡海後，事體緊重。公幹因便外，私書往復，一切嚴防。故各處家信，不得入送。”云云。且於左錄各送紗籠、清醬等物，以其佐須浦時所求也。細究備關辭意，似公幹因便則付書，公幹因便外，則不可專便付書者。而釜鎭之防塞不送，必因未詳關辭而也。瞻長老呈納饅頭一樻。

二十四日。

留大坂城。磨鍊禮單所用五十餘隻，或入長樻，或裹草席，出付彼人，別定禁徒，先送江戶。此是例也。其中如人蔘、錦緞之屬，可謂重貨，而自前彼人少無虛疎之慮。船將等來謁，以檢束留格申飭。各給丸藥、服藥、蔘料，俾爲救病。且許其不虞所用取諸盤纏之意。

二十五日。

留大坂城。

二十六日。

午發，達夜行船，翌朝泊平方。乘金鏤船。地方官進熟供，以代夕飯。旣無止宿之站，且非殆危之地，使之櫓役前進。是日行五十里。

二十七日。

巳時乘船，夕泊淀浦。望見淀浦，樹林蔥蔚，樓臺隱映。城外有水車二座，狀如繅[28]車。逐波自轉，酌水注桶，灌入城中，奇怪。使許圭、卞璞，詳望其制樣。如能移其制作於我國而用之，則灌田之道，可謂有利矣。日暮到淀浦。自此始陸行。陸行後，則中下官例熟供云。是日行四十里。

---

28 繅: 底本에는 "轊". 《海槎日記》에 의거하여 수정함.

二十八日。

日出發, 午泊西京。下陸後, 則例必先送乾粮官及日供軍官, 以爲受
供熟設之地。而島主前導之, 故易致道路之生梗, 申戒先送。陳威儀,
三使乘轎子而行。曾聞乘馬者佯作墮馬之狀, 則從倭大懼哀乞。今則
雖不然, 亦能勤幹於扶護云矣。行十五里, 到實相寺。暫入改着紅團
領。員役官服, 軍官戎服, 將入西京故耳。站官進杉重一樻, 謂以關白
之贈。馬州守及兩長老請見。以公服相接于大廳。到此例也。使行具
官服出楹外迎入, 行再揖禮。夜聞中下官熟供相混。中官熟供處稍近
下官輩, 亂入先食, 以致中官之闕食。查出而治之。是日行三十里。

二十九日。

大津中火, 宿森山。如金鏤船泝上乎此湖, 則可除數日陸行之勞。而
謂以水淺不得行舟云。日本一里, 爲我國十里云, 而不過爲七八里矣。
十里之間, 必置溷室於路傍以待之。一站之中程, 且設茶屋。而如非閭
家, 則或於路邊新建屋子, 以爲休憩之所。或勸茶勸果。而待令者輒皆
請休, 如欲處處下轎, 則日力不足。若値站遠, 則時或暫休矣。暫憩茶
屋, 旋發前進。初更到森山。石川主殿頭 源總慶呈糕品一箱。三等馬
分排之後, 聞有躪等騎來者。查出棍治之。是日行八十里。

三十日。

八幡山中火, 宿彦根城。井伊掃部頭 藤直定送杉重。是日行一百
里。

二月 初一日。

今次中火, 宿大垣。曉行望闕禮於館庭。雨注, 雖欲留滯。島主先發,
故不得已前進。爲彼我下屬可悶。中火今次。一名今須。井伊掃部頭
呈杉重。擧火入大垣。戶田釆[29]女正氏英呈饍糕一箱。是日行一百
里。

初二日。

留大垣。昨日沾濕, 人皆僓繭, 正欲留滯。而島主送言"昨因雨漲, 前路橋梁毀傷, 方重修。願留"云。眞固所願也。

初三日。

洲[30]股中火, 宿鳴護屋。國書前有犯馬倭人云。故事極痛駭。嚴責首譯, 責諭差倭, 使卽查治後, 告課前進。中火後發。自此山水尤爲明麗。此乃尾長州太守邑治。故城郭樓臺, 極爲壯麗。或云: "日本之長鎗大釖, 多出此地。"是日行一百十里。

初四日。

鳴海中火, 宿岡崎。平明發, 到鳴海。主人進冬梅、花竹少桶與曾前信行詩軸。以歸和之答之。中火後卽發, 二更到館所。島主與兩長老來見。謂以關白送使中路而慰問, 例也。三使以黑團領出迎楹外, 行再揖禮。是日行九十里。

初五日。

赤坂中火, 宿吉田。前陪羅卒, 或有行伍之不齊。故查出棍治。使一依圖式。是日行七十里。

初六日。

荒井中火, 宿濱松。是日行九十里。

初七日。

見付中火, 宿縣川。是日行九十里。源資愛呈杉重。

---

29 采: 底本에는 "米". 《海槎日記》에 의거하여 수정함.
30 洲: 底本에는 "州". 《海槎日記》에 의거하여 수정함.

初八日。
留縣川。島主言前路有川, 雪消水漲, 難以渡涉, 待明日云。

初九日。
金谷中火, 宿藤枝。行數十里, 登石嶺, 頗峻急。是日行七十里。

初十日。
駿河州中火。宿江尻。行十餘里, 有大嶺。名舞板, 亦曰宇津。嶺路
高峻。至館所, 寺僧以島主意粘餠一小器。站官進杉重。中火卽進, 暮
到江尻。河州站官呈杉重。是日行八十里。

十一日。
宿吉源。日供雖是不時辦備, 若許全減, 則非但後弊有關, 且事體如
何。故使之捧上, 則依例準備。而果有數三雜種未備者云。故此則使
之除減。是日行七十里。

十二日。
宿三島。站官送杉重。是日行五十里。

十三日。
箱根嶺中火, 宿小田原。過木橋, 向嶺而登。雖不險惡, 漸益高峻。
站官呈果子。午飯卽發。行過一帳場, 設左右館門。禁徒、守直。謂以
"關白別業。日本各州太守皆下馬。戊辰信行時, 使相外上上官以下皆
下轎下馬"云。故初以與關白宮有異, 不必下馬之意爭之, 不得。且旣
有戊辰事, 故依例過之。此是江戶第一關隘。故行人過此者, 必經搜檢
云。其必藉此而爲, 此無義意之下馬也。自此嶺益險。鋪石爲磴, 頗崎
嶇, 人馬小有失足, 易致顚跌。聞首譯言, 則先送之鷹子, 正月初八日
始入江戶, 過半致死。而此則彼人旣已逢授, 雖不足於禮單元數, 自前

無執頉之事云矣。站官送杉重。是日行八十里。

十四日。
大磯³¹中火, 宿藤澤。抵大磯³²館。站官呈杉重。中火卽發, 日暮入藤澤。站官呈杉重。是日行八十里。

十五日。
神奈川中火, 宿品川。曉行望闕禮, 平明發, 到神奈川, 一名金谷。午憩館所, 站官呈杉重, 暮抵品川, 站官呈杉重。是日行九十里。

十六日。
午後入江戶。館于實相寺。飯後, 三使着紅團領, 員役時服, 軍官戎服, 冒雨發。馬島通詞而行。各里禁徒持鐵環杖, 一帶擺列, 次次交替。午抵館所, 卽實相寺。而前後信使所住處也。下轎升廳, 則館伴二人出迎。行再揖禮, 仍從閣道六七轉, 曲行百餘步, 始入下處。副、從事鱗次而入, 奉安國書。水陸遠路無事得達, 莫非王靈之攸曁。是日行三十里。

十七日。
留江戶。首譯來傳馬州守之言曰: "三使旣以國禁辭酒。故書契江戶諸處宴享各站供酒, 一倂停止。而至於關白宴享時, 則頃日書契回答中, 有入江戶後更議之意矣。來此後聞之。則執政諸人之議, 以爲關白賜酒則擧杯以稱, 此是宴享大禮節, 有不可廢却云。以其言有難變通。更得使行之文字, 轉通於執政"云云。余以謂"曩者馬島時, 旣有却酒之書, 更何待使行之書乎。我國酒禁至嚴, 爲朝鮮臣子, 何敢以手執酒盃

31 磯: 底本에는 "礑", 《海槎日記》에 의거하여 수정함.
32 위와 같음.

而擧之? 此則義理所關。關白若以酒勸之, 決當不爲領受。如是之際,
島主必難免生梗, 無寧善爲周旋。俾得以初勿葛³³藤矣。吾已有定計,
不必更書"。首譯以此辭意書送, 則馬州奉行等聞此言, 謂當竭力周旋
云。首譯來納江戶擧行排日件記。而云是執政所定者也。傳命在二十
七日。馬上試才在來月初一日。島主家私宴在初五日。射藝在初六
日。回答書契在初七日。回程在十一日。而中間許多日子, 多謂關白
之忌, 故遷延推托, 幾至一朔之久, 見甚悶鬱。排日記中, 自二十一日
至六日, 謂以關白母忌, 而法事、齋戒相値, 諸般公事。一並廢却云。
旣不行三年之制, 六日致齋於忌祭者, 已失輕重之分。且將祀母忌, 而
先行法事於佛宇者, 尤是蠻夷之風也。傳命之遲滯, 固極悚。勢未由奈
何。但前後信使如無別般事, 則未有若此之久留者。且奉命出疆, 已近
八朔。復命之義, 一日爲急。必改排日, 從速回程之意, 更通於馬州守,
使之轉及執政。而未知其可能進定否也。館伴兩人, 各以杉重一樻, 都
呈三使。

十八日。

留江戶。執政兩人始爲請見。此乃關白勞問之例也。馬島守出迎於
門外, 前導而來。三使以公服出迎楹外。至上廳, 行再揖禮。坐定後,
執政使島主傳關白言曰: "三使遠來, 能無勞苦乎。國王氣運安寧乎"云
云。首譯替傳。三使下席而聽之, 起而更坐。勸蔘茶訖。執政使島主傳
言"願聞回答"。三使下席曰: "我國國王殿下氣候萬安。今番使行之來,
海陸各處接待有蹤, 不勝感謝。以此意傳告于關白大君前爲望"云云。
初, 欲以從速回程之意, 面言於執政相對之時。則馬島守及奉行輩, 謂
以"初見執政。行禮而已。不必以行期進退, 先爲私懇。渠輩當自下周
旋"云云。故只於相對島主時, 言及此由, 則以爲第當周章云矣。島主
來此相對時, 欣幸之意, 顯於辭色。雖是異國之人, 水陸五千里, 旣同

苦矣。且吾之所以待之者, 果以誠信矣。安得不然也。

十九日。

留江戶。大坂留船將等告目入來。三房首譯通引金漢仲, 以本病留
船而來, 竟至不起云。甚慘憐。留船人洽過百數, 故慮有不虞之變。製
置木綿、衣服與去核紙地, 先已約束於船將矣。馬島主送杉重。各處
所去公私禮單, 使首譯及掌務官, 更考謄錄。參互戊辰加減, 則不無相
左之端, 故斟酌存減。

二十日。

留江戶。馬島守各以色絹五疋、乾柿一箱送呈三使。柿則受之, 絹
則旣是無名義不可受, 相議却之。而彼人之例習, 有所與而却之, 則反
有懷怒。且聞譯官之言, 則島主感激誠信之待, 必欲一呈例外之贐物,
以伸情懷云。今若因其來使而還送, 則易致憾意。故使首譯, 委往答
伴, 以善辭解之而還其絹。島主不得已領之。頗爲無聊云。

二十一日。

留江戶。睡纔覺, 而身忽挑動, 寢褥軍幕並皆一時搖蕩。知是地震,
雖不心驚, 甚覺怪駭。

二十二日。

留江戶。

二十三日。

留江戶。首譯傳島主之伴, "稱盃一節, 今果變通。不爲酌酒, 只以空
盃稱之。而此是關白前大禮也, 極爲用力"。不無德色。

二十四日。

留江戶。首譯來言：“自再昨年信行節目講定時，以執政、宗室事相
持不決。至於筵稟，而備來公禮單矣。自渡海以後，連與彼人爭難。今
則傳命迫期。而戊辰則旣有太大君、若君，元定執政四人外，雖加二
人。今番則旣無太大君，又不封若君，何故而加定執政二員乎。且以事
理爭之不已，則彼人始乃自知理屈。乃以執政一人，纔因罪遞，更不出
代，此則當減。而五執政則見方帶職，不可拔之云。首譯又爲不許。馬
島奉行等以爲，一人則方守關白之子，丁寧有之，今若拔之。他執政必
不獨受禮單云。故以只依戊辰秋元但馬守藤涼朝之例，不給公禮單，
只贈私禮單之意，相議停當。而至於宗室一員，明是關白之親弟，而戊
辰年數三歲兒，今果長成云。此則其在事理，不可不給之”云矣。今乃
憑考戊辰禮單分給件記，則所減者執政一人、近侍一人、執事三人。
所加馬島主近族二人矣。各處禮物，照例書單。而私禮單元數不足。
想用道漸廣，以致不足。而以堂堂一國之富，積年經營而備來。此等易
得之物，猶未免代給，以示苟艱之意。實由於前後之人，歸後視如官猪
腹痛，不爲提醒於後來者，謄錄亦不詳悉，故耳。人蔘則旣有盤纏所
受，故以此充數。而毋論公私禮單，盤纏所用，地部所來人蔘，間多蜜
汁浸漬者，爲其斤重也。余在萊府時。多見被執人蔘，而未有若此蜜漬
者。五六年來人心益巧於射利，此習漸長於倭館云。聞甚駭惡。來此
後聞良醫之言，則倭醫以爲朝鮮人蔘多有蜜漬，必是製用之法，願示其
方云。良醫雖以不製用答之。藥用毋論貴賤，欺人而取貨，已非事理之
所可爲。況此兩國交幣之需。又豈忍以蜜漬而取重也哉。此誠使不可
聞於隣國也。使譯官於禮單所用中蜜漬者，一一拔出。一斤則以執政
一員除減之數。將納地部，而以爲執契[34]致責之地。其餘數兩則於盤纏
中換用之。我國地部之天秤，比日本藥稱。每斤輒縮四戔。且人蔘隨
時輕重，故今番則縮蔘爲一斤餘矣。此亦自盤纏劃送。餘外物種之不

---

34 契: 底本에는 “幣”. 《海槎日記》에 의거하여 수정함.

足者，率皆以他物推移代給。而至於豹皮則彼人以其無於島中，惟願追給。故不得已付書於<u>嶺營</u>，赴余到<u>馬島</u>前入來否也。

二十五日。

留<u>江戶</u>。聞關白禮單封裹後，使臣例皆一見云。故三使具公服出大廳，而環視之。尤不勝其感慨[35]矣。<u>馬島</u>主送煙草横一坐、硯匣一部。以爲"前冬得蒙惠藥，病勢即差。中心感激，必欲致謝"云云。以藥惠人，不宜受報，而況不爲遍問，只送於余。論以授受之義，正宜却之。而更加深思，則向日色絹之還退也，彼必大爲無聊。其於接蠻夷之道，亦不當膠守初見。致謝使鳴之好意，反歸疑疎而含憾。今若受之而不自用，異日以他物厚其回禮，則可無失和之慮，亦免取貨之嫌。故許捧之。卽地以煙横給。其硯匣則有內外匣，故分與某某。

二十六日。

留<u>江戶</u>。島主及兩長老[36]來見。以"明日關白宮赴宴之除，凡事一如儀註而爲之"之意申囑。此則例也。儀註一從戊辰前例，而至於稱酒一節，改之以空罐作注形，以空盃稱之云矣。三使公服，首譯及寫字官亦帽帶，奉出國書于廳中。更加查對後，以龍紋袱裹於横內横外，而還奉舊所。曾聞傳命時，一行上下多有紛拿之弊云。故員役則排定序次，而以爲整齊之地。中下官入謁者，另加申飭，或使神將敎之習之，俾無紊亂取笑之事。

二十七日。

留<u>江戶</u>。傳命于關白。島主請行于關白宮。三使着金冠朝服，乘我國肩輿。軍官戎服，員役皆着團領，而獨書記一人不隨焉。奉國書排軍

35　慨: 底本에는 "快". 《海槎日記》에 의거하여 수정함.

36　長老: 底本에는 "老長".

儀, 冒雨向南而行。渡一大濠橋, 復入前日出來東城之門。此是江戸外
城門也。到宮城外, 距館所十餘里。至此軍官、員役, 皆下馬解鞱韉、
環刀。中官以上及下官中樂工及唱等, 皆隨入。下官與軍儀, 並落留。
只印信、日傘隨入焉。下橋入門。首譯先已奉出國書, 承之以盤。在前
而行。使臣隨後。前行百餘步, 入于外歇廳。奉安國書于壁龕上。馬州
守相揖而退。少頃, 馬州守又引導。行過百餘步, 至內歇廳。印信則仍
留外歇廳, 只三首譯、通引各一人隨之。奉國書于堂西, 三使列坐于堂
中西向。島主及兩館伴坐於廳邊。各州太守百官皆會坐於使臣之左
邊。及後。島主請先入見國書奉安處及使臣行禮處所, 故隨入以見。
則關白正堂廳有三層, 上層則關白所坐處, 故遮障之。使臣行禮則先
行於中廳。後行於下廳云。暫見而出, 則自首譯以下員役, 亦皆先見行
禮處所。而首譯則入楹內下層, 員役、軍官, 皆於楹外鋪板之上。島主
首譯以次傳言。使首譯奉國書, 出楹外傳于島主。島主奉至堂內。近
侍受置於關白之前。三使以次折旋而進至堂內中層。關白坐於上層,
三使行四拜禮。四拜禮, 未知始於何時, 而誠可寒心。還出歇廳, 三首
譯以下並皆以次而行禮。以其屢度申飭之故, 頗整齊。以使臣私禮單
子, 使首譯傳於島主。島主奉入堂內而出。使臣又隨島主, 而入堂內下
層, 行禮如前, 還出歇所。執政二人, 又以關白言, 請始宴禮。三使移坐
聽之。隨島主而入, 坐于堂內下層東邊。黑衣官進素盤于關白前。紅
衣官亦奉素盤置三使之前。盤有三器, 不過果栗少許。黑衣者先以銀
罐、土盃進於關白。島主目余, 余上中層。一人進土盃於余, 一人執空
罐在左邊一步之許。只作注形, 余則以空盃稱之, 而亦不作飲形。稱後
下坐于座。副使、從事以次而進, 如禮而行。又行拜禮而退于內歇
廳。則執政二人, 又以關白意來言曰:"固宜同宴, 而爲慮使臣之勞。使
宗室代行設宴, 以便使臣之心"云云。三使復隨島主而入堂內下層, 行
辭歸禮。還出外歇廳, 休息後, 復入內歇所。則島主引坐于障下。少頃,
導入於堂內下層東障下。俄者行禮時, 中層及右邊, 並以細簾遮之。簾
內似有窺見者, 而未知其必然也。宗室二人相揖而坐。角巾紅袍者供

進宴床。行禮如例。相揖而出坐內歇所。則執政二人, 又來慰問。使臣以致謝宴享之意答之。隨島主而退出, 則執政四人, 送至于廳邊。行再揖禮, 而島主、館伴導前如來儀。

二十八日。
留江戶。馬島守、兩長老來見呈筆談。

二十九日。
留江戶。以傳命無事之意、通引物故者之先爲出送, 各修狀啓一度。且以萊府行關同封, 兼付家書。得見國書回答書草本。他餘雖如例, 至問上候處曰: "興居佳勝, 欣慰殊深。"又其下曰: "斯稱新慶"。又其下曰: "修睦之誠"。問候句語, 似涉輕忽。"稱慶"二字, 大爲妄發。不覺駭惋。彼人輩於文字, 專無稱量, 或出於無識之致。而在使道理, 決不可以此受去。卽欲送書于太學頭卞破, 而草本旣是自下謄出者, 且彼人情態, 自有難測。故先使幹事官紀蕃實, 往傳島主, 使之轉通于太學頭, 以爲改撰之地。蓋蕃實稍解文字, 且與信言有素故耳。如不得如意改出, 則雖書契來後, 決當不受。如是之際, 行期遲滯, 有未可論, 良可憂憫。

三月 初一日。
留江戶。曉行望賀禮于館庭。紀蕃實來言。昨夜往見太學頭, 則以爲草本已經關白, 今無變通云云。余謂首譯曰: "此必是彼人操縱之習也。決不可信。如不改撰, 非但初五日島主家私宴不又往赴, 回答書來到之日, 卽當却而不受。夫如是則使行之留滯, 固所甘心, 亦豈無生梗於島主也。斯速改納之意, 嚴飭于首譯等處。"館伴二人。各送乾柿一篚、紅魚一折。

初二日。

留江戶。飯後，太學頭爲見製述官而來。使首譯以筆談問之曰："僕
等今行，專爲傳國書受返翰。而竊聞回答書中句字，或與戊辰顯有差
殊。其於相敬之道，果如何也。使相之意以爲決難領受"云爾。則信言
以"旣悉所示，與前例別無所異"云云。首譯更以字句間差異處書示，使
之改撰。則信言以難私答，後日更報之意答之云云。其意似有所變改，
而亦未可信也。

初三日。

留江戶。馬島守別送杉重。奉行輩呈納假花。兩館伴亦呈杉重。今
日是踏靑日也。俱以節日故耳。夜，太學頭林信言，又來見首譯。以爲
"昨日難私答者，以執事源忠恒等專預其事。僕等先稟源忠恒而呈上。
今源忠恒未呈上，故得改字以相示也，願速達三官使閤下"云云。仍袖
出改本，而猶有未盡改處。故首譯依使言，使之盡改之。"興居佳勝"，改
以"起居安寧"，"欣慰"二字，改以"嘉慶"，"稱慶"，改以"敍懽"。今則可以無
損於戊辰之書矣。三使一行，皆以得改碍眼處，謂之大幸。而余則以爲
切悲[37]矣。

初四日。
留江戶。

初五日。
留江戶。赴馬州守宴席。

初六日。
留江戶。關白請觀射藝，例也。己亥、戊辰，連以八人定送。故金營

---

37 悲: 底本에는 "北". 《海槎日記》에 의거하여 수정함.

將相玉、柳營將達源、任都事屹、壯士軍官曺信、林春興、馬上才鄭
道恒、朴聖迪定送。而名武適多病，故以副房伴人前萬戶金應錫充數
以送矣。日暮始還。聞射場幾近二百步，帿布甚小，適值逆風，馬路傾
仄，馳射極難。而曺裨帿五中，芻四中。金裨與林裨帿三中，芻五中。
朴聖迪芻五中，帿三中。任裨帿三中，芻四中。柳帿、芻各三中。金應
錫、鄭道恒各芻三中，而帿則皆不得中云。芻射沒技之有四人，可謂生
光，皆以木五疋施賞之。金應錫則以五中八分登科，三中四分得邊將
者。而今乃帿布書不一，巡射之難料誠然矣。

初七日。
受關白回答書。留江戶。聞執政持回答書而來。三使具公服，員役
亦如之。出立于大廳邊。島主先已來待，出迎二執政于門外。以大目
付一人，持書契橫先上正廳，置于龕上。至堂行再揖禮而坐。執政使馬
州守傳關白之言曰：“留館平安，深以慰喜。此去答書，須傳納于國王
前”云云。三使離席而聽。勸蔘茶。訖，執政使島主願聞回答。三使下
席致答辭曰：“荷此慰問，不勝感謝。回答書謹當傳納于吾君矣。”馬島
奉行，以使臣回禮單子，傳于島主。島主傳與首譯，首譯分呈于三使。
三使下席而受。舉手而稱之。奉行又以單子跪傳三首譯及上判事、製
述官，各人皆跪受稱禮而退。諸上次官及中下官所受者，員役一人，替
受傳給。此亦例也。三使下席。使首譯傳於島主，遞傳執政曰：“屢荷
慰問，且蒙厚惠，以及所率各人，不任感謝。此意達于關白前”云云。回
禮物件，陳列于堂上。或慮有不敬之事，一一點視後，使譯官奉回答
書，入置於前日國書所奉處。

初八日。
留江戶。頃日，島主之送烟橫、硯匣也，受之有意矣。回禮物本欲厚
往，故以壯紙十束、色紙十束、厚白紙十束、簡紙二百幅[38]、筆三十
枝、墨三十笏、扇子五十柄送之。

初九日。

留江戶。關白以副騎船之傷破, 別送白繒一百段、海鼠二樻而問之。蓋於戊辰, 因副騎船燒火事, 有所別問。故今番便成遵例。而至於綵緞之受, 事涉如何。故送首譯於島主, 以難於領受之意, 使之轉達于關白。則島主以爲"關白所送, 不可退却。且於戊辰, 亦有此例。有難轉達"云云。故不得已受之。三使相議, 一依戊辰例, 輸納於戶曹計耳。

初十日。

留江戶。回程隔宵, 上下欣慰。申飭一行, 整頓歸裝。以留館時日供餘米, 四俵給傳語官, 四俵給禁徒, 五俵給轎軍。通三房並計各種用餘, 都送于兩館伴使。此亦例也。自前使行以回禮銀子, 除給馬島主, 以防萊府公木者, 已成規例。故以銀子八千兩, 防給公木二百同之代。卽受公木次知倭人手標, 付之首譯, 俾準於萊府之地。吾輩使事不過奉傳國書。別無他幹。而近來倭情, 漸益巧詐, 凡事易致生梗。前後信使飽經無限困厄者, 比比有之。

十一日。

自江戶回呈。宿品川。巳時三使回程。來時國書奉安所, 今則去其前日貼紙, 改書以御返翰奉安處矣。是日行三十里。

十二日。

神奈川中火, 宿藤澤。是日行九十里。

十三日。

大磯[39]中火, 宿小田原。是日行八十里。

---

38 幅:《海槎日記》에 의거하여 보충함.

39 磯: 底本에는 "礒".《海槎日記》에 의거하여 수정함.

十四日。
箱根嶺中火，宿三島。是日行九十里。

十五日。
雨灑。留三島。曉行望賀禮。

十六日。
雨注。終日留三島。

十七日。
宿吉原。是日行五十里。

十八日。
留吉原。

十九日。
留吉原。

二十日。
清見寺中火，宿江尻。是日行七十里。

二十一日。
駿河州中火，宿藤枝。是日行八十里。

二十二日。
留藤枝。

二十三日。
留藤枝。前川水勢想已可渡, 而一向稱托, 不爲前導。或疑馬島人之
故爲遲留, 而未得奸情, 難可準也。

二十四日。
留藤枝。

二十五日。
金谷中火, 宿縣川。是日行七十里。

二十六日。
見付中火, 宿濱松。是日行九十里。

二十七日。
荒井中火, 宿吉田, 是日行九十里。

二十八日。
赤坂中火, 宿岡崎。是日行七十里。

二十九日。
鳴海中火, 宿鳴古屋。是日行九十里。

三十日。
州股中火, 宿大垣。是日行一百十里。

四月 初一日。
今須中火, 宿彦根城。曉行望賀禮。是日行一百里。

初二日。
　八幡山中火, 宿森山。路邊聞有自擣砧, 使許圭落後看審, 歸傳製樣。蓋於水車, 交以牙輪, 鱗次轉環, 前杠懸三碓碓兩杵臼, 後杠懸磨石。而觀其水勢, 可以加減。不費人功, 藉一水之力, 而舂磨六七處, 可謂好器械也。圭爲"詳見製度, 亦已模畫。如得數百金, 可以造得"云矣。是日行一百里。

初三日。
　大津中火, 宿西原。首譯先到, 傳公私禮單于西京尹, 受回禮如例。徐神書給'臨湖亭'三字於住僧而歸, 稱歎不已。聞轎軍輩明將辭去。各以扇子一柄、白木五尺、藥果等物分給。是日行八十里。

初四日。
　淀浦中火, 夕飯平方。達夜行船。是日行一百里。

初五日。
　還到大坂城。留船格卒一名, 病餘發狂, 以刀刺人, 還復自刎而投水。幾死還甦, 餘症未已云。鴟木多不適意, 故分付奉行, 使於三騎船, 各造一件。歸聞以椴檽木新造, 而頗堅緻云。馬島守與兩長老咸來外戶問候。去來中路站官, 皆來外問安。自前無相接之禮, 故只答侔而已。

初六日。
　留坂城。

初七日。
　留坂城。都訓導崔天宗, 被刃於倭, 將至死境云。卽使軍官、醫員等, 急往見之。連問其委折, 則曰: "天宗流血淋漓, 氣息奄奄。猶能以

手按喉, 具言其被刺之狀。以爲'雞鳴後開門告課, 歸臥寢所。曉睡方
濃之際, 胸臆忽然沓沓。驚覺見之, 有人據胸而坐, 以刀刺喉。疾聲大
呼, 忙拔其刃, 急起欲捉, 則賊人蒼黃出走。連爲發聲, 則隣房諸人始
知之'。且言'今行, 我與倭人元無爭詰結怨之端。倭人之刺我者, 實未
知其故。吾若爲國事而死, 若爲使道而死, 則死無所恨。而公然被刺於
倭人, 極冤枉'云云。使之急付貼藥, 連灌藥餌, 而漸漸氣盡, 日出後竟
殞命。萬萬驚慘。且其房內, 有行兇器械短柄鎗刃, 有若菖蒲釖者。所
刻粧, 俱是倭人之物也。且行兇人之逃走也, 誤踏格軍<u>姜右文</u>之足。<u>右</u>
<u>文</u>大呼賊出, 我人之驚覺見之者, 十餘人。則行兇者之爲倭人, 萬萬無
疑。首譯輩不可不論罪。三首譯並爲拿入, 切責其常時之見輕。且捧
其侤音, 以人命至重, 卽卽查出元犯依法償命之意, 嚴辭責諭於護行差
倭等處。使鄕書記<u>金光虎</u>, 詳錄治喪凡節, 歸傳其家。

初八日。

<u>坂城</u>目付、<u>馬州</u>裁判等, 檢屍後謂︰"當再檢, 姑令等待"云。連飭譯
舌, 促其再檢, 則差倭輩以爲"公事入於<u>坂城</u>尹, 非久當來"云。而終日
催促, 謂來不來。顯有推托緩忽之意。天日之下, 公然殺人, 不爲驚動,
亦不推覈, 雖蠻夷無識, 豈有若此之凶狡乎。今朝使首譯<u>崔鶴齡</u>, 往傳
於島主督之, 則答以"意外事變, 不任驚駭。<u>馬州</u>人則我當查之。<u>坂城</u>
人則自有地方官, 待其查, 當有回答"云云。大凡<u>日本</u>在上位者, 不得執
權, 權柄下移。倭皇閒位關白主之。太守世襲而奉行專之。以此在下
者, 壅蔽其上。可謂冠屨倒置之國也。

初九日。

所謂再檢, 尚不擧行。行查之節, 姑無動靜。以此以彼, 俱極稽緩。
三首譯等更爲拿入, 以不善責諭, 嚴加決棍, 使之催促。日暮後<u>大坂城</u>
衙官等, 與裨將員役等再檢。所謂檢驗之法, 只見被傷當處而已, 極其
疏忽矣。衙官輩, 檢驗後出坐外廳, 圖畫行兇鎗刃, 記錄伊日入直倭人

姓名而去。嚴禁我人及馬人使不得近前，故未詳其酬酢之如何，槪聞
有行查之意云。檢畢後卽爲斂襲，則天宗面貌如生。亦無臭氣，不似夏
月三日之屍體。可怪。都訓導不可無，故以鄕書記金光虎陞差。通引
朴泰秀，還其耆而代光虎焉。

初十日。
仄聞初七日所構文字，卽爲馳報於江戶及大坂城尹。尹聞是四品大
夫阿部飛驒守藤正允。初八日與馬州守書，則今日謄書五本，一送江
戶，一送坂戶，一送坂城町奉行，一送馬島舊太守，一留島主所。書役
無人，乞書一本於我人云。其必關報於江戶，似無疑矣。初馬人倡言曰
“自裁”，或曰“非日本人所爲[40]”。差倭輩則外示慰問之書，內懷彌縫之
意。及至首譯等決棍，則馬人輩或不無驚遑之色。且聞自坂城多發廉
探於館中各處。似有驚動究覈之氣色云。行中旣無棺板持來者。或以
爲油芚裹去，而三千海路蕩洋之地，慮有所傷。且專委彼人而領去，則
事亦難測。故棺板不得已姑用倭送，而才欲變通於返柩之後。使之改
棺計耳。

十一日。
馬島主回答書契，累度督促。則謂來不來，尙今遷延。未知有何粧撰
而然也。飯後棺材來待，始爲斂入。而裨將員役之無故者，並皆參見。
卽爲結棺，三使與一行上下，並皆會哭。莫不失聲如悲親戚。余操祭
文。以盤纏所在，設祭需而慰之。悲慘之懷，不特將幕之義而已。喪柩
欲爲同置於小童漢仲柩所停之處。使之出送，而擡夫皆用我人。則中
下官百餘人，或擡或隨。放聲號哭，欲出正大門，守門禁徒，防塞不
許。則我人擠排突出。彼人等大爲揚惡，以旣出之柩，還入挾門，置於
下官廳云。彼人之習，雖可痛矣。我人之事，亦爲非矣。

40 爲: 底本에는 "謂". 《海槎日記》에 의거하여 수정함.

十二日。

譯言査事有幾微，如此如此云云。其言旣未準信。日子漸至遷延，悶
鬱難言。報江戶回題來後，當有罪人之盤問捕捉云。雖未知他國査獄
格式，而殺獄處斷，雖待國君之令。罪人捕捉，何等時急，而必由於關
白之命乎。事近飾詐。令人疑惑也。

十三日。

朝前出送天宗喪柩。譯官回曰："中下官百餘人，號哭道路而去。彼
人或有不知其何聲而笑之"云。在江戶時，狀啓二度及漢仲柩，尙不出
送云。非不欲卽日同此發送，而査事旣未成頭緒。先封天宗被刃事狀
啓，則朝家必致驚慮。姑欲留置。以待出場後封啓。未知果在何日
也。島主之答一向遷拖。夕間首譯始得其草本而來示。例語之外，謂
以"今在官地管轄有人，則難以私令徑行。至於弊州員役，若有影響可
疑，隨卽查究"云云。其所遣辭，極爲陰譎。聞是紀蕃實之所撰也。首譯
以事理責諭其不然，使之改本。則今示此本比初本，不無摧謝之意。聞
昨日馬州守往見坂城尹，欲爲彌縫之計。尹責之，兩長老及公議齊發
非之。且坂尹廉探，事機漸露。馬人將不得售其奸。始乃改其回書草
本。而猶不無左右看之意。其情態之閃忽，可痛。仄聞傳語官中一人，
公然逃走，極甚可疑。

十四日。

仄聞昨今以來，馬人輩頗有驚遑悶燥之色。知其陰事之綻露也。午
坂城町奉行來候送伴。故以查得賊人，依法償命，以保交好之意答之。
午後町奉行大開查坐於大廳。廣庭四面，圍以藁索，羅立禁徒輩。馬州
裁判奉行及五日傳語官二三人外，伊日入直及待令馬人等，一倂拿
入。奪其佩刀文書藥囊等物，盡爲拘留於一邊虛間。逐箇捉入，詳細盤
問。而有罪者之吐實，反有愈於刑杖徑斃之慮云。盤問時嚴禁我人與
馬人，皆不得竊聽。從他探問，則元犯賊人。乃是日前逃亡傳語官鈴木

傳藏倭音連助者。而昨聞有人自以刺殺朝鮮人而逃走之意，投書於傳
語官廳中而逃亡。經宿於淸福寺云。夕間町奉行要首譯，以罪人將查
之意送伻。故以必爲嚴查之意答之。馬州太守宣言"自有事變，連爲嚴
探，則傳藏者所爲也。今則端緖已露，且已譏訕。非久當捕捉"云云。固
宜嚴辭峻責，而禦責之道不當如是，故姑以例語答之。

十五日。
曉行望闕禮。

十六日。
町奉行連日行查。而今日則使馬州裁判送言於行中，要與首譯來見
查事，而細究事勢。使我人同參蕆坐，無益於做事，反易有害。且聞坂
尹必欲窮查云，顧何待一二我人之同參乎。乃以有妨事面不許之，仍以
明白蕆實，正法償命之意答之。今日查坐，始用刑。而用刑之法，或懸
石於項北，結兩臂，結縛兩膝，膝間挾木壓之。有若周牢之刑。又或飮
以冷水，滿腹至項。以圓木磨擣其胸腹，則水出七竅矣。酊[41]菴僧守瑛
號玉嶺者，再任差來。日前來候外廳，而擾未接見。今日書送名刺及片
翰，仍呈煙草、煙匣、扇子等物。故以罪人未正法前，不得接見答之。

十七日。
或傳因關白之令，發二千軍兵、六百船隻，四方追逐云。其必捉得元
犯矣。

十八日。
午後聞賊人傳藏被捕於攝津州境內池田鄕四十里地。捉來囚禁。

---

41 酊: 底本에는 "町". 다수의 용례에 근거하여 수정함.

十九日。

仄聞今日査坐傳藏。不待用刑, 以刺殺崔天宗, 已爲直招。而聞其委折, 則天宗失一面鏡, 致疑於渠之偸去, 以馬鞭打之。故不勝憤毒, 果爲刺殺。不謀於人, 渠自獨辦。而出來時, 誤踏朝鮮人足, 至有多人之驚呼。故急逃之際, 足傷沙器, 未及遠走而被捉云云。

二十日。

朝前島主送伻, 謂以"崔天宗被刺事, 轉報江戶。回答今才還到。食後當爲來傳"云。飯後三使以鶴氅衣出外大廳。則兩長老先立楹外, 欲行揖禮。余謂譯官曰: "當待島主之入來, 同時行禮。不可獨揖"。乍立廳邊, 待島主入來, 相揖如例。蓋此變怪以來, 馬州人外, 彼人之稍有知覺者, 則莫不齊憤曰: "信使所率之刺殺, 此誠日本之大羞恥。又況信使, 爲關白大君慶事而來。則有此行兇於從人者。極拘忌"。且馬島人積失人心於兩國者多矣。坂人輩, 得此馬人之罪犯, 咸欲快治, 非獨爲我國之罪人, 乃爲日本之罪人故也。

二十一日。

聞額外傳語官輩, 坂城不給料米。入於盤問者, 則頻經困厄云。此其跳踉無忌憚之餘, 實是自作孽難逃也。今番馬人之隨來者, 洽過二千餘人。比己亥、戊辰, 猶爲數多云。

二十二日。

朝前兩長老又請獨謁。又以適有身病, 不得相接。少待病差, 與島主同見之意答之。

二十三日。

兩長老又欲請謁, 以獨接之無前例不許之。夕島主送伻以爲"自坂城尹送言, 欲令兩長老相接於使行。兹以伻告"云。兩長老旣不得獨接,

故往囑於坂城尹。致疑島主之阻搪, 故島主不得已有此送伴。而其意
則必不欲許其獨接也。三使相議。以兩長老屢請相接, 而與對州守同
時接見, 自有信使以來應行之前例也。今何可捨前例而創新規乎。兩
長老如有可言之事, 與太守同枉, 則當强病出迎。又或不然, 則以書牘
相問, 未爲不可。以此意傳通於兩長老。

二十四日。

午後島主送伴以爲"細聞事實, 則自江戶有所分付於兩長老。或慮使
行之與島主有所相失, 有此探問之擧。自使行終不許其獨接, 則太守
之見疑於江戶, 無以自解。懇乞卽許相接"云云。"太守謹欲同往, 而行
禮後卽當先退。暫許兩長老之仍令各伸事例"云云。三使相議。以謂
"果有江戶之所欲問者, 長老之一欲傳致, 事理當然。特其獨接有違別
例, 且慮島主之致疑含憾而然也。今見事勢見此, 後似可以釋疑。故依
其送伴而許之矣。今番變怪, 實由於凶毒下輩之作孽。豈必以此致疑
於島主乎。雖未能嚴束於常時, 亦不卽摘發於變後。豈可以此說道於
長老乎。或有別護行云云。而其所利害, 旣未的見。則徒爲示弱之歸。
只使馬島守護行信使, 乃百年舊例。何可捨正例而取別格乎"云云。

二十五日。

島主以爲"兩長老事, 報於坂城尹。則亦以爲'使行所執當然。兩長老
不必請見, 以書牘爲之爲可'云。而長老猶以戊辰之例爲據。許接無妨"
云云。所謂戊辰之例, 其時太守先至, 長老追到, 閒漫吟咏而罷。此非
獨接可據之例也。以此答之。

二十六日。

午間兩長老果爲書契, 以不許獨接。略示慍意, 盛言大君之命城尹督
査, 實爲使行解悶也。

二十七日。

仄聞御目付明將入來。故町奉行連日開坐。輒多犯夜罷。獄情嚴秘,
未得其詳, 而傳聞之言不一。勢將見其文案而後可驗也。

二十八日。

午後御目付等與町奉行及兩長老同參, 盤問諸罪人二十餘人。痛楚
之聲, 多聞於外。犯夜而罷。似是已奉東武之令, 自爲勘斷。而罪人某
某之分等用法, 未卽聞知也。取考日記, 則曾在萬曆丙午信行也, 自赤
間關發送先來。丁巳信行及天啓甲子信行時, 皆自大坂城發送先來。
自其後到馬島後發送矣。今番則旣遭無前之變怪, 事當以舊例爲從。
故使首譯以此意分付於差倭等處, 使之整待船隻, 以俟查獄出場。則
差倭輩以爲"事理固然, 當爲轉告於島主"云。先來軍官以李康翎 海
文、柳長興 鎭恒, 譯官則次上通事崔壽仁定出, 使之治行。

二十九日。

朝者町奉行委來外廳, 使首譯送伻曰: "傳藏今日當行刑。三首譯及
軍官當爲參見"云云。島主亦送伻云: "傳藏今當正刑, 委此仰報"云云。
卽使三首裨、三首譯官, 同往監刑矣。飯後町、加番兩長老來言: "我
國用法, 有使刑狀示國民者, 又有不當示者。而今於傳藏, 當不可示之
法。若强請則當啓聞, 而不得則徒費多日而已"云云。其意不欲使我國
人見之也。果然則其眞僞如何以卜之? 事涉巧詐, 極爲切痛。卽爲書
伻以答曰: "貴國用刑, 雖有當示者、不當示者, 至於傳藏, 此關兩國之
罪人。尤當使兩國人咸見其用刑之狀。事理合當, 且以約條言之。彼
此罪人之當殺者, 必於東萊和館外擧行者, 蓋欲明示兩國人之意也。
今此罪人之行刑也, 若不依此, 則將以何辭歸報弊邦乎。望須勿爲持
難, 卽依町奉行所言, 往復於諸刑官, 速許我人之參見, 一以伸約條事
例, 一以示明白正法"云爾。則兩長老始極持難, 終以相議於刑官云。
而觀其所爲, 顯有操縱之意也。使首譯連爲督促, 則兩僧與諸刑官相會

議之。夕後以"朝鮮人參見一節, 旣不稟於東武。自東武若或論其許示,
則御目付將至自裁之境。今若自使行有所請見之文字於渠, 而歸謝於
目付, 則目付可免重罪, 而朝鮮人亦當同許其監刑"云。其言誠可笑, 亦
可謂滿腹狐疑也。今若不許, 則目付尤當持難[42]不決。故使首譯以事畢
後從當有言之意答之, 仍促其行刑。則謂以"諸刑官已爲定議。故目
付、奉行, 躬往面議於坂城尹。姑未回來。而雖得許示, 今已犯夜, 明
日則是日本國忌, 不得用刑。過此後當爲擧行"云云。目付、奉行旣以
今日行刑之意來告之後, 兩僧突出怪論, 一場魔戱。使已承款之罪人,
戴頭多日, 良可痛憤。又送譯官伻督之。兩僧則反以爲"用力"云云, 如
見其肺肝矣。兩長老非但以前日之不許獨見, 似有慍意。亦安知馬人,
不爲用力而和附耶。

　三十日。
　朝前船將等來告: "羅州格軍李光河, 春間發狂自刎之後, 病情忽有
忽無, 近日復發。鎗處發毒, 自夜昏窒, 今至死境"云云。使之急灌藥物
矣, 已而不起云。帖給白木衣、袴襪紙、去核等物, 使之厚斂。食後島
主送伻, 以爲"先來發送事, 稟於坂城尹。則答以'雖有古例。與近規有
異。今欲復古例。則事當經稟於東武而後爲之'云。太守亦不得任意許
之"云云。卽使首譯李命尹往伻於島主。以"如無今番事, 何必捨近規而
取舊例乎? 今此變怪, 或自和館先爲流傳我國, 則豈不疑訝乎。先來之
必欲自此發送, 蓋爲兩國釋疑之道, 非但獨爲之地。須更相議於城尹
後。'捉船以待之'意, 屢屢言及。且以傳藏行刑時, 我國人之同參監刑,
事理當然"云爾。則島主答曰: "伻敎俱當, 更爲奉議於城尹"云云。彼人
之習, 雖些少事, 亦必操縱而後爲之, 良可痛也。兩長老來言: "傳藏行
刑時, 朝鮮人參見一節, 城尹許之"云。而顯有德色之意。且曰: "明日
是朔日。日本人以德談拘忌於行刑"。所謂德談之說, 可怪。

42　難:《海槎日記》에는 "疑".

五月 初一日。

曉行望闕禮。飯後町奉行等要首譯送伴, 以爲"傳藏行刑時, 貴國同
參事, 坂城尹旣許之。明朝受傳藏斷案時, 三首譯參見。行刑時, 則裨
將略而人亦爲同參"云云矣。

初二日。

平朝大目付、町奉行等護行兩長老輩。並爲來會於外大廳, 要與三
首譯同參。故使崔鶴齡、李命尹、玄泰翼等往見之。則拿入罪人傳藏,
以殺人逃走, 施以極刑之意, 高聲分付, 而以此爲之結案。重獄罪囚,
豈有如許之結案乎。仍使三行兵房軍官金相玉、柳鎭恒、任屹, 各率
都訓導及令旗一雙、羅卒一雙、小童、通事等, 同往監刑矣。移時軍
官、首譯等告曰:"罪人傳藏, 梟首於江邊岸上。而行刑處左右竹圍, 跪
坐罪人, 釖斬而洗其頭置岸上, 以示兩國之人"云云。梟首他境竿頭屢
日, 使不得收屍, 且其行刑處所, 用刑節次, 俱極賤惡者。蓋爲貽羞馬
州之地云。而馬人視若尋常。其兇毒之種子可知矣。考之律文, 鬪毆
殺與賊殺人不同。使价隨率之刺殺, 尤與尋常賊殺有異。想有造謀者,
知情者。故以此意構書, 欲送於諸查官。則兩護僧以爲"如是則諸查官
盡當被罪。餘囚之在獄者, 將不得行查。於事有害無益。如觀獄案, 可
以詳知"云云。使上通事崔鳳齡[43]傳於兩護僧, 又以餘囚嚴處之意, 屢屢
送伴。自今日始構先來狀啓, 及獄案別單艸。

初三日。

日本之例, 以僧爲貴, 至爲僧設官。雖以馬州 以酊僧言之, 必爲參涉
於交隣文書者, 已成例習。今番兩僧則以江戶之令, 同參於查事。而馬
州守則以儐使之任, 不敢與焉。想必以事出於馬州, 職失於護行有所

---

43 崔鳳齡: 底本에는 "崔鶴齡"으로 되어 있으나, 《海槎日記》와 사행명단에 의거하여 수
정함.

咎責之論而然矣。凡係獄情，想不得詳知。雖知之亦必不報於吾行。
且輒推讓於兩長老，到今事勢。與兩長老往復探情之外，無他道矣。

初四日。

兩長老回答書契及獄案來到。書契中有曰："罪人傳藏從兄以下，當
待科程日滿，放逐有差"云。故以小紙書問其辭意。則答以"囚禁日限。
放者放之，逐者竄逐也"云云。更以小紙問曰："囚禁日限，被放之者爲
某某，竄逐者爲某某，並爲詳錄以示"云爾。則又答以"處斷後詳錄以送
爲計"云云。聞自大目付入來之後，忽有只施法於傳藏之議。故使首譯
書小紙探問於兩長老曰："傳藏下人，最初口達曰'豈無同議者'云。此乃
疑端。彼之親戚，亦在同情，則此兩人，難免傳藏之律。俺聞之日本法
度，極嚴正云。今若依法決給，俺歸告朝廷，庶可有辭"云爾。則兩長老
答曰："罪之輕重，自在於罪人所告。未詳正之前，町奉行、目付皆無稟
伺之道。雖或稟伺，亦無卽斷之理。傳藏殺人，本無造議者。卽今繫獄
者，雖因傳藏事而捉囚，皆非交涉。且有別究之端，此則使行發船之
後，詳正其罪。重者斬，輕者竄之"云云。何必別究行查於使行館中
乎。若是傳藏之餘黨當死者，則江戶之論查官之心，其無曰"朝鮮人一
名被死，則只當示以日本人一名償命之法而已。餘黨當死者，待使行
出去，當爲施行云爾"乎。可見其倭情之巧且黠也。不然則馬人輩或假
托使行，侵漁各州，怨毒朋興，罪惡積累之狀，盡露於行查之時耶。仄
聞查官之見，亦各不同。大坂城尹則欲嚴查事。大目付則欲緩之。兩
長老則與馬州已成仇隙，故不無乘機逞憾之意，將欲峻之，終以緩焉，
難詳其委折矣。以其餘囚未勘，尙難自主其進退故耶。吾輩方在待勘
中，酬酢彼人之際，義不可以常例。故去時之許其回路和詩者，將不得
施之。至於大坂館伴之請得筆蹟，屢行信使之所許也。今番則亦不得
書給之，館伴大爲落莫。至於文士輩與彼人唱和，亦以義辭却之。屢日
程裹粮來待。擧皆歸怨於馬州人。馬州人可謂無往而非其罪也。大坂
城之置尹，想以水陸都會之故，別設留守者一人。殆如西京之置尹也。

官尊而責重, 故不爲世襲, 輒皆擇人云。今見藤正允之前後處事, 雖未
見其人, 可想合可此任也。當初變出之後, 雖不卽行查, 廉探之政, 已
廣其路。而行中致疑之事, 馬人作弊之端, 卽已洞知。罪人發捕之事,
必待江戸之令, 例也。而坂尹謂: "以使行事急, 不待命令之罪, 我自當
之", 卽爲知委各處, 期於捕捉。且先斬傳藏, 以開使行回去之路。又許
我人之監刑, 以示共誅之義。至於先來之許送, 日供之不苟, 館直之勤
幹, 凡事之待令, 俱莫非有知識之事。可想其擇人而任之也。曾無相接
之例, 故雖不請見, 轉致謝意於町奉行, 以爲傳及之地耳。能登守源忠
通, 去時接見則頗有俊[44]氣。今聞欲嚴查事云, 可謂有公心者也。

初五日。
賊人旣已定刑, 故更構數行祭文, 略備餠果, 使金光虎往奠於崔天宗
之柩前。仍以崔天宗、金漢仲、李光河三柩, 同載任船, 使之出送釜
山。而移文嶺營, 論報備局, 請其駕牛之題給。行關於地方官大邱、東
萊, 使之顧恤厚埋。半千人異域之行, 一人死亡, 固爲慘然。況此兪進
源等四人乎? 馬州守送伻云: "信行歷臨於坂城島主家者, 古例也。乞
於明日俯臨"云云。三使以爲"方在待勘中, 義不可閑漫出入"答之。則
差倭輩以爲"不幸有事變之後, 江戸之使兩長老請其獨接者, 欲探使行
與島主失和與否也。明日使道若廢歷臨之古例, 則江戸與坂城之人,
其必曰'使行與島主有隙'云爾。若然則島主實有難保之慮。島主安危,
正係於使道之行次與否"云云。而忙忙燥燥, 哀乞萬端。細想其事勢,
不無藉重之實情, 且念歷路暫見, 與遊覽有異矣。島主連送伻懇乞。今
番事變之後, 島主處事, 雖無可言。旣是實狀, 故始爲勉許之。昨聞馬
州護行奉行平如敏、裁判平如任、幹事官紀蕃實, 自江戸拘執, 因留於
大坂城云。三差倭之拘留, 雖未知其意, 想或以不謹護行, 致有此事變
之罪耳。午間三差倭始爲來告: "以爲坂城尹不許出送, 故未得護行於

---

44 俊: 底本에는 "後"。《海槎日記》에 의거하여 수정함。

明日"云。馬島守又以此事送伻告。余謂首譯曰："護行差倭當有代差"
云爾。則首譯以爲"似聞島主以'護行乏人，奉行則許送'之意，送懇於坂
尹而待之"云。夕後島主又送伻以爲"奉行等三人，旣自江戶拘留。故以
平誠泰[45]代平如敏，俵郡左衛門 藤番卿代平如任，巖崎喜左衛門 平令
德代紀蕃實。使之依例護行"云。差倭拘留之事，渠輩今日始知，而猶
不知江戶之令，浪費請囑於坂尹。以此推之，馬人之無力於坂城可知。
而坂尹之必待使行定出之後，始以差倭拘留之事分付馬州者，可謂愼
密矣。馬州守則雖非不良，年少未經事，庸駭無知識。凡事未能自主，
一聽於下輩。遭此變怪之後，罔知攸爲，日飮無何云云。或云："馬守以
護行之故，姑以戴罪行公，而使行還渡之後，當被重勘"云。其言何可信
也，且其容貌豐滿，猶可以保其祿。況其世襲之職乎。近日以來，馬人
輩氣益喪而膽益墜，似與前日有異云。而但其狡黠之習，猝難變革。當
觀他日擧行等事之如何耳。

初六日。
發大坂城，宿河口船上。兩長老飯後始送別錄。或以爲傳藏之同房，
或以爲傳藏之投書掩匿，或以爲不卽告官之罪。或施拷掠，或爲囚繫，
或爲拘留者。而多般究問，謂非同情，將欲待限而放逐者也。祐譽，傳
藏之從兄也。市儀衛，傳藏之下人也。文屋虫，傳藏之接主人也。三人
供辭，已詳於獄案。此則待日滿將施竄逐者。而或云日本竄逐之法，重
者放諸無人島，終身不放云。先來軍官李海文、柳鎭恒，來辭船中。授
以狀啓二度、別單一度同封槓子及三使家書。以三千海路，愼心利涉
之意戒之。軍官等以爲"惟望行次之無恙"。去留之際，上下人情，自爾
怊悵，未卽辭去。余曰："人臣之義，不避王事。君等之先去者，王事
也。送君而先行者，亦王事也。將幕知得此義，則夫何難於區區作別
也。"咸曰："然矣。"仍辭去。是日行三十里。

45　泰: 底本에는 "赤"，《海槎日記》에 의거하여 수정함.

初七日。

島主遷延不來, 故問之。則謂："以猝定行期, 凡具未備。下屬之拘留坂城者, 今並聚會, 於來船及天宗載去船船價, 亦未備給, 出債彌縫之。故自致遲滯。今日決難行船, 明日則必當前進"云。仍留河口船上。

初八日。

開東時, 先來船乘風前進。日出後島主始發行, 故我船鱗次出河口。一騎船膠貼於河口水淺處, 移時拔出。櫓役而進, 行七八十里, 自未時逆風大吹, 波濤頗盛, 而曳船力弱不能挽進, 下碇仍留中洋。向暮尤緊可苦。送登船之禁徒、船頭兩倭人於岸上村閭, 收聚小船十數隻而來, 與坂城曳船, 並力而挽之。兼飭櫓役, 到泊船倉, 夜已三更矣。副船以早發之故, 未時到泊。從船日暮到泊云。使首譯嚴加責諭之。曳船請來之兩倭人等, 各以木疋米俵賞給之。先來軍官船, 未暮到此, 聞我船逗遛洋中等待之, 及余來泊, 適得順風, 發船前進云。去時所留鷗木、風席等物, 還爲添載。是日行一百里。

初九日。

留兵庫。夕間風浪漸作, 舟中不安, 不得已還入館所。申飭彼我人, 使之固繫各船。夜半風浪果大作。繫纜多絶, 一騎船、三騎船, 殆如箕簸, 將掛於岸上。舟人大恐, 卽使軍官、譯官, 急往與彼人合力救之。多垂後碇, 盡力撑柱。曉來風波少靜, 僅免傷毀。極可幸矣。

初十日。

留兵庫。

十一日。

一日之內, 風頭屢變。三日以來, 便成霖霏。端陽已過, 我國新扇, 無由得之。以舊扇各一柄，分給行中員役，下至小童處。仍留兵庫。

十二日。
行船洋口，還泊兵庫。留船上。

十三日。
留兵庫船上。

十四日。
發船。午次室津。是日行一百八十里。

十五日。
曉行望闕禮。平明發船，行六七十里。風潮俱逆。末由前進。下碇大島內洋，日暮時因潮順利，乘月揚帆。初更到泊牛窓。是日行一百里。

十六日。
平明發船，行五十餘里，有急灘。衆力櫓役，寸進尺退。費了數食頃，堇過數十步。三更量到泊韜浦，夜已深矣。是日行二百里。

十七日。
日出後發船。行七十餘里有急灘。各船多有流退者。我船則衆力櫓役，而小曳船一隻未及回避，在前傾覆，極其齷齪。旋見格倭四人，盡爲拼附杉板，轉登船底而坐，有若鳧雛，乍沉還浮也。馬州舊大守平義蓍，聞使行遭天宗變怪，久滯中路之奇，專伻問之。可謂有人事者也。次竹原前洋，留船上。是日行一百二十里。

十八日。
丑末發船，卯初到蒲刈。是日行八十里。

十九日。
日出後發船, 三更到上關。是日行二百十里。

二十日。
卯初發船, 初更到泊西口前洋。留船上。是日終夜行一百八十里。

二十一日。
寅末發船, 午初到赤間關。留船上。去時自釜山入送鷗木, 留置此
處。故還推添載。蚊帳一百十一件, 謂以關白所賜來納。故依戊辰例,
分給行中。而曾以盤纏所捧大遮日, 無用處, 故分作單衫、單袴。抄出
格軍無夏衣者二十餘人分給之。是日行一百七十里。

二十二日。
留赤間關船上。所謂赤間關, 素稱'小江戶'。

二十三日。
留赤間關船上。

二十四日。
平明發, 次南泊前洋。留船上。

二十五日。
留南泊船上。

二十六日。
巳時發船, 日暮到藍島。留船上。是日行一百八十里。

二十七日。

平明發船, 日暮次一歧島。留船上。是日行三百五十里。

二十八日。

留一歧島船上。

二十九日。

留一歧島船上。己亥信使之在藍島也, 因馬州島主及差倭等乞貸, 以餘米百俵許之, 及其歸路蕩減。則戊辰以此援例而乞, 亦依給之。今番藉此爲言, 故在江戶時, 欲爲帖給。則憚於人言, 願受於他站矣。在坂時, 餘米太多, 故又爲題給。則島主謂"戊辰是護行、奉行大莊, 中間私用者, 實不知之。今番領受"云云。其意亦出於憚人言也。三房合出餘米六十一俵, 分給隨行傳語官、禁徒、下知役等處。又三房合出日供餘米三十九俵, 而分給之。此皆頃日坂城帖給時未參者也。到此追給, 以準戊辰、己亥百俵之數。

六月 初一日。

曉行望闕禮。留一歧島船上。

初二日至十二日。

留一歧島。

十三日。

辰時發船, 三更到對馬府中。是日行四百八十里。

十四日。

下陸留西山寺。凡諸擧行反不如去時云。狡倭之態, 例自如此。可痛。

十五日。

留西山寺。曉行望賀禮。午間島主與酊⁴⁶菴長老來見，迎揖如例。使首譯以宴享權停事，送伻於島主。蓋到此處，公私宴享。吾輩旣在待勘中，義不可以參宴。故在坂時，以此分付於差倭輩。而島主家歷見時，以"當有往復事"，示意於答伻矣。彼人輩亦以爲"使道處義，似當如此。而公宴旣是關白所設，與島主私宴有異。決不可停之"云云。連使首譯，以事理責諭之。

十六日。

留西山寺。

十七日。

留西山寺。先來雖已發送，吾行中路遲滯，旣到此處。故以"還到府中。不設宴享。候風前進"之意，修狀啓。出送飛船便。兼付家書。

十八日。

留西山寺。午後三使以鶴氅衣陳威儀，往島主家。少憩歇廳，以紅團領相接。而旣異宴享，故員役禮數除之，只平坐一進茶，而各敍別意。

十九日。

未時離馬州，初昏到芳浦內洋。留船上。是日行七十里。

二十日。

平明發船，酉時次西伯浦。留船上。是日行一百七十里。

---

46 酊: 底本에는 "酊".

二十一日。
平明發船, 次泉浦。留船上。是日行四十里。

二十二日。
平明發船, 二更還渡釜山。

二十三日。
留釜山。

二十四日。
留釜山。

二十五日。
中火東萊, 夕次梁山。是日行七十里。

二十六日。
中火無屹, 夕次密陽。是日行九十里。

二十七日。
中火楡川, 夕次淸道。是日行七十里。

二十八日。
中火慶山, 夕次大邱。是日行六十里。

二十九日。
留大邱。

三十日。

中火<u>松林</u>, 宿<u>仁同</u>。是日行七十里。

七月 初一日。

中火<u>善山</u>, 宿<u>尙州</u>。是日行一百十里。

初二日。

中火<u>咸昌</u>, 宿<u>聞慶</u>。是日行一百里。

初三日。

踰<u>鳥嶺</u>, 中火<u>延豐</u>, 宿<u>槐山</u>。是日行一百里。

初四日。

中火<u>陰城</u>, 宿<u>無極驛</u>。是日行九十里。

初五日。

中火<u>陰竹</u>, 宿<u>利川</u>。是日行八十里。

初六日。

宿<u>慶安驛</u>。是日行五十里。

初七日。

宿<u>廣州</u>。是日行四十里。

初八日。

三使會于<u>東大門</u>外, 午間復命。復命入侍時, 上曰："頃於先來入來也, 聞極喜幸。又見復命, 是豈所料"。趙曮曰："王靈所曁, 無事往還, 公私甚幸。"上曰："日熱如此, 特命徐還"。對曰："臣等依下教, 日行一

站。而李仁培由竹嶺, 金相翊由秋風, 亦皆每站矣。"上問："關白所居何
如? 鬚髮有無? 諸太守服色? 關白兵衛有無? 宮室何如? 門色何如? 關
白傍侍有無? 服色同異? 飮食何如? 觀光多少? 禮數何如?"一一陳
對。上曰："南玉、成大中、金仁謙、元重擧各作幾篇?"對曰："並作千
餘首矣。"上曰："壯矣。非常矣"。上曰："諸軍官試才乎?"對曰："彼人見
大弓, 畏其觸傷, 懇請不射。故只試騎蒭、射帿。金相玉, 則騎蒭五中,
帿箭四中矣。"上曰："壯矣。"李仁培曰："金以將軍稱之矣。"趙曮曰："李
海文亦稱將軍矣。"上曰："金相玉像好矣。"對曰："柳達源, 亦騎蒭帿箭
皆三中矣。此是柳鎭夏之子。而其祖善基, 己亥以副使黃璿軍官入
去。其孫又入去矣。"上曰："徐有大, 卽徐命膺之親屬乎?"對曰："徐命
珩之再從孫也。今番因徐有大、柳達源, 得以救幾敗之船也。"上命諸
軍官進前。至閔惠洙, 上曰："身手好矣。"至曹學臣, 上曰："欲還嶺南
乎?"對曰："來路歷入矣。"至梁瑢、任屹、李梅、吳載熙, 上曰："趙尙絞
之子, 甚可矜矣。"至李德履, 上曰："誰族?"趙曰："副使近族。張漢相之
外孫也。"上曰："然則李森妻姪也。"命書傳敎。上曰："今番軍官輩武
技, 皆善爲之乎?"對曰："無愧矣。"上曰："南玉, 比洪世泰、申維翰何
如?"對曰："詩與文皆有所長。倉卒所作, 皆能善成矣。"上曰："彼以爲
朝鮮人文武才, 皆難矣云乎?"對曰："然矣。"李仁培曰："上使所騎船鴟
木之折傷也, 上使負國書而待之矣。"上曰："事體則然, 而無乃怯乎?"
李仁培、金相翊曰："其時危急, 迫在呼吸, 安得不然? 幸賴徐有大、柳
達源之力, 得以轉危爲安矣。"上曰："鴟木折時, 柳達源、徐有大孰先效
功?"對曰："徐有大執椎而推下鴟木。柳達源拔釖而督飭軍人矣。"上
曰："柳達源, 則似號令而已。徐有大最有功矣。"命書徐有大防禦使傳
敎。

書契式

○奉書
朝鮮國王 姓 諱 謹封
日本國大君殿下

朝鮮國王 姓 諱 奉書
日本國大君殿下
聘信之曠, 一紀有餘。竊聞殿下, 纘承令緒, 撫寧海宇。其在交好, 曷
勝欣聳。玆循故常, 亟馳使价, 致慶修睦, 隣誼則然[47]。土宜雖薄, 聊表
遠忱。惟冀勉恢前烈, 茂膺新祉。不備。
年 月 日 朝鮮國王 姓 諱

別幅 十九種 際 年 月 日

○奉復
日本國王 源家治 謹封
朝鮮國王殿下
信使遐臻, 聘儀寔盛。就審起居安寧, 嘉慶殊深。方今以承紹前緒,
撫育群黎。仍留舊典, 斯敍新懽。幣物旣厚, 禮意且隆。乃知敦兩國講
信之意, 而昭奕世修睦之誼也。言將菲品, 附諸歸使。惟冀永締隣好,
共奉天休。不備。
年 月 日 源家治

---

47 然: 底本에는 없음.《海槎日記》에 의거하여 보충함.

別幅

貼金六曲屏風二十雙
描金案二張
描金鞍具二十副
染華綾一百段
彩紬二百端

年 月 日 <u>源家治</u>

甲申春, 返翰受來時, 有不敬文字. 往復相持, 事在於日錄. 可以參
互. 故只此抄上.

鷹子前期入給, 先爲發送. 而自是前例, 差倭言因戊辰鷹子元數七
十一連, 癸未年則元數雖五十四連, 須差三連. 比戊辰大爲減縮. 勢難
載去云云. 不得已加給三連之意, 發關分付於<u>釜山</u>僉使. 以預備來留
候鷹子三連, 使之入給.

禮單馬二匹、馬上才馬三匹、鷹子六十連、理馬一人、小通事一
人、牽夫一名, 分載倭船三隻. 九月二十七日, 先爲發送. 未及水旨,
逗遛逆風. 僅僅經夜. 後二十八日, 漂泊<u>機長 武知浦</u>. 二隻船段. 十
月初一日, 曳泊<u>東萊</u>境. 一隻船段. 仍留<u>武知浦</u>. 當日申時量, 多定小
船, 曳泊於待風所. 初五日, 鷹馬載船倭船三隻, 理馬、通事、牽夫等,
依前同騎. 先爲發送. 甲申 正月初七日到<u>江戶</u>.

日供 一手斗爲我國三升

○使行
■五日供   ■逐日供
上上白米二十五手斗   道味一尾
上醴十五手斗   豆腐二隅半

甘醬五手斗

醋一手斗

鹿角五箇

鹽六手斗

眞油二手斗

燭十五柄

乾古道魚二箇

沉菜十五盞

鷄十首

魴魚二尾

生鰒十五箇

鷄卵十五箇

票古四手斗

薯四手斗

淸三兩六戔

薇一束

艮醬三手斗

蔥一丹

芹五合

菜一丹

菁根十箇

南艸二兩

柴

炭

○上上官
■五日供

上上白米十五手斗

上醴十手斗

甘醬五手斗

良醬二手斗

鹿角五個

醋一手斗

眞油二手斗

燭十五柄

■逐日供

道味一尾

豆腐一隅半

蔥一丹

芹五合

菜一丹

菁根十箇

南艸一兩七戔

柴

乾古道魚二箇

沉荣十五盞

鷄五首

魴魚二尾

生鰒十五箇

鷄卵十五箇

票古四手斗

鹽六手斗

薯四手斗

淸三兩二戔

薇半束

炭

○**上判事**

■**五日供**

白米十二手斗半

常醴十手斗

甘醬一手斗

艮醬一手斗半

醋二合半

鹽二手斗

眞油三合三夕

鹿脚七合

鷄二首

魴魚六合五夕

菁根四手斗

燭十箇

■**逐日供**

道尾一尾

豆腐一隅

蔥半丹

菁根六箇

南草二戔七分

芹三合

荣半丹

柴

炭

○上官 次官

■五日供

上白米十手斗
常醴十手斗
甘醬一手斗半
艮醬一手斗
鹿脚七合
醋二合五夕
鹽二手斗
眞油三合三夕
鷄二首
魴魚六合五夕
生鰒六箇半
薇七合
甘藿三合五夕
菁根四手斗

■逐日供

生魚大者一尾
豆腐六合九夕六寸
蔥一合七夕
茱一合七夕
芹一合七夕
菁根二箇
南艸二戔七分

○中官

■五日供

白米七手斗半
醴一手斗半
甘醬四合三夕五寸
魴魚七夕
鹿脚二合
鹽一合六夕五寸
甘藿五夕
薇七合
乾魚一尾半

■逐日供

生魚小者一尾
茱七合四夕
鹿毛七夕四寸
菁根一箇

鹿毛七合 狀如黃肉

○下官

■五日供　　　　　　　　　　■逐日供無

白米五手斗

甘醬四合三夕五寸

醴一手斗

鹽一合六夕五寸

鹿脚二合

魴魚七夕

薇七合

甘藿五夕

鹿毛七合

乾魚一尾半

【영인자료】

海行日記

해행일기

鹿毛七合　狀如黃肉

下庫

五日供

白米五斗斗

甘醬四合三夕五寸

醴一斗斗

塩一合六夕五龠

鹿脚二合

鮒魚七夕

薇七合

甘萑五夕

鹿毛七合

乾魚一尾半

逐日供無

菁根四斗斗

中宫

五日供　　　　　　逐日供

白米七斗斗半　　　生集小者一尾

醯一斗斗半　　　　菜七合四夕

廿腎四合三夕五寸　鹿毛七夕四寸

鮎集七夕　　　　　菁根一箇

鹿脚二合

塩一合六夕五寸

甘藿五夕

薇七合

乹臭一尾半

117

常饌十手斗　　　　豆腐六合九夕六寸

廿醬一手斗半　　　葱一合七夕

艮醬一手斗　　　　茉一合七夕

鹿脚七合　　　　　芹一合七夕

醋二合五夕　　　　菁根二箇

塩二手斗　　　　　南苽二戔七分

真油三合三夕

鷄二首

新集六合五夕

法麴六斤半

薇七合

甘藿三合五夕

民醬一斗斗半　菁根六筒

醋二合半　南草二把二七分

塩二斗斗　芹五合 三

真油三合三夕　菜半丹

鹿脚七合　柴

鷄二首　炭

粘粢六合五夕

菁根四十斗半

燭十筒

上官次官
五日供　逐日烘

上白米十斗斗半　生鮮大者一尾

115

生雉十五首

鷄竹十五首

栗古四斗

塩六斗

菁四斗

清三兩盞

一薇半束

上判事

五日供　　　逐日供

白米十二斗半　　　道尾一尾

常醴十斗　　　豆腐一隅

甘醬一斗　　　葱半丹

上〃白米十五斗　　道味一尾

上醴十斗　　豆腐一隅半

甘醬五斗　　蔥一丹

艮醬二斗　　芹五合

鹿角五個　　菜一丹

醋一斗　　菁根十箇

真油二斗　　南竹一兩七戔

燭十五柄　　柴

乾古道魚二箇　　炭

沉菜十五盞

鷄五首

鮒魚二尾

113

沈菜十五盞

鷄十首

鰿魚二尾

生鰒十五介

鷄卵十五ㅅ

栗古西手斗

蕎四手斗

清三兩六戔

薇一束

民醬三手斗

上〻官　五日供　　　逐日供

使行

日供　一斗爲我國三斗

五日供

上之白米二十五斗

上醋十五斗

甘醬五斗

醋一斗

鹿脯五箇

鹽六斗

真油二斗

燭十五柄

乾古道魚二箇

逐日供

道味一尾

豆腐二隅半

葱一丹

芹五合

菜一丹

菁根十箇

南竹二兩

柴

炭

111

山禽使以禎備來溜柴鷹子三連使之入給

禮單馬二匹爲上才馬三匹鷹子六十運理馬一人小通事一

人傍夫一名分載倭舡三隻九月二十七日光爲裝送未及水

昔迎遝退風僅経夜後二十八日㴠泊棧長武知浦二隻舡

段十月初一日㴠泊東萊晩一隻舡段仍留武知浦當日申時

單多定小舡戈泊扵待風所初五日鷹馬載舡倭舡三隻還馬

通事傍夫等依前同騎先爲裝送甲申正月初七日到江戸

別幅

貼金六曲屛風二十疊

描金案二張

描金鞍具二十副

染華綾一百段

彩紬二百端

年月日

源家治

甲申春迎翰受来時有不徹文字紕複招特事在於日錄可以

癸亥故只此抄上

鷹子前期入給先爲駁送而自是前例差倭言因戊辰鷹子元

殺七十一連癸未年則元殺雖五十四連額差三連此戊辰大

爲減縮執難載去云云不得已加給三連之意散圖分付於釜

奉　復

日本國王源家治　謹封

朝鮮國王　殿下

信使遐臻聘儀寔盛就審

起居安寧嘉慶珠深方今以承紹前緒撫育群黎仍留此斯

敍新懽幣物既厚禮意且隆尤知敦兩國講信之意而昭奕世

修睦之誼也言將菲品附諸敝使惟冀永締隣好共奉天休不

備

年月日　源家治

書契式

奉

書

日本國大君殿下

朝鮮國王姓諱奉書

日本國大君殿下

朝鮮國王姓諱謹封

朝鮮國王姓諱謹封

聘信之隔一紀有餘竊聞殿下續承令緒撫寧海宇其在交好之

曷勝忭躍茲循故常亞馳使价致慶修睦隣誼則王宜雖濟聊

表遠忱惟冀勉恊前烈茂膺新祉不備

　年　月　日　朝鮮國王姓諱

別幅十九種　際年月日

金相翊曰其時危急迫在呼吸安得不然亭頹徐有大柳達

達之力得以轉危為安矣　上曰鷁未析時柳達源徐有大

執先效功對曰徐有大執椎而堆下鷁沐柳達源援釰而督

篩軍人矣　上曰柳達源別似篩令而己徐有大最有功矣

命書徐有大防禦使　傳敎

夏之子而其祖善基已亥以副使黃璿軍官入去其後又入
去矣　上曰徐有大卽徐命膺之親鬐守對曰徐命膺斯之再
從原此今雖圈徐有大柳達源得以做幾歟之船也　上命
諸軍官進前至閔惠洙　上曰身手姶矣至宵澤匡　上曰
欲還嶺南守對曰來路歷入矣至梁瑢任此李梅英戴源
上曰趙尙俟之子進可祿矣至李德禩　工曰誰族趙曰副
便逃族張漢相之外源也　上曰然則李森妻住也　命書
待敎　上曰今雖軍官輩武技此善爲之守對曰無愧矣
上曰南㻮此洪世泰申維翰何如對曰詩與文皆有將長盦
辛盺作休能意威矣　上曰彼以爲朝鮮人文武才皆難矣
云守對曰然矣李仁培曰上使所騎艇鷗末之折傷此上使
頁　國書而待之矣　上曰事體則然石無乃慣守李仁培

復

　命入 侍時 上曰頃於先来入也關極喜幸文見

復命是豈所料趙曒曰 王靈所暨無遠徙祖異公私甚幸

上曰日熱如此特命徐遑對曰臣等像 下教曰行一站而

李仁培由竹嶺金相翊由秋風亦皆無站矣 工問關白所

歷如何讀髮有無諸太守服色關白兵衛有無宮室何如門

色何如關白傍侍有無服色同異飲饌何如觀光多小禮数

何如一二陳對 上曰南王成大中金仁謙元重舉名作戲

篇對曰弄條千餘首矣 上曰壯矣非席矣 上曰諸軍庭

試才辛對曰彼人見大方思其解傷忽請不射故只試騎芻

射帳金相玉則騎芻五中帿箭四中矣 上曰壯矣李仁培

曰金以將軍補之矣趙曒曰李海文亦補將軍矣 上曰金

相玉像好矢對曰柳達源亦騎芻帿箭皆三中矣此是柳鎮

七月

二十七日中火揄川夕次淸道是日行七十里

二十八日中火廣山夕次大邱是日行六十里

二十九日留大邱

三十日中火松林宿仁同是日行七十里

初一日中火善山宿尙州是日行一百十里

初二日中火咸昌宿聞慶是日行一百里

初三日踰鳥嶺中火延豐宿槐山是日行一百里

初四日中火陰城宿無極驛是日行九十里

初五日中火陰竹宿利川是日行八十里

初六日宿慶安驛是日行五十里

初七日宿廣州是日行四十里

初八日三使會于東大門外午間復命

使萬行家書

十八日晡到山寺午後三使以鶴氅衣陳威儀從島主家少憩

歇廳以紅團領相接而既具宴享故貢役檜激除之只平坐

一進茶而各叙別意

十九日未時離馬州初昏到芳浦内洋留舡上是日行七十里

二十日平明發舡酉時次更伯浦留舡上是日行一百七十里

二十一日平明發舡次夜浦留舡上是日行四十里

二十二日平明發舡二更遂渡釜山

二十三日留釜山

二十四日留釜山

二十五日中火東萊夕次梁山是日行七十里

二十六日中火無阤夕次密陽是日行九十里

十四日下陸沿西山寺凡諸葬行反不如去時云彼倭之態倒

向如此可痛

十五日留西山寺脘行望　賀禮午聞島主渙町逢長老來見

近指如例使首譯以宴享權停事遅停於島主盖到此廉公

私宴享吾辈院住待勘中義不可以然涼故在坂時以此分

付於在倭辈而島主懇見時以當有継復事示意於盖伴

矢彼人辈亦以為使道處義似當如此而公宴院是關白所

設與島主私宴有異决不可停之云云連使首譯以事理責

諭之

十六日留西山寺

十七日留西山寺先來雖已發遣吾行中路遅滯院到此廉故

以還到府中不設宴享候風前進之意修状　啟告達飛船

六月

二十九日留一岐島船上己亥信使之在藍島也因馬州島主

及差倭等乞貸以餘米百俵許之及其歸路遭滅則戌辰以

此撥倒而乞亦俵給之令裝載以爲言故在江戸時欲刷帖

給則悼旅人言額受於他站矣在坂時餘米太多故又爲題

給則島主謂戌辰是護行犬莊中間私囷者實矣知之

令港領受云ㄴ其意亦出於悍人言也三房合出餘米六十

一俵分給隨行傳語官禁徒下知役等處又三房合出日供

餘米三十九俵而分給之此豈頃日坂城忙給時未來者也

到此追給以准戌辰已亥百俵之數

初一日晚行望 關禮留一岐島船上

初二日至十二日留一岐島.

十三日辰時發船三吏到對馬府中是日行四百八十里

100

鷗木器置此處故還推添載故帳一百十一俱謂以關旬所

賜來納故依戊辰例分給行中而曾以盤纏府幹大遞日無

用處故分作渾衫單袴抄齒格軍無夏衣者二十餘人分給

之是日行一百七十里

二十二日碇赤關間船上所謂赤間關素稱小江戶

二十三日碇赤間關船上

二十四日平明發次南诏前详碇船上

二十五日碇南诏船上

二十六日巳時發艇日暮到藍島碇船上是日行二百八十里

二十七日平明發船日暮次一岐島碇船上是日行三百五十
里

二十八日碇一岐島船上

99

二百里

十七日〇〇出後發船行七十餘里有岩礁各船多有流退者我

船則衆刀櫓役而小叟遲一隻未及回避在前傾覆極狹

狂旋見桔橰四人盡為擠附杉板艀登船底而坐有若虎雛

作沉還浮出馬州舊太守平義審閒使行遣天泉變怪久滯

中路之奇事俾之可謂有人事者此決何原前洋沿船上

是日行一百二十里

十八日丑末發船卯初到蒲刈是日行八十里

十九日〇〇出後發船三更到上關是日行二百十里

二十日卯初發船初更到泊西口前洋沿船上是日終夜行一

百八十里

二十一日寅末發船午初到赤間關沿船上去時自釜山入送

初六日歇夫庫

十一日一日之內風颭屢變三日以來使行俱病醫鎰陽已過我

國新廟無由得之以旧廟各一柄分給行中負役下至小童

燒仍留夫庫

十二日行船洋口還泊夫庫歇船上

十三日歇夫庫船上

十四日發船午次室津是日行一百八十里

十五日晚行遲　關禮平明發船行六七十里風潮俱逆未由

前進下碇大島內洋日暮時因潮順利乘月揚帆初更到泊

牛窓是日行一百里

十六日平明發船行五十餘里有急灘衆刀櫓後寸進尺退費

了數食頃堇過數十步三更堂到泊鞱浦夜已深矣是日行

能挽進下碇仍唱中洋兩幕瓦緊百苦送登船之趂徒船頭

兩倭人於窓上村問收歛小船十隻數而來與扳城曳船延

力而挽之無餘樟役到泊船倉夜已三更矣副帽以早發之

赴來時到泊後帽日暮到泊云使首譯嚴以責論之實帽藉

來之兩倭人等各以木尿米俵寳給之先來軍官帽未暮到

此聞我船還留洋中等待之及余來泊適得順風發船前進

云去時昨暮鷗木風席等物還為添載是日行一百里

初九日晴朝暮聞風浪漸作舟中不安不得已還入館所中

餉彼我人使之周繫船夜半風浪果大作縈纜多範一騎

船三騎船殆如鑷歡將掛於窓上再人大恐即使軍官譯官

忿徒與彼人合力救之多髮後碇盡力樟桂曉求國波少靜

僅免傷毀極可幸矣

惧心利涉之意哉之軍官等以為惟望行次之無恙去皆之

除上下人情自有怅恨未即辭去余曰人臣之義不避王事

君等之先去者王事也送君先行者而亦王事也將幕知得

此義則夫何難形區~作別也咸曰然笑仍辭去是曰行三

十里

初七日島主遷延不来故聞之則謂以狩逆行期心具未備下

屬之枸留坂城者今并聚會檢束船及天亭載去船~償亦

未備給岎債誦縫之故自致遲滯今日決難行船明日則必

當前進云仍留河口船上

初八日開東時先来船乘風前進日出後島主始發行歃我船

鱗次出河口一瞬船膠貼扵河口水淺慮於時撥岎櫓後而

進行七八十里有未時近風大吹波濤頻威而戈船刀將不

爲戴派行公而使行還渡之後當被重勘云其言何可信此

且其容顏豐滿猶可以保其祿況其世襲之職宇近日以來

爲人輩氣益喪而膽益懾似煥前日有異云而但其疚黙之

習辭難叟筆當觀也日擧行舉事之如何耳

初六日發大坂城宿河口船上而長光飯後始送別錄或以爲

傳藏之同謀或以爲傳藏之投書拖選或以爲不卽告官之

罷或施掠或爲因縶或爲拘留而多殿究問謂非同情

將欲待作而放逐者此祇主人也三人供辭已詳於讞案也

下人也文亦在傳藏之接主人也祇譽傳藏之微尤延市儀衛傳藏

則待日滿將施竄逐者而或云日本竄逐之法重者放諸無

人島終身不放云先来軍官李海文柳鎮恒未辭船中投以

狀啟二度別單一度同封橫字及三使家書以三十海路

有山事変之罪耳午間三差倭倍為來告以為坂城尹不許

出送故未得護行於明日云馬島守又以此事送倭告余謂

首譯曰護行差倭當有代差云衙則首譯以為似聞島主以

護行之人奉行差之之意送遣於坂尹品待之云夕後馬

主又送倭行以為奉行等三人既自江户拘器故以平城赤代

平如敏倍郡左衛門藤蕃卿代平如任巖時喜左衛門平令

德代㐧蕃實倍之倒護行云差倭拘留之事集革今日於

知而猶不知江户之今浪費請嬌於坂尹以以推之馬人之

無力於坂城可知而坂尹之必待使行定出之後始以差倭

拘留之事分付馬州者可謂慎密矣馬州守閔雖非不良坤

少未經事庸孱無知識凡事未能自主一聽於下輩遣以変

怪之後同知收為日欲無何云、或云馬守以護行之故姑

93

之行一人死亡固為憐然況俞進逃等四人于馬州守送伴

云借行歷臨於坂城島主家者古例也急於明日俯臨云々

三使以為方在行勤中義不可闕遂出入谷之則差倭輩以

為不幸有輩没之後江户之使兩長老請迸獨接者欲擇使

行與島主失和與否此明日使道若履歷臨之古例則江户

坂城之人其必曰使行與島主有隙云甯若然則島主實

有難保之虞島主姿危正係於使道之行次與否而忙

々燦々哀乞滿端細想其辈勢不無精重之實情且念屈浴

暫見與遊覽有吳矢島主達送伴懇乞令差辈变之後島主

廣辈雖無可言院是實狀故始為勤許之峽聞為州護行奉

行平如敏裁判平如任幹事官紀蕃寶省江户拘就因唱於

大坂城云三差倭之拘陷雖未知其意想或以不謹護行致

而行中致鬧之事馬人作樂之端即已洞知罪人幾捕之事

必待江戸之令例也而坂尹謂以使行事恐不待令會之罪

我自當之即為知委各處期於捕捉且先斬傳藏以聞使行

回去之路又許我人之監刑以示其誅之義至於先斬之許

送目供之不當輕費之勤幹事凡之待全俱莫非有知識之

某何想其擇人而往之必曾無相接之例故雖不請見韓欽

謝意於町奉行以為傳及之地耳耶聲守派忠通去時概見

則顏有後氣令聞欲嚴查事云甲謂有公心者也

初五日賊人阮已定刑故史搆數行余元基備餉果使金光庫

徃真枚崔天宗之柩前仍以崔天宗全諜仲李光河三柩同

載任船使之出送釜山而移文嶺營論報懷局請其僞計之

題給行關於地方官大卯束萊使之顧恤學撻牟千人吳堿

行査之時耶及聞査官之見亦各不同大坂城尹則欲嚴査

半大目付則欲緩之兩長老則與馬州已誠仇隙故不無未

機運憾之意竹欲峻之終以緩焉難詳其麥挽矣以其餘因

未勘尚難自對其進迎故耶吾輩方在待勘中酬酢彼人之

除義不可常例故去時之許其回路和詩者將不得施之至

於大坂舘伴之請得筆蹟屢行信使之術許此今活則亦不

得書繪之舘伴大爲蕬莫至於文士輩與彼人唱和亦以義

辭却之歷日程暴糧㬥待樺忉歸懸於馬州人馬州人可謂

無徒而非其派也大坂城之置尹想以水陸都會之政別談

盜守者一人殆如西京之選尹也官尊而責重政不嗣此襄

輒咨擇人云今見藤正允之前後處事雖未見其人可想可

念此任此當初㸔出之後雖不附行査廣探之政已應其路

両長老曰傳藏下人最初口達堂上無同議者云此乃衆議彼
之親戚亦在同情則此兩人難免傳藏之律俺問之日本法
度極嚴正云令若依法決給俺矣告朝廷庶可有辨云甫則
兩長老答曰罪之輕重自在於罪人將告未詳正之前町奉
行自付習無禀伺之道雖或禀伺亦無即斷之程傳藏殺人
本無造議者即令斬撤者雖因傳藏事而挽固守非交渉且
有別寃之端此則使行發船之後詳正其罪重者斬輕者竄
之云、何必別寃行查於使行館中子若是傳藏之餘黨當
死者則江戸之論查官之心其無日朝鮮人一名被死則只
當示以日本人一名償命之法而已餘黨當死者待使行出
去當約施行云甫平可見其倭情之巧且點此不然則渦火
業戒假批使行侵漁各州怨毒朋興罪悲積累之狀盡露於

初三日自本之倒以僧為尊至為僧設官雖以馬州以酊僧言

之必為恭涉扵交隣文書者已成倒習今者兩僧則以江戸

之今同恭扵查事而馬州守則以傾伏之任不敢與焉想必

以事出扵馬州職次扵護行有昕容責之論而能笑凡係徵

情想不得詳知雜知之古必不報扵兵行且執推讓扵兩邊

老到今事勢與兩長老徙復探情之外無他道矣

初四日兩長老囬答書契及徵粜来到書契中有曰派人傳藏

從兄以下當待料程日滿故送有差云故以小紙書問焉辭

建則答以囙禁放者之逐者竄逐此云更以小紙

問曰囙禁日限被放者為黑竄逐者某之並為詳錄以下

建則又答以處斷後詳錄以送為計云開自大目付入

云甫則来之後怨有只施法扵傳藏之識故使首譯書小紙探問扵

兵房軍官金相玉柳顥恒任屹各幷都訓導及令旗一依羅

卒一依小童通事等同進監刑矢移時軍官首譯等告曰罪

人侍歲梟首於江邊竿上而行刑處左右竹圍跪坐罪人釰

斬而梟其頭置竿上以示兩國之人云云梟首他挽竿頭破

日使不得收屍且其行刑處所用節次俱極賤惡者蓋熟刑

賑為兩州之地云云而人視若尋常其凡事之樣子可知矣

考之律文鬪毆殺與賊殺人不同使价隨來之刻殺无嫌辭

常賊殺有異想有越謀者知情者故以此意撰書欲送於諸

查官則兩設僧以為如是則諸查官盡當被罪餘因之在獄

者將不得行査於本事有害撫兹如觀獄藥可以評知云云使

上通事崔鶴齡傳於兩設僧又以餘因嚴處之意屢言送徉

侚令日始構先來狀 落及徽藥別單怖

五月

時我國人之同參監刑李程當然云宿則島主答曰伴教誤

當叉為奉議於城尹云々彼人之習雖些少筆亦必操縱而

後為之良可痛也兩長老深言傳藏行刑時朝鮮人參見一

飭城尹許之云而頗有德色之意且曰明日是朔日己本人

以德談拘忌於行刑耶謂德談之說可怪

初一日晚行望　閼禮飯後町奉行等要首譯送伴以為償藏

行刑特費國同參事坂城尹阮許之明朝受付藏浙棻時三

首譯參見行刑時則解將荅石人亦為同參云々

初二日平朝大目付町奉行等護行兩長老聾並為來會於外

大廳要與三首譯同參數使崔鶴岭李命尹玄泰翼等俱見

之則拿入罪人傳藏以殺人逆走施以極刑之意高聲分付

西以此為之結案乑徹罷囚室有如許之結案乎仍使三行

兩傳則反以爲用力云云如見其肺肝矣而長老非但以前
日之不許獨見似有慍意亦安知馬人不爲用力而和附耶
三十日朝前船將等來告羅州格軍李元河春間發狂自刎之
後病情忽有忽無近日復發餘痛發盡自夜昏窒今至危殆
云云使之急灌藥物矣已而不起云帖給白木衣衾襪紙去
核等物使之厚斂食後島主送倭以爲代來護送等奠於板
城尹則答以雖有古例與近規有異今欲復古例則事當經
稟於東武而後爲之云云太守亦不得任意許之云云即使首
譯等命尹往倭於島主以如無今番事何必捨近規而取旧
例乎今以變證或有和館先爲流傳我國則豈不疑訝乎況
來之必欲自此護送益爲兩國釋疑之道非但獨爲之地須
史相議於城尹後挺船以待之意屢屢言及且以傳藏行刑

近法云廂則兩長老始捉持難終以相議於刑官云而觀其
野為顯有操縱之意此使首譯連為之眘俟則兩僧與諸刑懄
相會議之夕後以朝鮮人參見一節院不稟於束武自束武
若或論其許示則御目付將至自裁之境令若有使行有所
諸見之文字於頭而歸謝於目付則目付可免室罪而朝鮮
人亦當許其監刑云其言誠可笑亦可謂瀉腹狐疑同此令
若不許則目付尤當持難不決故使首譯以事畢後從當宿
言之意咎之仍促其行刑則諸刑官已為定議故目付
奉行肸従而議於坂城尹姑未面来而雖持許示今已犯夜
明日則是日本國忌不得用刑過此後當為擧行云、目付
奉行既以今日行刑之意来告之後兩僧突出怪論一場魔
藏使已取欵之罪人戴頭多日良可痛憤又送譯官伴眘之

行刑三首譯及運官當為祭見云〻島主亦遣俾云傳藏令

當正刑変以仰報云〻即使三首裨三首譯當同從監刑矣

飯後即加㨾兩長老來言我國用法有使刑狀示國民者又

有不當示者而令於傳藏當不可示之法若強請則當啓聞

而不得則徒費多日而已云〻其意不欲使我國人見之此

果欲則其頃偽如何以下之事談巧詐極為切痛即為書俾

以咎曰貴國用刑雖有當示者不當示者至於傳藏此關兩

國之罪人尤當使兩國人咸見其用刑之狀事程合當且以

約條言之彼此罪人之當殺者必於束萊和館外擧行者盍

欲明示兩國人之意也今以此罪人之行刑也若不依此則將

以何辯歸報弊邦守視頃勿為持難即依町奉行俾言從復

於諸刑官速辭我人之來見一以伸約條亭例一以示明白

而後可驗也

二十八日午後御目付等與町奉行及兩長老同乘盤問諸罪

人二十餘人痛楚聲之多問於外犯夜而罪似是已奉束到

之令旬爲勤斷而罪人某々之分等用法未即聞知此取考

日記則曾在鴈曆丙午信行也自赤間關發送先來自其後到馬

行及天敎甲子信行時皆旬大坂城發送先來

島後發送炙今卷則就遷無前之弊恇事當以舊例爲便故

使首譯以此意分付於差倭等處使之慇待檻雙以俟查檄

峕璵則差倭輩以爲事程固然當爲韓告於島主云先來事

官以李康翎海文柳長興鎭恒譯僅則次上通事崔齊仁定

出使之治行

二十九日 朝者町奉行委來外厫使首譯送件日傳藏今日當

於變後豈可以此說道於長老守歲有別護行云云而其所
利害隁未的見則徒為示静之歸只使爲島守護行信使乃
百年舊例何可捨正例而取別格守云云
二十五日島主以爲兩長老等報於坂尹城則亦以爲使行所
執當然兩長老不必請見以書牘爲之爲可云云而長老猶以
戊辰之例爲撝訐接無妨云云㪅謂戊辰之例其時太守先
至長老進到間漠咲咈而罷此非獨接可據之例也以此答
之
二十六日午間兩長老果爲書契以不許獨接略示愠意藏言
大君之命城尹聲查實爲使行解悶也
二十七日灰開御旨付明辝入來故叩本行連日開坐輒多憊
夜羅獄情嚴秘未得其詳而傳聞之言不一藝特見其文案

信使以來應行之前例也今何可捨前例而刱新規乎兩長

老如有可言之事與太守同柱則當强病將近又或不脫則

以青牘相問未爲不可以此意傳通於兩長老

三十四日午後島主送伻以爲細聞事實則自江戸有府分付

於兩長老咸應使行之與島主有府相失有此探問之擧自

使行終不許其獨接則太守之見疑於江戸無以自解懟尼

即許相接云太守謹歉同徃而行禮後即當先退暫許兩

長老之仍令各伸華例云三使相議以謂果有江戸之府

欲問者長老之一欵侍致事程當然特其獨接有選別例且

鷹島主之致疑舎憾而能此令見事勢見此後似可以釋疑

政保其送伻而許之矣今若變怪寶由於苐遠下輩之作孽

豈必以此致疑於島主守雖未能嚴束於常時亦不即摘發

心於兩國者今矣坂人輩得以為人之罪犯盛欲快治非獨

為我國之罪人乃為日本之罪人故也

二十一日開額外傳語官葦坂城不給料米八於聲問者則額

經圍厄云以其眺跳無忌憚之餘寶是自作孽難逃此令者

馬人之隨来者洽過二千餘人此已変戊辰猶為数多云

二十二日朝前兩長老又請獨謁又以適有身病不得相接于

待病差興島主同見之甕瓮之

二十三日兩長老又欲請謁以獨接之無前例不許之夕島主

送俘以為自坂城尹送言欲會兩長老相接於使行兹以俘

告云兩長老既不得獨接故従嘱於坂城尹致疑島主之阻

塘故島主不得已有此送俘而彼意則不不欲許其獨接也

三使相識以兩長老屢請相接而與對問守同時接見自宿

千几日仄間令日查畢傳藏不待用形以刺殺惟天宗已為置

招石聞其委抗則天宗先一面銃致疑於牽之偷去以馬鞭

打之故沐勝憤盡果為殺不謀於人遣自獨辦而出来刺睬

詠潞朝鮮人足至宿多人之驚時故意逞之際延傷沙免未

及達走而被捉云乙

二十日朝前島主送伻謂以崔天宗被刺津轉報江戶回答令

才遞到食後當為傳云飯後三使以鶴棻来站外大廳則

兩長老先立樞外欲行揖禮余謂譚官曰當待島主之入来

同時行禮不可獨揖仍立廳遂待島主人来相揖如例蓋此

衆性以来馬州人外彼人之揞有知覺者則嘆不勝憤曰信

使於平之刺殺此誠日本之大羞耳又況信使為關白大君

慶幸而来則有此行究於從人者極拘忌且馬島人積失人

做事反易有吾且閱坂尹尤欲覈查云顧何待一二武人之

同僉幸乃以有妨平而不許之仍以明白覈實正法憤命之

意瑩之令日查瑩始用刑而用刑之法或懸石於項地結兩

脅結縛兩膝之間挾木壓之有若周牢之刑又或飲以冷水

滿腹至項以圓木磨其腦膜則水出七竅或町礧僧弄琭

邾王嶺者而任差來日前來候外廳品搆來接見令日書送

名刺反忘翰仍呈烟逆烟匣廁子等物故以罪人未正法前

不得接見荅之

十七日或傳因關白之令發二千軍兵六百擔隻四方追逐云

其必挑得元犯矣

十八日午後聞賊人傳藏被捕於攝津州境內池田鄉四十里

地狹來因禁

書藥束等物盡爲拘留於一邊虛間逐節提入詳細監問而

有罪者之吐實反有愈次利杖徑斃之慮云監問時嚴禁我

人與馬人等不得窺聽從他探問則元犯賊人乃是日前逃

亡傳語官鈴木傳藏倭音連助者而昨聞有人角以刺殺朝

鮮人而逃走之意投書於傳語官廳中而逃亡經宿於清福

寺云夕間町奉行要首譯以罪人將查之意送任故以少爲

嚴查之意答之馬川太守宣言自有事疊連爲嚴探則傳藏

者將爲令則慈緒已露且已讒調非久當捕捉云云固宜嚴

辟峻責而藥債之道不需如是姑以倒語答之

十五日曉行望　關禮

十六日町奉行迎日行查而今日則使馬州裁判送言於行中

要與首譯來見查事而細寃勢使我人同袞爨輩幸無慾於

可疑隨即查究云、共府遣辨極為詳問是乃藩賣之所

状更首譯以車程責謝其不然使之改本則令示以本心初

水不無摧謝之意聞昨日馬州寺從見坂城尹欲為輔維之

許尹責之兩長老及公議齊護非之且坂尹廣探事機斷隠

馬人將不得集其奸始為改其四責學本而猶不無左右

之意其情態之悶忽可痛及聞侍誑官中一人公然逃走極

遑可疑

十四日及聞昨令以来馬人輩頻有驚遑問燥之色知其陰事

之統露也午坂城町奉行来候送停故以查得賊人依法傳

命以係交好之意咨之午後町奉行大開查坐於大廳廣庭

四面圍以藂索羅立葉徒輩馬州裁判奉行及五日侍語官

二三人外伊日入直及侍令馬人等一僮拿入奪其佩刀文

十二日譯言查事有幾微如此如此云之此意院未準信日子
漸乎遷近問難雜言報江戶回題㢠後當有罪人之懲罰拘
擬云　雖未知他國查獄格式而發獄處斷雖待國君之命
罪人捕擬何等時急而必由於關白之命字事近歸詐全人
慈感也

十三日朝前出送天宗慶柾譯官明日中下官百餘人爭哭道
孫而去彼人或有不知其何聲而笑之云在江戶時狀欵
二度及漢什桓志不能送云非不欲卽日同此發送而查事
阮未成頭緒先對天宗彼勁事狀　故未知果在何日此島主之咨一
欲伺羅以待齒擧後對　故則朝家必致驚慮姑
尚遷地夕間首譯始得其草本而來示例語之外謂以令在
官地管轄有人則難以松會經行至於樂州負役若有影響

来者或以為神此衆去而三千海路萬洋之地虚有所傷且

専委彼人而領去則事亦難測故棺板不得已姑用倭送而

才欲委通於還棺之後使之改棺計耳

十二日為島主回答書契織度皆促則謂来不来尚今選延未

知有何粧撰而然也飯後棺材来待始為欲入而神將負役

之無故者並為飛見即為結棺三使與一行上下並祀會哭

莫不失聲如逝親戚余操奈文以盤纏所在設祭焉而懇之

悲悵之懷不特將幕之義而已喪棺欲為同置於小童漢仲

柩所傅之處使之出送而擴夫皆用我人則中下官百餘人

或擴或隨放聲誦哭欲岀正大門守門禁徒防塞不許則我

人擁排突出彼人等大為梧是以既岀之柩還入挾門置於

下官矇云彼人之習雖可痛矣我人之擧亦為非矣

馬人使不得近前故未詳其酬酢之如何醸聞有行查之意

云檢畢後即為欲襲則天宗面灸如生亦必無臭氣不似夏月

三日之屍躰可怪都訓導不可無故以鄉書記金光序墜去

通引朴㴱痾遷其醫而代先序焉

初十日及聞初七日府構文宇即為馳報柁江戶及大坂城守

之聞是四品大夫阿部飛驒守藤正允初八日與馬州守書

則今日膳書五本一送江戶一送坂戶一送坂城町奉行一

送馬島鷲太守一留島主所書役無人乞書一本柁我人云

其必關報柁江戶似無䫂矣初馬人倡言曰自裁或曰非日

本人所謂差倭輩則外示懇問之書內懷補縫之意及至首

譯等決棍則馬人輩或不無驚違之色且聞自頃城多優廩

㦄柁館中各處似有驚動寃激之氣色云行中阮無棺板持

當來云而終日催促謂來不來顯有推托緩忽之意天日之
下公然發人不爲驚動亦不推覆雖來亦無識察有若此之
凶狡乎今朝使首譯崔鶴齡往傳於島主督之則答以意外
事變不住驚駭馬州人則戒當查之坂城人則自有地方官
待拔查當回答云二大九日本在上位者不得執權二㷇下
梭倭皇閣伍關白主之太守世襲而奉行掌之以此在下者
雍激其上可謂冠優倒置之國也
初九日所謂再檢尙不擧行二查之節姑無動靜以此以彼供
極稽緩三首譯導更爲拿入以不善責諭嚴加決稅使之催
從日暮後坂城衛官等與禪將負役導再檢斬謂檢驗之法
只見被備當處而已極其竦怒笑衛官葉檢驗尙出外廳
面盡行完鋪乃記錄伊日入直倭人姓名而去嚴掌我人及

人元無爭詰結怨之端倭人之刺戕者實未知其故吾后為
國事而死若為使道而死則死無所恨且公然被刺於倭人
極寬枉云三使之意付賜藥連灌藥餌而漸乙氣盡日街後
竟殞命滿乙驚悚且其房内有行兇器械短柄鎗刃有酱酱
浦釗者所刺粧俱是倭人之悃也且行兇人之驚覽見之者十餘
格軍姜右文之廷右文大呼賊出我人之驚覽見之者十餘
人則行兇者之為倭人無疑滿三首譯輩不可不論罪三首
譯並為拿入初責其常時之見輕且捧其傔音以人命至重
即乙查出元犯依法償命之意嚴勵責諭於護行差倭導處
使鄉書記金沈序譯錄浩喪凡節歸侍其家
初八日坂城目付馬州裁判等檢屍後謂當再檢姑令等侍三
連筋譯乙促其再檢則差倭輩以為公事入於坂城尹非久

70

初五日還到大坂留船格卒一名病餘發狂以刀刺人城遂復

自刎而投水幾死還甦餘疾未已云跳木多不適意故介付

奉行使於三將招各送一件歸闕以撤柵木新造而傾堅緻

云馬島守與兩長老歷來外少問候去來中路詔官曲來外

問安自前無相接之禮故只答侯而已

初六日留坂城

初七日留坂城都訓導崔天宗被刃於倭將至死境云即使草

官醫負壽急往見之達問其委折則曰天宗流血淋漓氣息

仓仅猶能以手按喉具言其被刺之狀以為難鳴後聞門皆

課歸臥疲所瞭瞭方滾之際脊臆忽然皆二驚覺見之有人

據脅而坐以刀刺喉疾大呼忙按其刃急起故拔則賊人

窓後出走達罵發聲則隣房諸人始知之且言令行我興後

四月

三十日州股中火宿大垣是日行一百十里

初一日令項中火宿彦根城曉行望賀禮是日行一百里

初二日八幡山中火宿夌山路逶迤聞有自撱砒俀許封誄後首

審歸傳輿樣盖花水車交以牙輪鱗次轉櫟前杠懸三碓碓

兩杵佀後杠懸磶石而觀渓水勢可以加減不費人功將一

水之力而碾磨六七廫可謂好機也主謂詳見輿度亦已

模盡如得數百全可以造得云是日行一百里

初三日大津中火宿要京都詳先到傅公私禮單子西京君受

回禮如例徐裼書給臨湖亭三字扵佳僧而歸襠歡不已聞

轎車輦明將辭去以廂子一柄白朿五天藥果等胊分各給

是日行八十里

初四日逆浦中火夕飯平方達夜行船是日行一百里

十九日留吉原

二十日清見寺中火宿江虎是日行七十里

二十一日駿河州中火宿藤枝是日行八十里

二十二日留藤枝

二十三日留藤枝前川水勢想已可渡而一向稽抵不爲前導

或擬馬爲人之故爲遲留而未得好情難可準也

二十四日留藤枝

二十五日金谷中火宿懸川是日行七十里

二十六日見付中火宿濱松是日行九十里

二十七日荒井中火宿吉田是日行九十里

二十八日赤坂中火宿岡崎是日行七十里

二十九日鳴海中火宿鳴古屋是日行九十里

別無他幹而近來倭情漸益巧詐此事易致生梗前後信使

飽經無限厄者此二有之

十一日自江戸回程宿品川巳時三使回程來時　國書奉安

所令則去其前日賠紙改書以御逆翰奉安處矣是日行三

二十里

十二日神奈川中火宿藤澤是日行九十里

十三日大礒中火宿小田原是日行八十里

十四日箱根嶺中火宿三島是日行九十里

十五日兩渡河三島曉行逕　賀禮

十六日兩渡終日留三島

十七日宿吉原是日行五十里

十八日留吉原

初九日留江戶關白以副騎船之偶破別送有繼一百段海汛

二橫而問之蓋於戊辰固副騎船燒火事有所別故問今番
便成遵例而至於緣緞之受事誑如何故送首譯於島主以
難於領受之意使之轉達于關白則島主以為關白所送不
可退却且於戊辰亦有以例有雜特達云乙故不已得受之

三使相議一依戊辰倒翰納於大曹計耳

初十日帕江戶回程隔宵上下欣慰申飭一行整頓歸裝以留

館時日供餘米四俵給侍語官四俵給禁徒五俵給輪軍通
三房幷計各種用餘都送于兩館伴使此亦例也自前使行
以回樓銀子除給馬島主以防萊府公木着已成規倒故以
銀子八千兩防給公木二百同之代即受公木次知倭人手
標付之首譯俾進於萊府之地吾輩使事不過奉傳 國書

以慰問不勝感謝回答書謹當傳納于吾君矣爲島奉納

以使臣間禮單子島主傳與首譯令呈于三

使三使下席而受拏手而補之藝行又以單子跪傳三首譯

及上判事製述官各人皆跪受褊禮而運諸上次官及中下

官乃受者負役一人皆受傳給此亦例也三使下席使首譯

傳柘爲主連傳就政日屢將鞬問且蒙厚遇以及所奔各人

不任感謝此意達于關白前云〻回禮炳侔陳列于臺上或

廬有不敬之辛一〻點視後使譯官奉回答書入置柁前日

國書所奉廬

初八日留江戶頃日島主之送烟槓硯匣必受之有意矣回禮

物本欲厚縱故以壯紙十束色紙十束厚白紙十束簡紙二

百卷筆三十枝墨三十笏麻子五十柄送之

步帿布甚小適値逆風馬路傾仄駝射極難而靑裩帿五中

駝四中金裩與林裩帿三中駝五中朴聖迪駝五中帿三中

任裩帿三中駝四中柳帿駝各三中金應錫鄭道恒各駝三

中而帿則能不得中云駝射後援之有四人可謂生光守以

木五疋施賞之金應錫以五中八分登科三中四分遊

將者而今乃帿布書不一巡射之雜料誠然笑

初七日受關白回咨者陌江戸聞執政持回咨書而来三使見

公服負役亦如之出立于大廳遠島主先已束待出迎二執

政于門外以大目付一人持書契橫先上正廳置于龕上至

堂行再拜權而坐執政使兩州守傳關白之言曰當館平安

潔以慰遠此去答書須傳納于　國王前云二三使離席而

聽瀚盞盞茶記執政使島主顧聞回咨三使下庶致答辭曰將

幸僕等先庸源忠恒而呈上令源忠恒未呈上故得改字以

相示也顧蓮達三官使閣下云乀仍祂齒改本而猶有未盡

改廢故肖譯保使言使之盡改之興居佳勝改以起居濱寧

欣慰二字改以嘉慶楂慶故以叙懌今則可以無積枕戊辰

之書矣三使一行皆以得改碑眼廢謂之大寧而余則以為

切比矣

初四日沿江戸

初五日陌江戸赴馬州守邊席

初六日留江戸關白請觀射藝例也已亥戌辰連以八人定送

故金瑩將相玉柳潠將逹源任都事吃牡土軍官曹信林簷

嫩為上才卿逹恒朴聖逹定送而名武適乀病故以副房伴

人前萬戸金應錫元數以送矢日幕始選聞射協幾选二百

改納之意嚴飭于首譯等處館伴二人各送乾栴一筐紅柹

一折

初二日留江戶飲餞太學頭爲見倒製而來使者譯以筆談

問之曰僕等今行專爲傳　國書受巡翰石窺閒問答書中

句字或與戌辰顯有差珠其於相敬之道果如何此使相之

意以爲决難領受云而則信言以卽迷耶示迷野示非

異云乀前譯更以字句問差異處書示使之改撰則信言以

難私答後日更報之意答之云乀其意似有所麦改而迷未

可信也

初三日留江戶馬島守別送杉重奉行輩呈納假花兩籠伴市

呈杉重今日是踰靑日也俱以節日故耳夜太學頭抹信言

又來見者譯以爲昨日難私答者以執事源忠恒等寺預其

三月

語似涉輕忽稍慶二字大爲妄發不覺駭愧彼人輩於文字

事無補毫或則於無識之致而在使道程決不可以此爲去

即欵送書于太學頭卞破而草本阮是自下謄出者且彼人

情態自有難測故先使餘手官紀著實稗傳島主使之轉通

于太學頭以爲改撰之地盖藩實精解文字且與信言有素

故耳如不得如意改出則雖書契來後決當不受如是之際

行期遷滯有未可論良可憂憫

初一日留江戶曉行望 賀禮于雒甍紀著實來言昨夜進見

太學頭則以爲導本已經關白令無變通云 余謂着譯曰

此必是彼人操縱之習也決不可信如不改撰非但初五日

島主家松宴不又從赴回答書來刻之日即當却而不受矣

如是則使行之留滯固所甘心亦豈慮生校於島主也斯速

主而入堂內下層行辭謝禮遂出外歇廳休息後復入四歇

則島主引坐于陛下少頃導入於堂內下層東陛下俄者

行禮時中層沒右邊並以絧簾遮之簾內似有覘見者而來

知其必然也宗室二人相拚而坐角中紅花者供進宴床行

禮如倒相拚而俏坐內歇所則就政二人又來慰問使臣以

致謝宴享之意譽之隨島主而迎出則就政四人送至于廳

遂行所揖禮而島主雖伴導前如來儀

邊行江戶爲寺兩長老來見呈筆談

二十八日留江戶以待

二十九日留江戶以待 命無筆之意通引物故者之先爲当

送谷修狀一啓一度且以業術行關同讀亐何家書得見

國書回答書草本他餘雖如例至問 上候慶日興居佳勝

欣慰殊深又其下日漸補新慶又其下日修睦之誠問候洵

四拜禮未知始於何時而誠可寒心還出致廳三首譯以下
並背以次而行禮以其踐度申飭之故頗難整齊以使臣私禮
單于使首譯傳於島主島主奉入堂內而出使臣又以關白言
而入堂內下層行禮如前遂畢歆野就政二人又以關白言
請始宴禮三使核坐轎之隨島主而入坐于堂內下層遂
黑衣官進素盤于關白前紅衣官亦奉素盤置三使之前盤
有三器不過果栗少許黑衣者先以銀鐥土盃進於關白島
主目余〻上中層一人進土盃於余一人就空雛在左邊一
央之許只作注形余則以空盆補之而亦不作飲形補後下
坐于塵副使從事以次石進如禮石行又行拜禮而退于內
歇廳則就政二人又以關白意來言曰固宜同宴石為慶使
臣之游使宗室代行設宴以使使臣之心云〻三使後隨島

58

前而行使臣随後前行百餘步入于外歇廳奉安　國書于

壁龕上而州守相揖而起少頃馮州守又引導行過百餘步

至内歇廳所信則仍留外歇廳只三首譯通引各一人随之

奉　國書于堂中三使列坐于堂中向向島主及兩舘伴坐

於廳邊各州太守百官卽會坐於使臣之左邊及後島主請

先入見　國書奉安廳及使医行禮處所故随入以見則闕

白正堂廳有三層工層則闕白廳坐處故遮障之使医行禮

則先行於中廳後行於下廳云誓見而首譯則入樞内下層貟

役亦皆先見行禮處野而首譯則入樞内下層貟役軍官皆

於樞外鋪板之上島主者譯以次傳言使省許奉　國書出

樞外傳于島主島主奉至堂内延侍受置於闕白之前三使

以次批簇而進至堂内中層闕白坐於上層三使行四拜禮

云矣 三使公服首譯及寫字官亦帽帶隨出 國書手擎中

受加查對後以産紋襖叢柱櫃囚橫外而還奉擔將導聞傳

命時一行上下多有紛拿之弊云故員役則排定存次而

以爲整齊之地中下官入謁諸品加申筋咸使禪將故之習

之俾無叅亂取笑之弊

二十七日留江六待 命于關白爲主請行關于白宮三使着

全冠朝服乘我國有輿軍官戎服員役等着圍領而橋書記

一人不随焉本 國書排軍儀冑兩向南而行渡一大漾橋

復入前日出来来城之門此是江戶外城門也到宮城外距

館所十餘里至此軍官員役卧下馬僻鞘環刀中官以上

及下官作樂工及唱等作随入下官與車儀並緊留只印信

日象随入爲下轎入門首譯先已奉命 國書承之以盤在

二十五日留江戶聞關白禮單封書後使臣例皆一見云故三
使具公服出大廳而探視之尤不勝其感快矣馬島主送烟
草積一坐硯匣一部以為前冬得蒙患療病勢卽差中心感
激必欲致謝云云以療患人不宜受報而況不為遍問尺送
於余論以撥受之義正宜却之而更加深恩則向日色絹之
還退也彼必大為無聊其在接物之道亦不當膠守初見
致謝使嗚之仔意反歸執跡而含憾今若受之而不自用其
日以他物厚其回禮則可無失和之慮亦免取貨之嫌故許
捧之卽地以烟積給其硯匣則有內外匣故分與某某
二十六日留江戶島主及兩老長來見以明日關白宴赴宴之
除凡事一如儀註而為之之意申囑此則例也儀註一從戊
辰前例而至於補酒一節改之以空鐥作注形以空盃補之

益巧於射利此習漸長於倭館云聞進賤甚來此後聞長匠

言則倭醫以爲朝鮮人蔘多有蜜漬必是製用之法願示其

方云良醫雖以不製用蔘之藥用毋論貴賤歐人而取貨已

非吾輩理之所可瀚況此兩國交弊之需又豈忍以蜜漬而取

蜜也裁此誠使不可聞於隣國出使譯官於禮單所用中蜜

漬者一勺扳出一斤則以執政一負除減之数將納地品部

以爲執弊致責之地其餘数兩則於鹽經中撤用之我國地

部之天秤比日本藥補廻斤亂縮四蔘且人蔘随時輕重故

今番則縮蔘爲一斤餘矣此亦自盤經割送餘外物種之不

足者幸皆以他物堆移代給而至於貂皮則彼人以其無於

島中惟願追給故不得已付書於嶺邊縣余到馬島前入来

否也

之他執政必不獨受禮單云故以尺依戊辰私元但馬埼藤

凉潮之例不給公禮單尺贈私禮單之意相議傅當而至於

宗室一負則是闊自之親舞而戊辰年致三歲児令果長戍

云此則其在事經不可不給之云今乃憑為戊辰禮單分給

件記則所滅者執政一人逃侍一人執事三人所加馬島主

逃族三人矢各處禮物照例書單而私禮單元致不足想用

道漸續以致不足而以莹一國之富積年經營而備來此

莘易得之物猶未免代給以示荷報之意賣由於前後之人

歸後視如官儲腹痛不為提醒於後來者勝錄亦不許忘故

耳人蔘則阮有盤經所受故以此充激而毋論公私禮單盤

經所用地部所來人蔘閶多蜜訐浸濱者爲其斤壁也余在

榘府時多見破執人蔘而未有若此察濱者五蔟來大人心

二十二日留江户

二十三日留江户首譯傳馬主之評補盃一節令呆麦通不滿

酌酒只以空盃稱之石以是關白前大禮也極為用力不無

德色

二十四日留江户首譯来言自再昨年信行節目講定時以執

政京室車相持不决至於　遣稟而備来公禮违矣自渡海

以後連興彼人爭難令則停　命迫期石戌辰則阮有太大

君若君元定執政四人外雖加二人今畨則阮無太大君又

不封若君得故石加定執政二負乎且以事輕爭之不已則

彼人始乃自知理屈乃以執政一人緫因罪逆逆不出代以

則當減石五執政則見方帶職不可挨之云首譯又喝不許

馬島奉行等以為一人則方守關白之子丁寧有之令若挨

仲以本病留腔而来竟至不起云退憐惜留腔人洽過百数

故應有不虞之變製置水綿衣服與去核紙地汔已約束於

船將矢馬島主送衫重各處断去公私礼單使首譯及事務

官头考腾錄泰互戊辰加減則不無相左之嘆故酌酌存減

二十日留江户馬島守各以色絹五疋乾柿一箱送呈三使柿

則受之絹則阮是無名義不可受相諉却之而彼人之例習

有所與而却之則反有懥怒且開譯官之言則島主感激誠

信之待必欲一呈例外之膽物以伸情懷云今若固其來使

而還送則易致憾意故使首譯查推咨侤以善羈解之而選

其絹島主不得已領之頒為無聊云

二十一日留江户睡蟻覽而身忽挑動髮襦軍幕並皆一時摇

蕩知是地震雖不心燒甚覽怪腔

51

行再揖禮坐定後執政使島主傳關白言曰三使遠來能無
勞苦乎　國王氣運安寧守云～首譯答傳三使下库品糖
之起而更坐勸茶茶託執政使島主傳言頷聞回答三使下
廊曰我　國國王殿下氣候萬安令差使行之来誣陸各處
接待有翰不勝感謝以～意傳告于關白大君前尚望云～
初欲以後速回程之意面言扵執政相對之時則馬島浮友
奉行輩謂以初見就改行禮而已不必以行期進退先尚私
懇滇誅當道下周旋云～故只於相對島主時言及此由則
以為茅當周章云矣島主来此相對時淡草之意顯扵辭色
錐是異國之人陸五千里隂同誤矣且吾之所以待之水者
異以誠信矣安得不然此
十九日留江户大坂留船將等告目入来三房省譯通引金渫

出回答書契在初七日回程在十一日而中間許多日子多謂
關白之忌故遷延推托幾至一朔之久見退問辭排日記中
自二十一日至六日謂以關白母忌而法事齋戒相値講假
公事一并廢却云院不行三年之制六日致齋於忌祭者己
失輕重之分且將祉毋忌而先行法事於佛宇者尤是褻慢
之風也倚 命之遲辭固極怵勢迷由奈何但前後信使如
無別般事則未有荒淹之久留者且奉 命出疆己逾八朔
後 命之義一日爲急必欲排日從速回程之意更通於馬
州守使之轉及執政而未知其可能進定在也雖伴兩人各
以杉重一横都呈三使
十八日留江戶執政兩人始爲請見此爲關白勞問之倒也馬
島守出迎於門外前導而來三使以公服出迎樞外至正廳

49

酒故書契江戶諸處還享各站俱酒一俾傳以至於闕白

宴享時則順日書回咨中有入江戶後更議之意矣來契此

後聞之則執政諸人之議以渴關白賜酒則辝林以補此是

宴享大禮常有不可廢却云以其言有難故通更得使行之

文字韓通於執政云〻余以謂是者爲爲時院有却酒之書

更何待使行之書乎 我國酒禁至嚴爲朝鮮臣子何敢以

手執酒盃而擧之此則義程所關〻白若以酒勸之決當不

爲領受如是之際島主必難兄此秩嗇寧善爲周旋俾得以

初勿惹藤矣吾已有定計不必更書者諱以此辝辨甚善則

馬州奉行非關此言謂當鴉力周旋云首譯淶納江戶擧行

排日件記而云是執政將定者也傳 命在二十七日爲上

試才在來月初一日島主家私宴在初五日射藝在初六日

十四日大儀中火宿藤澤抵大儀館站官呈杉重中火即發日

暮入藤澤站官呈杉重是日行八十里

十五日神奈川中火宿品川晚行徑　闕裡平明發到神奈川

一名金谷午憩館站官呈杉重暮抵品川站官呈杉重是

日行九十里

十六日午後入江戶館于實相寺頒接三使著紅團領員役時

服革官我服冒响發馬島通詞而行各置禁徒持鐵棒杖一

帶擁列次~交脊午抵館貯即實相寺而前後信使所住處

也下轎升廳則舘倅二人出迎行再揖禮仍從閣道六七轉

曲行百餘裝給入下處副從事鱗次而入奉安　國書水陸

遲隆無事得逢莫非　王靈之收隆是日行三十里

十七日留江戶首譯來傳馬州守之言曰三使院以　國禁辭

未備者云故以則使之除減是日行七十里

十二日宿三島站官送杉重是日行五十里

十三日箱根嶺中火癤小田原過木橋向嶺而登雖不險甚峻

益高峻站官呈果子午飯即發行過一嶺塲説左右鋪門禁

徒守直朝以關白別業日本各州太守皆下馬戌時信行時

使相外上之官以下卸下轎下馬云故以與關白宮有異

不必下馬之是爭之不得且旣有戌辰初以倒過之此是

江戶茅一關隘故行人過此者必經搜險云其必藉以為

此無義意之下馬也自以嶺蓋險鋪石為礎頗崎嶇人馬少

有失處易致顛跌聞首譯言則先送之癤子正月初八日始

八江戶過半致死而此則役人院已逢授雖不及於禮單元

数自圍無執頉之事云矣站官送杉重是日行八十里

棍治使一依福武是日行七十里

初六日荒井中火宿讀松是日行九十里

初七日見付中火宿懸川是日行九十里資貨呈衫重源

初八日留懸川島主言前路有川雪請水潦難以渡誅待明日

云

初九日金谷中火宿藤枝行數十里登石嶺頗峻惡是日行七十里

初十日駿河州中火宿江尻行十餘里有大嶺名舞板亦四字

諄嶺路高峻至瀨府寺僧以島主意粘餠一小器點官進衫

重中火卽進譽到江尻河州站官呈衫重是日行八十里

十一日宿吉源日供雖是不時辦備若全減則非但後業有

關且事賴如何故使之捧上則依例準備而果有數三雜種

呈饌糕一箱是日行一百里

初二日留大垣昨日諸人皆憊蒲正欲留譚而島主送言昨
因兩淚前路橋梁毀傷方重修願留云真岡野願此
初三日州胻中火宿鳴護屋　國書前有花馬倭人云故革極
痛胘嚴責者譯責諭差倭使即查治後告譯前進中火後鞍
自此山水尢為明麗此乃尾長州太守邑治城郭樓壍極
為壯麗或云日本之長鎗大鋼多出此地是日行一百十里
初四日鳴海中火宿岡崎平明發到鳴海主人進各梅花竹小
桶與曽前信行詩軺以歸和之笞之中火後即發二更到館
野島主與兩長老来見諞以関白迲便中路而慰問例此三
使以黑圍領出逈極外行再揖禮是日行九十里
初五日赤坂中火宿吉田前陪羅卒或有行伍不齊故之查出

二月

日陸行之勞而譜以水淺不得行舟云日本一里為我國十
里云而不過為七八里矣十里之間必置溷室於路傍以待
之一站之中程且設茶屋而如非閭家則或於路邊新建屋
于以為休憩之所或勸茶勸果而待令齊瓶華請休如欲憩
二下轎則日刀不足若值站遠則時或蹔休矣蹔憩茶屋椀
設前進初更到衣山石川主殿頭除搜廣呈糕品一箱三等
馬分排之後開有獵等騎束者查出棍治之是日行八十里
三十日八幡山中火宿彦根城井伊掃部頭藤直送杉重是
且行一百里
初一日今次中火宿大垣曉行䟦　關禮秋銛庭雨詫雛黌
謂島主先發故不得已前進為彼戒下屬可悶中火冷次一
名令須井伊掃部頭呈杉重槳失入　大垣戸田采女正氏矣

後則中下官例熟供云是日行四十里

二十八日▵出發午泊西京下陸後則例必先送乾粮官及日
供軍官以為受供熟設之地而島主前導之故易致道路之
生梗申戎先送陳威儀三供素簞子而行曾聞東馬者伴作
墮馬之快則從倭大懼哀乞今則雖不然亦能勤幹枚扶護
云矢行十五里到寶相寺皆入改著紅圑領負後官服軍官
戎服將入安京故耳站官進杉里一橫謂以關白之贈馬川
守及兩長老請見以公服相接于大廳到此例也使行其官
服出極外延入行再揖禮夜間中下官熟供相混中官熟供
處補近下官輩亂入先食以致中官之闕食查出而治之是
日行三十里

二十九日大津中火宿森山如金錢船近上守以湖則可除教

42

草屏出付彼人別定禁徒先送江戸以是例也其中如人參

綿緞之屬可謂重貨而自前彼人少無虛跡之慮船將等來

謁以檢束䐴格申飭各給凡藥服藥等料俾爲救病且許其

不慮所用取請鹽醯之意

二十五日宿大坂城

二十六日午發達夜行艖翌朝治平乃乘余鎗船地方崔進慇

供以代夕飯阮無止宿之站且沘殆危之地使之橋役前進

是日行五十里

二十七日巳時乘船夕泊淀浦理見淀浦樹木葱轉樓臺隱隅

城外有水車二坐狀如輾車逐波自轉酌水注桶灘入城中

奇怪使許生卞璞詳詮其制樣如銶移其制作於我國而用

之則灘田之道可謂有利矣日暮到淀浦自此始陸行陸行

判導處各給一芒傳語官禁徒等處以數芒分給之太守以
下舉皆禰以國賜領有榮感之意云盖紀伊州尾長州水产
州三太守謂之三宗室而闊白若無子弟則擇於此三宗室
而立之故於諸太守中最為貴重今關白之祖吉宗亦以紀
伊州太守入承關白之位釜山官報固飛船使來聞甚驚喜
折對以見只是公文更無家信釜頷報狀中有日倭而關内
信使渡海後事躰緊重公幹用使外私書祖後一切嚴防故
各處家信不得入送云乀且於左錄各送紙籠請醫等物以
其佐頌浦時所氺也細寵倚關辨意似意公幹用使則付書
公幹因使外則不可专便付書者石釜頷之防塞不送必因
未詳闊辨而也瞻長老呈納饅頭一横
二十四日留大坂城磨錬楷草所用五十餘便戓入長橫戓裝

會燕於饗大廳所謂熟供既日閱向耶賜而三使臣公服

受之則行中諸負役冝皆進柔而過半擂托故即割申筋㕔

令僅赴焉

二十二日留大坂城以無事渡海将向陸路之意構成啟章

仍付家書茈官謂以關白所送一行上下各給糸裌裯而三使

及童譯以錦次上官以紬中下官以木綿云是例贈且考前

倒則舉此受之故分給行中上房所求者如給我人則亦誄

難明

二十三日留大坂城紀伊州太守源宗将送煙鰒三十卷燕鹿

二十卷為十條而一條為片餘肉矣都單以呈一卷亦不書

姓名可怪而聞是前例故受之聞者譯之言則馬州人以紀

伊盞鰒謂之一味而欲為得食云故送二卷於太守奉行裁

39

藏人之地一島阿海相接他國商舡齊泊且是江戶往来之
要衡自赤間関至大坂城為一千三百六十里行舡雖傍一
邊陸地而峰巒交錯海浚相衝如下関之栗潮出入上関之
洋中隠石肆和之海水縈迴三原前洋及牛窓前洋之隘歧
與夫明石前洋之泷泥悍惡俱可謂險灘若有風濤或致誤
夜則誠炎危地人謂内洋之行䑺愈於大海之悦誤者以其
撃陸而行必有所恃也凡於水行既以一業并守其性命嘗
是危極之地如熊菩器械而慎風潮則可得利涉如共不然
毋論大海内詳雖瀬渊川之水亦或致敗盎可少忽哉心於臨
濟履薄之古訓也我是日行二百三十里
二十一日留大坂城首譯来言関自熟供客例行於昨日而以
夜深延定於今日雜伴將来云故三使着紅圑領軍官戎服

坂城矣是日行一百八十里

二十日丑時發亥時泊大坂城風潮俱順艇疾如箭辰初已近

百里水淺沙壅難於艇行故役入於其稍深處立標休於左

右以形閘柱間二枷竹以措前路僅容一艇不可逆行由此

而進艇㯭簹而盡水到十餘里始抵河口回望三朒艇貼此

沙泥移時板出已時量六艇齊泊一處海行三千餘里始入

河內如登陸地慰幸爲勝先以百金帖給艇術榆工輩使之

領受於運渡之後自江口到大坂城爲三十里沿江籌石固

作長堤之上人家相連層樓置榭在之皆然江窩左右或設

竹棚或鋪紅氈觀光人擁滿寂無喧謹不知其幾十萬矣到

泊船倉陳威儀下陸三使乘轎子上官以下皆乘馬入處本

願寺屋宇無慮數千間非此所經宿館地屬織內攝津州關

其味然而既未詳水路之難幕欝當從其指導傍有支待之

金屏使趙生揮瀧出付譯官問其使歪則出站峯行大爲欣

尋補以稀貴之寶而馬州之人則以其非浪絕介不無如何

之意云情態可玩矣

十九日乙 出發二更泊兵庫省稽而行午後忽得西風卅行遲

駛明石險肄一帆而過人皆謂殆若神助者矣地屬畿内攝

津州爲關白藏入之地關白送代官別辦支供云欲泊艍上

待時發行西島主以爲院有關白之支供則事當下陸蹔玩

云故三使同入雜界宴時酬酢仍還艍齊島主送言謂以河

翌水淺當趂潮生而行艍其中預差除留此處鹽經卜物移

運他艍云故並許之留還物件連換彼人以爲回還特推去

之地盤緾之先運者使享務官移柴倭艍而領去以待於大

十四日辰時發午時泊室津乘艓向東而行風利波靜帆橫加

駛地屬播磨州太守源忠知戌辰首執政也送杉重於一行

至於小童亦有餽果之餽笑是可行一百里

十五日留室津夜赴　關行聖　賀禮

十六日留室津風順日和足可行艓而彼人以謂明石海路之

絶險籍托不發

十七日辰時發還泊室津繞出浦口道風謝繁勢難頹進以回

艓之意送言于馬島守放砲揮旗還到室津議皆欲爲下

陸且未知日氣之如何復入館所

十八日留室津風殘日暖亦可以櫓後行艓而聞馬島護之行

言則自此去明石百餘里之間水路絶險海邊淤泥舟易膠

泥故初無艓途不可詢止於得長風可以直抵兵庫云未知

為拘迫還送者可謂返人情汝令曲諒人情使之姑留以安

其危急之人此正仁心發見處秉月下陸入宿閭家以藥果

扇子帖給主人是日行一百四十里

十三日辰時歇午後泊牛窓風利舟迅行到數十里嶼島前詳

多有隱嶼及到浦口舘所地舊備前州大守呈納精饌魚一

箱雜糕五層糕則受之魚則以精饌還却故單以納故受之

其單書以日本倘前國主從四位源崇敬奉朝鮮國正使

通政大夫趙公錦帆下又其下書物目非但單覌之類甚太

守之自補國主者可謂怪駭曾聞日本之六十六州皆自稱

國馬州之人謂其島曰吾國補江戶曰内國想以世襲之故

自國其州只納朝貢於江戶而丑歲補獜惟意所欲故軍是

日行六十里

來給之曾聞鹽盡僧乞糧枕柁羸臥行人而為來客祝平風焉

去客祝衆風一日之內所祝順逆之風天何以從其願乎緣

街浦口多有亂石隱嶼遠避而過船前後使臣守以鞠浦焉

日本沿路之荒一勝景是日行一百里

十二日巳時鼓申渰泊日此繞出浦口或雨雪海雨而以其風

順之故舉帆前進乞書之倭小艇來追我船忽入於騎船外

棚之下而風利般疾不得接非幾乎傾覆使格軍輩從稽穴

撑出而牴牾不出意下我船之後帆侯、拔出極拏方其危

隱之時一倭人従稽穴攀登我船格軍輩補以拘忌欲為還

下則其人餘悸未定不欲還去而格軍輩猶欲強之嗷訴可

此格軍使之姑留余見之謂噉葺曰毋論彼我人有相救事

理當爲然彼人纔經危境不欲還其船者人情固然格軍輩欲

裡封送謄書三藥方文而付之送首譯問病則頻為感謝云

笑是日行五十里

初十日辰時發申時泊忠海島繞出浦口逆風漸吹櫓役前進

行八十餘里艦金水淺下碇中流夜間風勢有未可料故下

宿于誓念寺之不退犬而亦領精潔寺僧處給藥果廟于兆

日行一百里

十一日辰時發初皆泊鞱浦彼人如得我國人筆蹟則母論諸

草偃劣拏皆喜躍求之者絡繹稱解書字者不堪其蒼乞書

者未暇撑譌居問絡介之馬島通詞輩亦多操縱而索賂云

其意誠莫曉也或以謂如得朝鮮筆蹟石藏置則多有福利

云又納戊辰信行時帖于記自前過以時寺僧倒納祝願之

辭則瓶華帖給食物故今亦保戊辰例以白米一勺藥果紙

衆力擢役僅泊加老島是日行三十里

初七日留加老島風亂雨注挹泊於前洋領為揺籃分付差倭

使之合力移泊於内洋青漢不湖諸張意白見方齒長皇天

辰分四時海内同然而獨於日本可謂無冬節矣

初八日留於加老島之主送人講行而風勢院迸波濤不息故不

許之俄聞島主喧聒而沁浦心怪之使首譯徃問之則謂以

誤聽傳言石更聞的報已為回程云其意未可知也以後勿

如是之意嚴責首譯峇使之傳言於島主

初九日巳時蕆未時泊蒲列島主謂以副騎挹僑宰傳報於江

户才有回答當為親傳于明日云三使以明日則當為行程

今日来傳或於它處留住時来傳之意答送則更以牌痛方

極有難艱風云因求藷荷煎以譯荷煎及龍腦齋安神九三

31

是天作之關防也地屬周防州而以長門州之嬌縣故支供

則長門州待之太守送歲餅二橫一餅之圓容米三斗是日

行六十里

初四日晚上關以風逆不得前進支應奉行呈納漢子於其監

各盛藥原以給之

初五日辰時發申末泊譯和出浦未過百步真是關隘處矣宽

上設置僂樓此是候望之地有若我國之烽燧行未及津和

十餘里湔跳退急在進化退向右餙櫓軍大肆力促護

可謂儉譯矣捨此快路取彼左邊山外而行則雖似補速可

免此險矣一卜船話後故為慮慮譯出倚柂樓而待之初更

来自浦外入来幸此是日行一百二十里

初六日辰時發午後泊加老島逆風漸緊波濤極盛舟中搖蕩

甲申
正月

栗又納猪一首粘来小豆並以歲時別問也長門州船次知

人等處慨給魚果鴟木載来倭人兩次關文特来倭人封焉

領来者三人各給壯紙一束扇子二柄米二斗大口一尾副

房亦如之以為激勸之道

初一日留赤間關行望賀禮午饋湯餅床果遍及格卒鴟木

領受之意報于傭焉而鴟木八来時束浆釜山則有報狀倭

雖新任訓導別差則初無手本一字亦以論罪之意擧及於

報傭寫文狀中因修家書

初二日自赤間關發初更泊室隅寅時栗潮發船左近淺灘石

挾隠石赤間關本是險詳是日行三百里

初三日辰時發午時泊上關上關是彼國水路咽喉之地若是

藏船於浦門伏兵於浦口寬工則雖有百艘勢莫能衛過正

轉退急訛石多出於海以非潮退之時則難以直達故也到

南沿浦口下從中疏經夜船上是日行一百八十里

二十七日到赤間關船倉浦口斗餘里有小倉縣臨海築城中

有五層樓海中有石碑喬吉致歐立標以城上有白馬塚羅

將征倭之人刑馬盟伭坦之傍有安德天皇寺赤間石硯有

名天下釜山鎮書札封物來乘到推見則又有談金使書一

行家嘉防選不許入送見狀　闡回　裕統使李族壽金廨

監送先罷後拿鴟來三卿推移入送軍長門州太守送檜㮅

生栗乙大如小兒峯是日行六十里一行氣色皆欲留此過

歲以其雉守宏調支供豊光故也

三十日分給歲饌馬州㟪以下諸人等亦以藥果魚簇給之馬

州寺納其魚鏡歸以酊僧納柑子昆布長門太守納香箪生

沿路站上軌說禾饌或紬或木制樣甚怪頭或水上

次宿中下官而關白所賜之外路站所設皆臨發遂給格卒

認爲永給之物仍執解辭自話挺入次棍懲勵出送格軍五

名糧料欲陳減石譯雖同彼人巧詐以此爲例不可陳減欲

給倭人之同舟行糇者議未決使左官玄路根校正倭熟說

諺未解音

十九日格軍來姓者返水入有廿之家且以日供庫子有作弊

李之瑞巖棍禁之與從李官同觀雄宇禪將諱以爲使道院

入神將廳則例有古風納帖子紙給十神副使從事官一體

給

二十二日島主送半乾犬口二尾曰院是朝鮮新產故送呈

二十六日白藍島辰時於船二更初至南泊欲入赤間關則水

失待者報于束武論罪云云

初七日馬州大守來見以酊僧隨之例也杉重及日候許其來

細飲茶僧野煎茶一鍾給一廟米茶僧等非亦給一廟

初八日三房設屡驚宴餅湯下及格卒筑前守送杉重魚鮓四

模槍護行正官等

初九日以副船改造事往復彼人則百般稱托不敢改造巧湊

倭情捵難矣此矣非首譯等不甚辭闘諭之致此即拿入嚴

責藍島舘所近千間可謂壯麗裁判平如任納柑子一傍

十三日筑前守送鯛魚素麵分給行中以藥果五六種饋問

十五日金山戴送鵝木三御於倭艗云自馬島昨朝裝送石公

事書封已付於飛艈使云想是了到於赤間關矣兒是曲下

句同應知臣子思 君夜 君亦思臣未歸復自馬島以後

昭間多微陋薄之喙適鷗木一般最繁之物而多以檜柟之

材為且充數以致渡海後三折鷗木再諑令桮監選差使負

登已請罪而内外監色牌將都亳庍左右逃將鷗木砕伐時

木古則以六部為定戊辰減為四後減二部矢更加一部卜

完三部鷗木一部童二十斤銃州戈艇次知源直寬惶退待

罪使首譯嚴責不赦

向年正官平誠一以肥州人諜偏使行殷李威省其時出詓

奉行受略蔽金始許其自裁所受物不為分訓殫自獨食極

為無擾以此啟差奉行倭人之法化罪宛者自裁則猶可以

世襲其職祓刑則永巖其子孫自裁者猶且納賂為之信行

時倭人之憑精諜嗚懲素賂物者教難禁而九百痛也戊艇

八十里自馬島至一歧燕四百八十里自一歧至藍島燕三

百五十里野謂三大海藍島道里雖近亂石多伏於海中護

涉之難倍於兩海三歧舡鴟木所付分板三立傾諾水中以

所餘元株僅〻支撐而護跳舡舍不過四五歩風遊舡退五

里外副舡夜抖海寬前高後低橫着不勤水入鴟穴浸下

粧副使乘小艇下笓下裝雜物幾盡浸檣單封峻或泣

次倭或舡一不来救藍島人心可謂甚惡馬州奉行裁判並

来推謝副騎舡所載禮單生华布為麻布多浧滿沈濯暖暉

况以贈給或失或乘所餘不足故上房所餘推移割送僅可

成樣副使十餘負有上房分饋朝夕副騎舡使成破物依戌

辰年例借用倭船借出筑州大舡一隻移載卜物副舡破

借用倭舡則事將轉　聞益衆一歧島津状　塍云嵩初送

24

為採消息果是一騎耶所折嶋木下端折諳後上端則移嶼

投水諳、、大海同為漂泊於一處者亦可異也肥州太守送

辛鰒一横自出行後服湯癲延百貼石補中益氣湯居半中

腕之灸亦過百壯使医之病可謂有效

二十五日馬州太守呈素麵一床牌于皮對書云奉正使大人

閤下内書物數年月下書馬州太守平義暢盖圖書於名字

上

為主供以勝妓藥所謂一名椿養離以魚菜而糜湯者也

初一日支待中已湯者代納者許令除減則肥州人日曾在宰

即支供人以逃避罪死戊辰以除減亦被重罪使行斡念雖

極感謝有雜奉承國雖疲獎無物不有何可闕捧

初三日自岐島巳時發船三更到藍島自釜山至佐須為四百

23

十七日馬島主請觀三絃依淺辰例許之程馬船先向前路

十八日即冬至也設豆粥魚羹不及格卒島主差倭處亦送之

出站奉行進乾果餅菜倭人中詳設挽鯨戲

十九日我醫來言平戸倭醫來贈白石一尾非石非玉體輕而

中有葉文此必寶物能知之予荅之以開闢前物君以怪㤗

為寶我以不貪為寶還君寶守吾寶

二十一日晴一歧島難鳴太早不過三更中实從事官以地遲

桃青難早唱句求對元書記對以天長菜遲雁遲來歧島埔

民百餘大廬可數十里長為八十里日供比馬島未見欺詐

之習

二十三日首譯來言筑前太守飛船送言於馬州太守曰今月

十五日筑州地海邊有蟖木兩端浮來非日本物圖形以送

所紬已亥戊辰日供諸官捧上文書手標着處署尺四十稱

行中諸人多以日供不差歸咎於日供宿格卒亦越之日

供譯官上使曰支供即他國待賓之禮或未備或闊漏誠為

主人之羞何必以飲食間等收之爭詰使行宣為飲食衆

我惟在於禮義權例也或許進納或許代捧肥州倭醫與我

醫講談之際謂以日本人接待貴國非不勤矣專由於偽

之奈何我醫曰知其如此何不變通云則倭醫盡示以禾如

之何為島人惡習花可驗矣

十五日曉行堂闢禮館庭甚寬凡三着譯製述官入衆肥州

大守送杉重卯昆布烏賊乾鯛

十六日使騎卜艇將各行報謝來于舡神之听祭文南製述成

書記撰之

21

夔得以改神鳴末此人謀之攸職也日光忽滿虹霓忽繞舷

前後副處人以為彩虹兩頭覓花處頭尾以謂異事其危也

他人坐見殿底盡露帆橋如入水中無不驚悸不忍視流涕

騰塞及到殿所咸來致唁旋咘獻賀副使以下相見相握如

再生之人一卜殿帆席弓竹挑傷亦致死傾須臾卽安後

壯士錄徐有大得趙子龍以其有膽勞也今月處夔後改名

曰徐有膽分賞殿卒都砂工倭人同來者爲主馬送併慰問

安一岐島太守送奉行源雅信以待支供是日行四百八十

里

十四日自後猛風大作各殿句相撞聲或絕結索出設課謫使

首譯裨將徙筋彼人合力救之奉行裁判帶脫頭帆出篁筋

至一岐島日俟条有差誤使臣目供列書者近五十種島人

左傾右側前低後高自波如山水漏下漿甚諱小舟水識盡

溼人衣甚到十分之處副船憂過二十步間風利水進莫能

回船相救放砲揮旗各船未由可救上使曰　國書是吾

君父僅藉附寫文字雖死不可離吾舟入出　國書背負於

裹衣之內結以紅帒以待天命大呼遍引曰顧得使道赤衫

投水於厄上使不許之傍侍者皆失人多水疾甚倒不醒幾

盡喪魄餉使彌帆半下時徐中和有大柳澄將達派聞渡強

蒺藜出左右奔走應接不錯鷗木在柁樓開于內格軍舉刀

挽不出徐禪見石覽之先以餅椎打破闌于又打註索交結

之木如柱木椎隨手破碎徐柳兩禪倡聲挽鷗接釘餉諸卒

冬盡死力挽鷗下柁艇外鷗木元柱怨自起立直覓鷗穴遂

得全安舉帆前進其間為二食頃危迫之除賴有二人之應

詩筆者延却以使事未竣許以歸時

初八日設讌餞饋品饋一行而以下般將輿觀之未及出送不

爲舉樂

初九日送松禮單蔘半斤島主以乾物送單有燒酒二甁歆代

送藥果六十立

十一日島主改書佐須浦退却之單子代送鯛魚鹽鰒等故酒

之

十二日島主送言明日風順故三更當並乘般

十三日辰時離發爲州未時到一歧島兩國沙工以蒸難得之

順風請發般島主亦請行在前引導平如敏乎如任橘如枝

各尊二三艄般總發港口風勢蘇紫孙行如電午未巳過四

百餘里頌之通引顛倒告白鴟木折僅起省則舩頭已挺矣

18

僧於副三騎船述如之請三使下陸陳威儀奉　國書而入

兩山寺島主使奉行又納熟侯使小童進之饌並二十器而

別無可饗者島史人戶殆近萬餘南對一岐島

二十八日以無事到對馬島之意修狀　俗付送飛船島地東

西三百里南北八十里

初一日留兩山寺般將與槻病症格軍出送之意修狀　俗出

送飛船

面蒼僧進三層饌盒而卓子年月下只書別韓逆却不排改

單書名仍着桂巖圖書而納改受之島主送冬月滇花

初二日差倭等行禮贈荅措饋裝宴床行几酌七味之樣倭

人見金㷆將相王舟手壯大謂之金將軍李康鋼海文目之

以狀飛請觀馬上才暴糧來待道路踊涌此以前倭人之請

十五日詔大脯於板屋上設位行望 闕禮

十九日自大脯至西泊浦六十里豊崎之境石角嵯峨如城郭

或露出巖隙伏水激則舳者無筭一去癸未譯官韓天錫乞

一行濟設於此中或不由西泊浦去

二十日船上午月初四日初七日家書回釜山鎮付送飛船便

得見聞家 國平安之報

所出家書

二十六日西泊浦張時䑸船至琴浦六十里是夜本月十二日

二十七日自琴浦卯時䑸船末時至對馬島一百六十里裁判

船直向府中隨後品進未及十里馬島奉行平如敏裁判柄

如林島主使諸船上行檣酊菴老僧棄彩船迎候船相近島

主于船上行再揖禮上使以再揖荅之於老僧亦然島主老

軍官以下負役謂上官別破陣以下格卒謂次官中官下官

走倭亦有分掌皆據前例折納亦不準元數或請代納或請

追納巧詐百出情態可駭亦有未收之追納護行正官裁判

都船主保例請謁後人則鞠躬再揖倭奉行則立而一擧手

笞之裁判已下坐而一擧手笞之太守送杉重饋金酒壺酒

則以禁令退却不捧日倭所納酒並不捧渡海後沿路各州

太守例有杉重及果饌之隨時送來杉木三層饋

金城新果餅饌護行奉行差倭等亦有暴饌美納有呈單者

倭首驛笞之

初七日鵂木杚儒時倭减沙格效弊者以米布饋分等施賞

釜山所送飛船以逆颷不祭

十一日自佐須浦蕟船至大浦二十里宿船上

15

木付扵鷗木元株左右僅　支撑午後過水宗申末到佐漊

口倭小船三十隻左右戒縬初更末到泊船所則五船先已

來泊而副騎船未及水音鷗木再折幾㲹始入浦口近接蔘

行平如敏船上行再捔禮一舉柚荅之及泊船所護行本行

等諸下陸遺首驛摘所館所本　國書入籠二宇曲二回三

以小紙揚各房書以負後補新初無溫笑設軍幕于慮工店

庽所供十餘器皆不可堪食行中水疾諸人俗能挺起或下

下處或宿船上是日行四百八十里

初七日以無葦渡佐浦頉之意修狀　啓以鷗木折傷旬管紀

使監造差使貟仝ㅣ　廟堂論濕事粪狀　聞中兼付家書扵

給差倭定送飛船于釜山

渡海日彼人例納五日供而三使外首驛謂上ㅣ官

月十

以直指前後信行必渡東北風者以其橫順之妥穩有勝於

直指之順風故也

初二日大差倭等更各給二雞失魚二尾大口二尾

初五日有東風束裝而待

初六日東北風盡日子時乘爛難鳴放槳碇焂齊發六船護行

倭船或先或後特眄之頃已出外洋闊束時遞百餘里舟楫

搖颺板屋如裂角々有聲即床者童或時顏什溺缸罌盡有

相撐聲磔見杣船高而上者如登九淙天低而下者若陷千

仞坑人多憂水疾難者或貼廂甬眩不能坐童者恙心嘔

吐不省人事終日惟悜々惟工使興省譯李裨李醫都訓導沙

格五六人而已歷直奴子遍引及唱等并額臥行二百里鷗

木付板陳落我國沙工欲為攺抴日本沙工極為持難以糟

以使字改書以速聘正官納五花糖蕎粉各一片羌古魚汁

簡三使前各箪例此分給裨將厮

大差裁判都船主倭處各給鮒二首胡桃共栗各五升牲豚

一來使評官存問

二十六日初更豐倭人謂夜半得好風治槳待月槎磯云而

我國沙工之言以為不可故審愼不許之矣夜半微有東北

風西平明及有西南倭人先發之鷹馬船逗留洋中夕還

艶影爲倭沙工之言亦不可導信

二十七日大差倭輩各給藥果十立難二首犬口二尾存問

倭沙工又謂令日得好風便裝舡而我國沙工大以為不可

平明後果有呼南風曉倭耶發送鷹馬船漂泊機張境頭倭

沙工再次誤占有無聊之色鳥島在釜山之巳方得北風可

12

十三日即　主上誕辰曉行謁　闕禮食後奉　國書具威儀

一行同時乘船以　啓下乘船日故也擧碇發船出半洋口

十餘呈風勢不順還泊下陸同樣六艘有難子別八以燈燭

之柄數與籠色放砲燒火箭之放數多寡不其各將卜船定

節目

一行公私卜物涉事定親爲搜驗封印載船有群卜之事則

必經凜而爲之

設支供倭家備釜鼎覓迎一日捧貿至巡百餘金極爲濫

行關萊府使之減三分之二

護行大差倭裁判倭都船主倭十餘隻護行來泊至毛浦

前洋云

大差倭呈問安筆子書以迎聘使故責以使行之前不當書

11

初三日継観海雲䑓石選一行每負後至椋卒殆近五百斤又

有別破陣馬上才與樂埋馬等名色負後四十六人

初六日海神奈習儀三使與執事同従永嘉䑓習儀仍各致㙡

初八日子時三使及諸執事同會永嘉䑓行海神奈倒也等三

層壇上層位板書以大海神位設奈物中層置香爐下層献

宦執事將事三壇下設奈官以下執事内位周布帳作神門

門外設班位笏記奈海讀儀畧加増刪

初十日設餞宴使臣與水使分主密位餘皆次唑行九盞七味

之禮人扵頭押一枝彩花以賛　君賜公宴後水使継設祕

宴秦樂

十一日三使設宴扵客舎沙格則未能同庭而食使親押領賜

于艇上且給三絵以樂之

九月

於客舍親受府使延　命

二十一日晴留萊府以素推之地會武士試射施賞賜錦諛藥

二十二日晴向釜山到五里程僉使及近邑諸守令諸進鮮舡

近　國書到客舍延　命三使同祗船所各發辦帳鈴舡比戰

般艄大上裝長十九把半上艁旗六把二尺上設雁房十四

間房之上又有搖樓施以丹雘樓之上設軍幕幕之上設府

帳設橋而坐俯瞰滄溟舉火而還客舍

二十三日晴留釜山彼人補首譯曰上官稱守官曰上官稱

島太守書契必補東兼釜山兩令公閣下亦補釜營大將

初一日食晴留釜山曉行禋　關禮仍行　國書查對而禮

書書契中有關白名字𥧾諸處指語間亦有節侯差異書故

卽約擦字其由狀　關

9

十二日晴午憩豊山宿安東六十里

十三日晴留安東禮單黑麻布沾濕苦曝曬

十四日晴午憩一宿義城七十里

十五日晴曉行堂　關禮午憩義興新寧九十里

十六日晴宿永川四十里道伯金相喆刱設餞宴朝陽閣上

彼有服割不可不往赴擧樂受床府避入房中

十七日午憩毛良宿慶州九十里

十八日晴午憩仇於宿蔚山九十里東萊校吏十餘人來現

十九日晴宿龍堂倉六十里東萊較吏數十人來現

二十日晴午東萊憩十休導到五里程府使鄭晚淳陳藏儀

國書水路次仍前道守而行備陳渡海軍物及雜卒列排三使

具官服員役各服其服整齊班次緩轡行入南門奉國書

海行日記

八月
癸未

初三日丁亥晴發行憩典性菴宿良才驛二十里

初四日晴午憩板橋宿龍仁六十里

初五日風午憩陽智宿竹山一百里

初六日晴午憩極宿崇善六十里

初七日雨宿忠州

奉吟詩

初八日大雨宿安保驛　里

初九日雨路易嶺宿聞慶四十里

初十日晴到戌灘水漲一行半渡戒友歸新院店宿渡則宿巡

谷四十里

十一日晴午憩龍宮宿醴泉八十里

别後送送南王書記戌大中金仁謙元重

刀尺六名

房子三名

各員奴子四十六名

樂工十八名

吹手十八名

羅將十八名

旗手八名

砲手六名

沙工二十四名

格軍二百三十八名

一行合四百七十七

騎船將三人

卜船將三人

郡訓導三人

伴人三人

鄕書記二人

禮房直二人

盤纏直三人

廳直三人

通引十六人

小通事十人

使奴子六名

及唱六名

書記 進士 金仁謙

譯官 玄巘翼
玄泰心
劉道弘
吳大齡

良醫 李佐國
南斗旻

別破陣二人 成灝
馬上才二人
典樂二人
理馬一人

前察訪　權琦

壯士軍官內禁衛　林春興

書記　前奉事　元重擧

譯官

李命尹

崔鳳岭

崔壽仁

李彥瑱

李彥佑

寫字官

從事官修撰　金相翊

軍官都摠都摹任屹

前宣傳官吳載貼

子弟軍官通德郎　李徽輔

譯官　崔鶴岭
　　　崔弘景
　　　玄啓根
　　　李命和
　　　洪聖源
寫字官　金有聲
畫師
副使輔德　謐　李仁培
名武軍官前府使　閔惠洙
都摠都事　柳鎭恒
　　　曹崇臣
武　魚　梁塔
子弟軍官通德郎　李德馥

海行日記

英
三十九年癸未

正使　副　提學　趙曮

石武軍官前營將　金相玉

訓鍊正　徐有大

柳達源

前府使　李海文

子弟軍官前縣監　李襖

通德郞　趙瞰

壯士軍官前萬戶　曹信

製述官　前縣監　南玉

書記　前察訪　成大中

【영인자료】

海行日記

해행일기

여기서부터 영인본을 인쇄한 부분입니다. 이 부분부터 보시기 바랍니다.

▎김용진(金鏞鎭)

1986년생, 남, 중국 연변대학교에서 동방문학전공 박사 학위를 취득하였고, 절강대학교 고적연구소(古籍所)에서 중국언어문학 포닥 과정을 마쳤으며, 상해외국어대학교에서 외국언어문학 포닥 과정을 마쳤다. 현재 상해외국어대학교 동방어학원 한국어학과에서 근무하고 있다. 연구 저서로는『석천 임억령 한시문학 연구』가 있고, 자료집『조선통신사 문헌 속의 유학필담』이 있으며, 역주로는『외무성 삼·사』,『부상일기』,『일본국 내무성 직장사무(전), (부)농상무성, 각국 거류조례 제2』,『동사여담』등이 있다. 논문으로는「한국고전문학사 교학에서의 심미교육 연구」,「日朝通信使筆談中的朱子學辯論」,「朝鮮登科試文與中國古典文化」,「18世紀朝日對話中的中國文化元素考究 ─ 以『東渡筆談』為爲中心」,「Ups and Downs: An Analysis of Chinese Image in North Korean Media Based on China-related Reports in Rodong Sinmun from 2009-2020」등이 있다.

통신사 사행록 번역총서 15

해행일기

2022년 12월 30일 초판 1쇄 펴냄

저 자 미상
역주자 김용진
펴낸이 김흥국
펴낸곳 보고사

책임편집 황효은
표지디자인 김규범

등록 1990년 12월 13일 제6-0429호
주소 경기도 파주시 회동길 337-15
전화 031-955-9797(대표), 02-922-5120~1(편집), 02-922-2246(영업)
팩스 02-922-6990
메일 kanapub3@naver.com / bogosabooks@naver.com
http://www.bogosabooks.co.kr

ISBN 979-11-6587-406-3 94910
    979-11-5516-715-1 세트
ⓒ 김용진, 2022

정가 27,000원
사전 동의 없는 무단 전재 및 복제를 금합니다.
잘못 만들어진 책은 바꾸어 드립니다.